111 Gründe, Berlin zu lieben

Verena Maria Dittrich | Thomas Stechert

111 GRÜNDE, BERLIN ZU LIEBEN

Eine Liebeserklärung
an die großartigste Stadt der Welt

Schwarzkopf & Schwarzkopf

Berlin oder Berlin, das ist hier die Frage! *Vorwort* – Seite 8

Kapitel 1: Im Westen Deutschlands liegt ganz Berlin im Osten
Die Stadt selbst und ihre Umgebung – Seite 11

Weil hier jeder Stadtteil eine andere Welt ist | Weil in Berlins Brust zwei Herzen schlagen | Weil hier die Hauptstadt ist | Weil Berlin nicht an der Stadtgrenze endet | Weil der Osten immer ein bisschen nostalgisch sein wird | Weil hier die Spree durchkommt | Weil unsere Architektur aus allen Epochen stammt | Weil Berlin die größte Stadt in Deutschland ist | Weil hier in allen Gebäuden Geschichte atmet | Weil Berlin niemals Berlin ist

Kapitel 2: »Vor Gott sind eigentlich alle Menschen Berliner«
Über Berliner und die, die es werden wollen – Seite 41

Weil der raue Charme der Berliner viel wärmer ist, als viele denken | Weil hier jede Nation Berlin sein kann | Weil die Berliner die Ruhe weghaben | Weil wir den Dialekt lieben | Weil Kinder hier ferne Welten entdecken können | Weil man hier immer einen kennt | Weil einen die Berliner in Ruhe lassen | Weil Berlin arm, aber sexy ist | Weil die Berliner die Wiedervereinigung leben (müssen) | Weil wir Kurt Krömer haben

Kapitel 3: Ist das Kunst oder kann das weg?
Berliner Kultur – Seite 69

Weil Berlin nicht nur eine Museumsinsel hat, sondern eine ist | Weil in Berlin jeder seine Kultur findet | Weil die Auguststraße eine einzige Galerie ist | Weil hier die Museen lange Nächte haben | Weil wir große, schöne und alte Theater und Opern haben | Weil Berlin Freiheit bedeutet | Weil wir kleine große und große kleine Filmfestivals haben | Weil wir auch die Hauptstadt der Musik sind | Weil es hier noch Kinos auf Hinterhöfen gibt | Weil die Modewelt nicht mehr um Berlin herumkommt

Kapitel 4: Essen wie Gott in Berlin
Von der Bulette bis zur Haute Cuisine – Seite 95

Weil die Bulette hier Nationalgericht ist | Weil Konnopke's Currywurst nach Großstadt schmeckt | Weil man im Cookies Cream noch die Bässe von nebenan hören kann | Weil man auf dem Burgeramt in Friedrichshain keine Ausweise oder Parkvignetten bekommt | Weil Bangkok und Berlin hier eine kulinarische Schnittstelle haben | Weil es hier noch hausgemachte Lahmacun gibt | Weil Anna Blume von hinten wie von vorne ein Gedicht ist | Weil hier Esskultur und Straßenleben zusammengehören | Weil man für eine gute Zeugenaussage manchmal bis zur letzten Instanz geht | Weil man im Prater am schönsten mit Berliner Weiße abstürzt

Kapitel 5: Shopping and the City
Einkoofen in Berlin – Seite 119

Weil das »Herz aller Dinge« in der Solmsstraße schlägt | Weil Bushidos Klamotten für Freiraum sorgen | Weil wir »The Big Buschkowsky« haben | Weil wir (wie Berlusconi) viele »italienische Freundinnen« gleichzeitig haben können | Weil unsere Secondhandshops Zeitreisen veranstalten | Weil der Hackesche Markt Kindheitsträume erfüllt | Weil Berlin dank LPG auch Biolin heißen könnte | Weil die Potsdamer Platz Arkaden mehr sind als nur ein Einkaufscenter | Weil man sich im größten Kaufhaus Europas in viele Kleinigkeiten verlieben kann | Weil die Stadt wie ein großer Flohmarkt ist

Kapitel 6: »Ihr Völker der Welt, schaut auf diese Stadt«
Vom Alexanderplatz in Mitte zur Zitadelle in Spandau – Seite 147

Weil wir das höchste Bauwerk Deutschlands haben | Weil hier die Grenze zuerst aufging | Weil man hier durch »Klein-Istanbul« spazieren kann | Weil hier Autos durch eine Kirche fahren | Weil hier jeder Tourist das Bett findet, das er bezahlen kann, oder: Weil der Gästeboom das schönste Kompliment ist | Weil man hier das Band des Bundes begehen kann | Weil Berlin sich an Otto Lilienthal erinnert | Weil das Schloss Charlottenburg einen auf eine Reise durch drei Jahrhunderte führt | Weil Döblins Alexanderplatz immer noch derselbe ist | Weil der Kurfürstendamm wieder erblüht

Kapitel 7: »Guten Morgen, Berlin, du kannst so hässlich sein«
Von Hundescheiße und anderen Berliner Eigenheiten – Seite 177

Weil Peter Fox »es« verstanden hat | Weil sich die Berliner Verkehrsinseln zum Sportmachen eignen | Weil hier die gescheiterten Lehman Brothers leben | Weil es hier keinen interessiert, ob du ein Promi bist | Weil hier auch hässliche Stadtteile ihre Reize haben | Weil hier manchmal auch Steine ein Argument sind | Weil die Berliner Mauer mehr ist als nur Geschichte | Weil man in Berlin fast überall wohnen kann | Weil man sich hier so schön mit den Taxifahrern streiten kann | Weil der Geruch von Hundescheiße auch Heimat bedeuten kann

Kapitel 8: »Nischt wie raus nach Wannsee«
Ausflüge, Freizeit, Erholung – Seite 205

Weil Berlin eine grüne Stadt ist | Weil wir einen märchenhaften Brunnen haben | Weil wir zwei Zoos haben | Weil die Oberbaumbrücke unser »Pont Neuf« ist | Weil der Teufelsberg der perfekte Ort ist, um sich zu verknallen | Weil man im Mauerpark Karaoke singen kann | Weil Tegel mehr ist als nur Flughafen und Knast | Weil Berlin auch eine blaue Stadt ist | Weil in Marzahn die Gärten der Welt zu Hause sind | Weil auf dem Gendarmenmarkt eine Violine doppelt so schön klingt

Kapitel 9: »Kreuzberger Nächte sind lang«
Nachtleben, Bars, Kneipen, Clubs – Seite 231

Weil wir in den besten Clubs der Welt tanzen | Weil man hier auf Brücken feiern kann | Weil Berlin keine Sperrstunde hat ... | Weil man hier nachts um halb vier bei Tarek einen Döner kaufen kann | Weil in Clärchens Ballhaus nicht nur der Bär steppt | Weil das White Trash ein magisches Artefakt ist | Weil die 8MM Bar ganz großes Kino ist | Weil die Sommerabende dem Hackeschen Markt gehören | Weil die Spätis nie zu schließen scheinen | Weil Berlin eine dunkle Seite hat

Kapitel 10: »Berlin – mehr Stadt braucht kein Mensch«
Kulisse, Events, Veranstaltungen, Festivals,
Feste, Messen – Seite 255

Weil hier das größte Publikums-Filmfestival der Welt stattfindet | Weil die Kulturen hier Karneval feiern | Weil die Stadt einen eigenen Sound hat | Weil auf dem Christopher Street Day jeder er selbst sein kann | Weil auf der IFA die neuste Technik vorgestellt wird | Weil es hier auch andere Paraden gibt | Weil das Festival of Lights nicht nur Hochzeitspaare anzieht | Weil es hier den Berlin-Marathon gibt | Weil man sich auf der Grünen Woche den Wanst vollschlagen kann | Weil in Berlin die größte Party Deutschlands stattfindet

Kapitel 11: »Ohne Berlin mag ich nicht mehr sein«
Hier nennen elf Berliner ihre ganz persönlichen Gründe,
Berlin zu lieben, aufgeschrieben von Verena Maria Dittrich
und Thomas Stechert – Seite 277

»Weil Berlin eine der größten Tango-Metropolen Europas ist« | »Weil die Stralauer Halbinsel eine kleine Stadt inmitten einer großen ist« | »Weil die Füchse das beste Handball-Team der Welt sind« | »Weil Berlin ein anderes Wort für Veränderung ist« | »Weil man sich hier in nur einem Laden glücklich essen, schreiben und kaufen kann« | »Weil die Straße des 17. Juni nicht nur Geschichte, sondern auch Schnäppchen bedeutet« | »Weil die Shisha in Berlin salonfähig geworden ist« | »Weil Berlin mein Skatepark ist« | »Weil Berlin eine Stadt ist, in der man auch nur mit Liebe über die Runden kommt« | »Weil ich nur in Berlin Behördengänge ertragen kann« | »Weil Berlin die Stadt ist, für die ich mich klonen lassen würde«

Berlin oder Berlin, das ist hier die Frage!

VORWORT

Es gibt Menschen, Dinge und Städte, über die man nicht genug wissen, über die man nicht genug Bücher schreiben und lesen kann. Schaut man sich einmal um, dann finden sich eine Menge Bücher, die »Berlin« im Titel tragen. Mit dem besten Grund: Berlin ist schlicht die großartigste Stadt der Welt! Berlin ist heute eine andere Stadt, als sie es gestern noch war, Berlin ist immer etwas anderes, Berlin ist einzigartig. Für jeden, der hierherkommt – sei's um die Stadt endlich zu besuchen und kennenzulernen, sei's um hier zu leben und ein Teil von ihr zu werden –, ist Berlin das, was er sieht, erlebt und sich wünscht. Es ist seine Stadt. So viele verschiedene Menschen es aus aller Welt in Berlin gibt, so viele Gründe gibt es, diese Stadt zu lieben. 111 Gründe, Berlin zu lieben, haben wir hier zusammengetragen.

Anfangs war es vor allem eine große Freude, dieses Buch zu schreiben, nach und nach wurde daraus aber auch Arbeit, weil das Sortieren und Einordnen der Gründe schwieriger war als gedacht. Zuerst fallen einem tausende Gründe ein, warum man diese Stadt liebt, wo doch jeder Tag neue Gründe bietet (manchmal gibt es aber auch Tage, das wollen wir nicht verschweigen, da hasst man sie, ein bisschen zumindest, ganz kurz, bevor man sie dann wieder einfach nur liebt), aber wir mussten schließlich eine Auswahl treffen. Der im Osten Geborene wollte das eine betont haben, der im Westen Geborene das andere, der in Berlin Aufgewachsene hielt diesen Grund für typisch Berlin, der Zugezogene war da ganz anderer Meinung. Am Ende dieses Ost-West-, Mann-Frau-, Heimat-Wahlheimat-Konfliktes ist ein Buch herausgekommen, das so ist wie diese Stadt: bunt, untypisch, etwas verpeilt, charmant, leicht arrogant, nostalgisch, modern, ein bisschen klischeehaft, facettenreich, schnoddrig und absolut subjektiv – Berlin eben.

Wir erheben nicht den geringsten Anspruch auf Vollständigkeit oder ungeteilte Zustimmung, das können und wollen wir auch nicht. Berlin ist eine ständige Inspiration, ein Abenteuer, eine einzige Entdeckungsreise und ein Erzähler seiner eigenen Geschichte und Geschichten – genauso soll unser Buch sein. Der Besucher wird interessante Anregungen finden, die in keinem Reiseführer stehen, der Zugezogene wird die Stadt mit anderen Augen sehen und neu entdecken, der Berliner wird sich neugierig aufmachen und seinen Kiez endlich einmal verlassen, um zu schauen, was denn hier sonst so passiert. Denn wenn wir eines auf der Reise durch Berlin und unsere Erinnerungen beim Schreiben dieses Buches erkannt haben, dann das: Berlin ist mehr, als es selbst der eingefleischte Urberliner für möglich gehalten hätte.

Wir haben die Stadt aus so vielen Blickwinkeln wie möglich betrachtet. Nach getaner Arbeit haben wir jetzt tatsächlich das Gefühl, unsere Stadt noch besser zu verstehen und noch mehr zu mögen, als wir es am Anfang zugeben wollten. Schien uns der Titel »111 Gründe, Berlin zu lieben« bei den ersten Geschichten noch irgendwie zu dick, wurde uns bei den letzten Zeilen klar: Kein Titel passt besser für ein Buch, das nicht weniger ist als eine Liebeserklärung an die großartigste Stadt der Welt.

Viel Spaß beim Lesen!

Verena Maria Dittrich und Thomas Stechert

KAPITEL 1

Im Westen Deutschlands liegt ganz Berlin im Osten

Die Stadt selbst und ihre Umgebung

GRUND NR. 1

Weil hier jeder Stadtteil eine andere Welt ist

Ich bin bisher in meinem Leben innerhalb Berlins genauso oft umgezogen, wie die Stadt Verwaltungsbezirke hat, nämlich genau zwölfmal. Man könnte das als rastlos bezeichnen oder vermuten, dass mir nach einiger Zeit die gewohnte Umgebung oder das Heimkommen in das immergleiche Haus auf die Nerven gingen, aber nichts davon trifft zu. Es hat sich irgendwie so ergeben, manchmal war es einfach an der Zeit weiterzuziehen, gelegentlich aus Notwendigkeit, oft aus Neugierde. Ich bin mit den Jahren rumgekommen in Berlin und habe im tiefsten Westen genauso wie im tiefsten Osten der Stadt gewohnt. Durch diese Wohnungsreise habe ich verschiedene Welten kennengelernt, denn kein Bezirk gleicht dem anderen und jeder hat seine Eigenarten, seine Vorzeigeplätze und auch seine Schandflecke.

Bevor das neue Jahrtausend begann, bestand Berlin aus 23 Bezirken, zwölf hatte West-Berlin mitgebracht und elf Ost-Berlin. Seit dem Jahr 2000 ist die Anzahl der Bezirke von 23 auf nur noch zwölf zusammengeschrumpft – aus verwaltungstechnischen Gründen, wie man so schön sagt. Es fühlt sich für mich immer noch komisch an, ehemalige Bezirke mit klangvollen Namen wie Prenzlauer Berg, Hohenschönhausen, Wedding oder Charlottenburg nur noch als Stadtgebiete zu wissen und nicht mehr als eigenständige Bezirke.

Die Neubausiedlungen in Neu-Hohenschönhausen, die Altbau-Bezirke des Prenzlauer Bergs, die alten Arbeiterviertel des Weddings, der Fünfziger-Jahre-Charme des Hansaviertels und der alte Glanz des Tiergartens, das gut betuchte Zehlendorf und das randalierende Kreuzberg, das tobende Zentrum in Mitte und die ruhigen Vororte Frohnaus und Müggelheims – jedes dieser Gebiete befriedigt eine andere Sehnsucht. Um zu merken, wann man von einem Bezirk in einen anderen kommt, braucht man nicht unbedingt Straßenschilder, man sieht es an den Menschen, man spürt es an der Art, wie die Umgebung auf einen wirkt.

Der Wedding ist der Bezirk, der für mich immer Heimat bleiben wird. Hier sehe ich mich in Gedanken am Leopoldplatz stehen und dem türkischen Gemüsehändler zunicken, bei dem ich gerade einen Apfel gekauft habe. Dieser Teil vom Wedding ist nicht schön, er wirkt kratzbürstig, leicht aggressiv, was irgendwie bedrohlich ist, aber gleichzeitig auch fasziniert. Das Treiben auf den Straßen und in den Läden gleicht einem Basar, die Menschen um mich herum beachten mich nicht. Ich bin zu Hause.

Als ich in Charlottenburg lebte, war der Dreh- und Angelpunkt natürlich der Bahnhof Zoologischer Garten mit dem angrenzenden Kurfürstendamm. Hier, im Schatten der Kaiser-Wilhelm-Gedächtnis-Kirche, herrscht eine andere Stimmung, alles ist hektischer, aber klar strukturiert. Hier war einst das Zentrum von West-Berlin und die Trauer um diese glorreiche Zeit scheint man den Häuserfassaden ein bisschen anzusehen, denn nicht alle haben das Erblühen des wiedervereinigten Berlins unbeschadet überstanden.

Die Zeit in Kreuzberg war kurz, aber heftig. Hier haben die Häuser oft einen heruntergekommenen Charme und das Leben hat durch die Mischung von alternativer und türkisch geprägter Kultur vielerorts seinen ganz eigenen Rhythmus. Kreuzberg ist ein richtiger »Melting Pot« Berlins, dort leben viele ganz verschiedene Menschen auf engstem Raum zusammen. Punker mit bunten Haaren und Piercings stehen in der engen Bäckerstube neben Managern, trinken ihren Kaffee oder ihre Cola und teilen sich eine Zeitung. Da hält die Oma Heidi der jungen Ebru die Tür auf, weil die an der einen Hand ihre kleine Tochter hat und mit der anderen einen Kinderwagen schiebt. Auf den Straßen herrscht eine südländische Stimmung, die auf Nicht-Ortskundige ziemlich chaotisch wirken kann. Für mich war Kreuzberg Party bis in den frühen Morgen, und das von meiner Wohnung bis auf die Straße hinunter, oft mit Leuten, die ich nicht einmal kannte und deren Sprache ich nicht verstand.

Die Jahre in Alt-Hohenschönhausen waren entspannt. Und ich habe nicht in kalten Hochhausschluchten gelebt, wie man sie aus Neu-Hohenschönhausen und Marzahn kennt, sondern in netten vierstöckigen Wohnanlagen aus den vierziger und fünfziger Jahren. In vielen dieser Anlagen herrscht, obwohl man immer noch weit von der Stadtgrenze Berlins entfernt ist, eine fast dörfliche Stimmung. Die Leute sind höflich zueinander, man grüßt sich im Treppenhaus und stört seinen Nachbarn nicht. Selbst im Sommer werden die Gehsteige gegen acht Uhr abends hochgeklappt und auf den Straßen herrscht Ruhe. Nur gelegentlich hört man nachts auf Höhe des S-Bahnhofs Hohenschönhausen den einen oder anderen Güterzug einsam in die Nacht schnaufen.

Alle, die ich während meiner Wohnungswanderungen durch Berlin kennengelernt habe, waren in irgendeiner Weise stolz auf ihren Bezirk. Man war zwar Berliner, aber im Vordergrund stand immer erst einmal, ob man Köpenicker, Rudower, Weddinger, Marzahner oder Spandauer war. Und tatsächlich gehören die Bezirke zwar alle zu ein und derselben Stadt, aber sie sind auch eigene Welten mit eigenen Regeln und Umgangsformen. Das merkt man auch an den Gesten, beispielsweise wie man im neuen Haus als Nachbar begrüßt wird oder ob man sein Fahrrad im Hausflur abstellen kann. In einigen Bezirken wird man – als Neuling – auf dem Hof zur Grillparty eingeladen, in anderen weiß man manchmal nach Jahren nicht, wer eigentlich neben einem wohnt.

Ich bin im Wedding aufgewachsen, bin durch Wohngemeinschaften in Kreuzberg und Charlottenburg gezogen, habe viele Jahre in Alt-Hohenschönhausen gewohnt, wohne jetzt im Prenzlauer Berg und werde mir wohl bald wieder eine neue Umgebung suchen, vielleicht Weißensee. Im Nachhinein könnte ich nicht sagen, welches mein Lieblingsstadtviertel ist, denn sie alle haben einen bleibenden Eindruck hinterlassen und sind ein Stück Heimat geworden, sie alle sind – einfach Berlin. *(Thomas Stechert)*

GRUND NR. 2

Weil in Berlins Brust zwei Herzen schlagen

Es war an einem späten Septemberabend, als ich das erste Mal Ost-Berlin betrat. Ich mochte diesen Ort nicht, jede Straßenecke, jedes Gebäude wirkten auf mich bedrohlich, selbst das Licht. In West-Berlin war das Licht der Laternen und Lampen auf den Straßen ein kühles, weißes. Ich hatte auf Berliner Straßen nie ein anderes Licht gesehen, aber als ich an diesem Abend vom U-Bahnhof Reinickendorfer Straße aus über den alten, aufgegebenen Grenzübergang an der Chausseestraße nach Ost-Berlin, Richtung U-Bahnhof Stadion der Weltjugend (heute U-Bahnhof Schwartzkopffstraße) ging, tauchten Laternen, die aus einer anderen Zeit zu stammen schienen, die Häuser und Straßen in ein seltsames gelbes Licht. Ich konnte diese – für mich neue – Stadt und meine alte Stadt, meine Heimat, nicht miteinander in Einklang bringen. Die mir vertraute Seite war Alltag, Gegenwart, die andere Seite wirkte auf mich wie die Vergangenheit, ein Schatten davon, wie Berlin mal gewesen sein muss.

Die Politik und die Geschichte machten aus diesen jahrzehntelang getrennten Städten wieder eine Stadt und es lag nun an den Menschen, die hier wohnten, diesen Umstand mit Leben zu füllen. Wir mussten aus einer politischen Entscheidung ein blühendes, funktionierendes Miteinander schaffen, was auf Anhieb natürlich nicht immer gelang. Selbst heute, wo die Wiedervereinigung Berlins schon wieder in der Geschichte verstaubt, gelingt es nicht jedem Berliner, unsere Stadt als Einheit zu betrachten. Die damalige Teilung in Ost und West prägt immer noch die Wahrnehmung der Menschen. »Ich war heut drüben« ist ein Satz, den man immer noch zu hören bekommt. Ost-Berlin und West-Berlin waren nicht nur zwei Städte, es waren zwei unterschiedliche Sichtweisen, zu leben, zu denken und die Welt einzuordnen. Beide waren verschieden strukturiert und auch ihre Einwohner tickten anders. Jahrzehntelang waren sie voneinander getrennt und entwickelten sich demzufolge in eigene Richtungen. Deswegen schlagen in Berlins Brust zwei Herzen und dieser besondere Konflikt zweier deutscher Kulturen macht Berlin einzigartig. Doch noch entscheidender ist, dass die beiden Herzen mehr und mehr im Gleichklang schlagen. Es sind die jüngeren Generationen und die Zugezogenen, die diese unsichtbare Teilung langsam auflösen.

Laufe ich heute durch Berlin, spielt es keine Rolle mehr, ob ich mich im grellen Neonlicht des Kurfürstendamms und des Alexanderplatzes oder den immer noch gelb beleuchteten, kleinen Straßen von Pankow oder Köpenick befinde. All diese Orte haben ihre eigene Magie und zusammen ergeben sie Berlin. Im Grunde war das schon immer so, wir haben nur ein paar Jahre gebraucht, um das wieder zu erkennen und es anzunehmen. Wer immer noch, nach all den Jahren, nicht weiß, was West- und Ostdeutschland gemeinsam haben, sollte nach Berlin kommen, denn hier haben sich Menschen aufeinander eingelassen, die zwar eine unterschiedliche Vergangenheit haben, aber eben auch eine gemeinsame Zukunft sehen.
(Thomas Stechert)

GRUND NR. 3

Weil hier die Hauptstadt ist

Als ich ein Steppke war und mir mit meinen Kumpels auf den Hinterhöfen Moabits, damals zugehörig zum Bezirk Tiergarten, Schlachten im Sandkasten lieferte, hatte ich als Bürger West-Berlins de facto keine Hauptstadt. Ich lebte im Grunde nicht mal in einer Stadt, sondern in einem Sektor der westlichen alliierten Besatzungsmächte. Nicht dass mich das damals gestört hätte, während Micha, Ali und ich uns gegenseitig unsere Sandburgen kaputt machten und unsere metallenen Ritterfiguren einkrallten. Von meinem Hinterhof aus betrachtet war die Welt im Lot, denn der Sandkasten lag mir zu Füßen und ich war sein unumschränkter Herrscher. Dass der weitaus größere Sandkasten um mich herum, in dem ich nicht mal ein Ritter war, von noch viel, viel größeren, erwachsenen, Uniform tragenden Kindern beansprucht wurde, war eine Erkenntnis, die ich aufgrund meines jungen Alters noch nicht verstand. In der Schule lernte ich, dass die Bundesrepublik Deutschland (BRD) als Hauptstadt Bonn hatte und dass wir den Namen beim Schreiben niemals abkürzen sollten. Weiter lernten wir, dass die Deutsche Demokratische Republik (DDR) als Hauptstadt Berlin hatte, von uns natürlich nur Ost-Berlin genannt (denn wir waren ja Berlin und nicht die, meinten wir), und den Namen dieser Republik im Osten durften wir ruhig abkürzen, denn das schien unseren Lehrern irgendwie nicht so wichtig.

Als sich dieser ganze Schlamassel 1989 dem Ende zuneigte, wurde die berechtigte Frage aufgeworfen, welche Stadt denn nun als Hauptstadt für ganz Deutschland bestehen könne. Für die meisten war klar: Würde Deutschland wiedervereinigt werden, könnte es nur Berlin sein. Denn Berlin war vor dem Krieg Hauptstadt gewesen und sollte es nach dem Ende der daraus resultierten

Teilung auch wieder sein. Ich als 16-jähriger West-Berliner war mit dieser Entscheidung damals nicht im Geringsten einverstanden, ich hatte mich schließlich an unser Inseldasein gewöhnt und wir genossen ja auch einen besonderen Status. Auf einmal hieß es, wir seien wieder ein Land, eine Stadt und auch noch Hauptstadt, auf einmal hieß es: »Guten Tag, ab jetzt gehören Sie zur Bundesrepublik (meine Stadt war ja – als Sektor – bis zu diesem Zeitpunkt kein konstitutiver Teil davon gewesen) und übrigens: Wir haben auch eine Armee und in die wollen wir sie jetzt hineinstecken. Schönen Tag noch …«

Wieder einmal hatte die Geschichte den Ton angegeben. Was gab es für Alternativen, welche andere Stadt hätte Hauptstadt werden sollen? Wir haben in unserem Land schönere, ältere und, von der Wohnsituation her gesehen, bessere Städte als Berlin, aber hier, in dieser Stadt im Osten Deutschlands, ist unsere Geschichte verankert, hier war unsere Hauptstadt und hier sollte sie auch wieder sein. Aber mit dem neuen Status als Hauptstadt wandelte sich auch das Stadtbild und mit dem Umzug der Bundesregierung von Bonn nach Berlin kamen auch viele Menschen ans Ufer der Spree, die mit dem Berlin, wie es zum damaligen Zeitpunkt war, zunächst nicht viel anfangen konnten. Berlin rückte jetzt auf fast allen Ebenen ins Licht des öffentlichen Interesses und diese Entwicklung wurde nicht von allen ehemaligen West-Berlinern (mich eingeschlossen) mit Wohlwollen zur Kenntnis genommen. Das Leben in unserer Stadt veränderte sich rasant.

Vorher waren für mich die Stufen des Reichstages mit dem alten grauen Gebäude und der Berliner Mauer in meinem Rücken einer der besten Orte der Stadt gewesen, um zu entspannen. Dieser Zauber ging mit dem Einzug der Regierung und den Strömen der Touristen verloren. Aber das geht schon in Ordnung, denn die Geschichte liegt nicht nur hinter uns, sondern sie ist um uns herum. Sie geschieht, während wir die Dinge aussprechen und sie tun. Streift man heute am späten Abend, wenn sich der Tumult auf den Plätzen und Straßen gelegt hat, durchs Regierungsviertel, am Reichstag und dem Kanzleramt vorbei, kann man noch einen Hauch der alten Magie finden, und die Erkenntnis, dass man nicht stillstehen darf, wird zur Gewissheit.

Ein ganz spezieller Umstand macht Berlin außerdem zur rechtmäßigen Hauptstadt des wiedervereinigten Deutschlands, denn Berlin ist auch eine wiedervereinigte Stadt. Die Teilung Deutschlands war auch die Teilung Berlins. Keine andere Stadt hat die innerdeutsche Grenze so direkt an den eigenen Mauern und Straßen, an den Menschen und Familien zu spüren bekommen wie unsere Hauptstadt, und trotzdem ist hier die Zuversicht auf einen neuen Anfang nie gebrochen worden. Um es mit Reinhard Mey auszudrücken:

»Gibt's ein schön'res Wort für Hoffnung, aufrecht gehen, nie mehr knien!? Das ist mein Berlin!« *(Thomas Stechert)*

GRUND NR. 4

Weil Berlin nicht an der Stadtgrenze endet

Berlin ist einen weiten Weg gegangen, angefangen bei einer kleinen slawischen Siedlung am nördlichen Ufer der Spree bis zu der Metropole, die sie heute ist. Wer genau die ersten Menschen waren, die an diesem Ort ihre Zelte aufschlugen und sagten: »Okay, Leute, hier haun wa unsere Pfeiler in den Matsch«, werden wir vermutlich nie erfahren, aber die Tragweite ihrer Entscheidung hat unser Leben bis heute beeinflusst. Alles, was wir hier machen in dieser Stadt, alle Menschen, die wir in Berlin kennenlernen, unsere ganze Existenz beruht auf der Entscheidung dieser Siedler vor fast tausend Jahren, ihre Hütten exakt an dieser Stelle auf den sumpfigen Untergrund zu stellen. Danke, Leute!

Berlin war nun also da – noch nicht so richtig gegründet, aber es hatte seine Geburtswehen überstanden. In der Nähe des heutigen Nikolaiviertels, im Zentrum Berlins, wurde die erste Siedlung gegründet. Von diesem Ort aus nahm die Geschichte ihren Lauf und Berlin begann unaufhaltsam zu wachsen und sich auszudehnen. Zuerst war Cölln dran, ein anderes kleines Städtchen auf einer der Spreeinseln. Berlin kam, sah und einverleibte. Die Stadt breitete sich weiter aus, jeder Ort in der Umgebung wurde nach und nach Teil ihres Gebiets. So wurden Dörfer und kleine Städte wie Köpenick, Dahlem, Spandau, Moabit, Wedding und Schöneberg von Berlin verschluckt und gehörten fortan einfach dazu. Hunderte von Jahren dauerte dieser Prozess, bis die Stadt ihre heutige Form hatte. Die Stadtgrenze jedoch ist fließend. Wenn man aus Berlin hinausfährt, kann man nicht genau sehen, wo die Stadt eigentlich aufhört. Man sieht gelegentlich ein Schild, das einen Ort anzeigt, aber: Wo hört die Stadt auf und wo fängt der Ort an?

Vielleicht krallt sich Berlin ja auch eines Tages Potsdam ein, ich meine, diese wundervolle Stadt würde doch einen recht passablen Außenbezirk abgeben! Hey, ihr Potsdamer, was meint ihr dazu? Würde es euch gefallen, euch auch Berliner nennen zu dürfen? Wenn ich im Sommer die Landsberger Allee Richtung Altlandsberg runterfahre und noch vor Strausberg links zum Bötzsee abbiege, mir ein Ruderboot schnappe und mich damit langsam über den See gleiten lasse, meine Füße ins kühle Nass halte, die Natur genieße und kein Geräusch der Großstadt mehr höre, bin ich schon weit über die eigentliche Stadtgrenze hinaus, aber für mich bin ich immer noch in Berlin.

Mann, ist das cool, hier zu leben!, denke ich dann, und auch so verdammt leicht, den Lärm der Stadt innerhalb von Minuten hinter sich zu lassen, wenn man mal ein bisschen Ruhe braucht. Berlin ist von dichter Natur umgeben, von Seen und Wäldern, von alten Dörfern und neuen Städten. Und gerade wir ehemaligen West-Berliner wissen das zu schätzen, denn es gab eine Zeit, in der unsere Freizeitaktivitäten an der Berliner Mauer endeten.

Und während ich mich rücklings in mein Boot lege, der Stille des Berliner Umlandes lausche und mich auf dem Bötzsee treiben lasse, denke ich an die ersten Siedler, die sich vor vielen hundert Jahren hier niederließen. Die haben bestimmt genau das Gleiche gemacht, wenn sie vom stressigen Alltag mal Abstand brauchten. So muss sie sein, die perfekte Entspannung: mit Grillenzirpen, Natur, Vogelzwitschern und Schäfchenwolken über einer kleinen, feinen, ländlichen Idylle, die mittendrin ist im Großstadtdschungel. Mittendrin. *(Thomas Stechert)*

GRUND NR. 5

Weil der Osten immer ein bisschen nostalgisch sein wird

Berlin hat sich in den zwei Jahrzehnten seit der Wende rasant entwickelt. Viele Straßenzüge und Plätze haben ein neues Gesicht, Häuser sind verschwunden, dafür sind neue entstanden. Berlin, die alte Lady – manchmal wird auch behauptet, sie sei eine selbstbewusste Frau Mitte dreißig –, hat vielerorts einen neuen Anstrich erhalten, aber der Teil, der lange Hauptstadt der DDR war, hat immer noch seinen eigenen, ganz besonderen Charme. Ein Teil dieses (n)ostalgischen Flairs ist natürlich der Tatsache geschuldet, dass im alten Ost-Berlin irgendwie die Zeit stillstand oder zumindest die Uhren anders tickten und Häuser selten renoviert und erneuert wurden. Aus heutiger (nostalgischer) Sicht kann man nur sagen: ein Glück.

Ich bin in Cottbus geboren, war aber hin und wieder in der Hauptstadt der DDR zu Besuch. Das war für mich jedes Mal ein großes Abenteuer. Wenn wir mit der Familie unsere Tante Anni besuchten, wusste immer schon das ganze Haus, in dem sie wohnte, Bescheid. Schon auf dem Hof begrüßte uns einer von Tante Annis Nachbarn und lud uns in den Clubkeller auf ein Glas Fassbrause ein. Dann kam der Fall der Mauer und es folgte eine Zeit, in der erst einmal alles als billig und schlecht galt, was aus der sogenannten Zone kam. Aber nach und nach merkten viele, dass ihnen die Dinge, die sie mit ihrer Kindheit und Jugend in der DDR verbanden, fehlten. Schnell fand sich für diese Erfahrung ein neues Wort: Ostalgie.

Wer heute im neuen Berlin ein Stück dieser vergangenen Zeit finden möchte, kann seiner Nostalgie an vielen Orten der Stadt frönen. Im »Wohnzimmer«, einem urigen Café am Helmholtzplatz, wird der Kaffee in altem Mitropa-Geschirr serviert; um die Ecke, in der Pappelallee, lässt es sich im Klub der Republik ausgezeichnet auf ausrangierten Ostmöbeln lümmeln und in Friedrichshain, in der Schreinerstraße, kann man im Mondos Arts die alten Erinnerungen an vergessen geglaubte DDR-Produkte aufleben lassen. Angefangen beim Ampelmännchen über das Sandmännchen bis hin zu alten DEFA-Filmen findet man dort alles, was das Ostalgie-Herz höher schlagen lässt. Ein paar Straßen weiter, in der Karl-Marx-Allee, im Café Sibylle ist eine Dauerausstellung zum Bau der Stalinallee in den fünfziger Jahren beheimatet, die die Zeit von damals ein Stückchen in die heutige holt. Und wer sich anschließend von so viel Zonenreise ausruhen, dabei aber auf den Ost-Charme nicht verzichten will, checkt einfach für eine Nacht ins OSTEL, ein originelles Hotel Marke Plattenbau im Wriezener Karree, ein. Zum duften Ostmobiliar gehören »ehrliche Doppelstockbetten«, die einst heiß begehrte Schrankwand »Karat«, der »Mufuti« (Multifunktionstisch) und Betten im Pionierlager für kleines Geld. Vorsicht ist vor den Tapeten geboten!

Und wer, zu guter Letzt, wie ich zu DDR-Zeiten nie Trabi gefahren ist (man musste ja Jahrzehnte auf die Dinger warten), aber schon immer mal wissen wollte, wie sich die Zweitakter-Gurken überhaupt fahren, kann sie sich in Mitte für eine Stadtrundfahrt ausleihen und damit die Orte der Kindheit auf eigene Faust erkunden und den vergilbten Erinnerungen frische Farbe beimischen. Das Schöne an der ganzen Sache ist, dass man heute mit der Pappkiste durch den Checkpoint Charlie knattern kann, ohne dass einen Stacheldrahtzäune und Grenzposten mit Gewehren an der Weiterfahrt hindern.

Wer noch einmal in die Zeit der Deutschen Demokratischen Republik eintauchen möchte, dem sei das Berliner DDR-Museum in der Karl-Liebknecht-Straße gegenüber dem Berliner Dom ans Herz gelegt. Hier kann man sich sogar für Führungen anmelden und den morbiden Charme der DDR im schönen Gemeinschaftsgefühl erleben.

Ich mag es, in einer Stadt zu leben, die sich trotz aller Veränderungen und der erneuten Ernennung zur Hauptstadt ihre alten Impulse und ihre Geschichte nicht hat nehmen lassen. Ich mag es, einen Hauch der alten DDR an schönen Sommerabenden in den Straßen Berlins wiederzufinden, und ich bin froh darüber, dass der von den Scorpions besungene »Wind Of Change« in dieser Stadt nicht alles davongeweht hat, was mir in Kindertagen lieb und teuer war. *(Verena Maria Dittrich)*

GRUND NR. 6

Weil hier die Spree durchkommt

Meine früheste Erinnerung an die Spree ist keine gute, denn dieser Fluss stahl mir meinen »AT-AT Driver«, eine meiner Lieblingsfiguren aus dem »Star Wars«-Universum. Ich war zehn Jahre alt und spielte mit meinen kleinen Plastikschätzen am Rande des Wassers. Obwohl es in den damaligen »Star Wars«-Filmen keine Flüsse gab, hielt ich das Ufer der Spree dennoch für einen geeigneten fremden Planeten, auf dem sich meine kleinen Helden ihre mystischen Schlachten liefern konnten. Das änderte sich, als die für mich damals großen, von den Schiffen erzeugten Wellen mir meinen geliebten »All Terrain Armored Transporter Driver« aus den Händen rissen. Ich rannte ihm am Ufer entlang hinterher, solange ich konnte, aber meine Mühe war vergebens. Er schwamm zwar, da er im Inneren hohl war, aber meine Augen verloren ihn irgendwann im sanft sich bewegenden Wasser. Ich trauerte und war mit der Spree erst mal fertig. Aber als die Mädchen in mein Leben traten, wurden die Ufer des Flusses als Ort der Zweisamkeit wieder sehr interessant und ich versöhnte mich mit ihm. Mittlerweile ist die Spree für mich ein Ort der Entspannung und der Ruhe. Selbst im stressigen Alltag gibt sie einem ein Gefühl von Harmonie, wenn man ihr einen Moment Aufmerksamkeit schenkt.

Die Spree ist kein schöner Fluss, sie kann weder einen gigantischen Hafen, wie ihn die Elbe hat, bieten, noch mit einer beeindruckenden Skyline wie der des Hudson River aufwarten. Ihr Zauber liegt vielmehr in ihrer Unförmigkeit. Bei ihrer 46 Kilometer langen Wanderung durch die Stadt zeigt sie dem Betrachter viele Formen, verführerische Gesichter, aber auch abstoßende Grimassen. Es sind nicht das Regierungsviertel, das Ufer der East Side Gallery oder die Museumsinsel, die zu ihren bezaubernden

Orten zählen, es sind die kleinen Nischen, die sich an ihrem gesamten Verlauf quer durch die Stadt befinden, Orte, an die sich selten ein Tourist verirrt, weil sie nicht nach Besuchern lechzen, sondern entdeckt werden wollen. Kleine verwunschene Bänke, auf denen scheinbar seit Jahren niemand mehr saß, Orte, die sich im Sommer ihre Einsamkeit bewahren, da sie, von Pflanzen und Bäumen umringt, ihre Existenz oft nur vom Wasser aus offenbaren. Und ob die Augen der Spree nun ins Grün der Außenbezirke, ins Grau der Arbeiterbezirke oder ins Gold der Kultur von Berlins Mitte getaucht sind, sie scheinen einen immer irgendwie aufmunternd anzublicken.

Historisch gesehen wäre Berlin ohne die Spree gar nicht erstanden und wer mal an den Ort gehen möchte, von dem aus das alte Berlin und das damalige Cölln zu dem gewachsen sind, was Berlin heute ist, kann auf diesen geschichtlichen Pfaden im Nikolaiviertel am östlichen Ufer der Spree in Mitte und der Spreeinsel wandeln. Von hier starten auch einige der beliebten Spreefahrten, die für Berlin-Besucher ein Muss sind. Auf kleinen Dampfern kann man die Stadt vom Wasser aus erkunden – und auch wer glaubt, sie wie seine Westentasche zu kennen, kann sie von hier aus einem neuen Blickwinkel sehen. Unter Berlins Brückenlandschaften hindurch schippert man am Regierungsviertel, der Museumsinsel, dem Berliner Dom und der East Side Gallery vorbei und bekommt – bis hin zum Media-Spree-Areal – einen Querschnitt dessen zu sehen, was das Zentrum Berlins an Kultur und Architektur zu bieten hat.

Berlin zu lieben heißt, diesen manchmal verkümmerten, gebrochenen, aber auch stellenweise prachtvollen Fluss zu lieben. Steht man in den Abendstunden auf der Weidendammer Brücke in der Friedrichstraße und blickt Richtung Reichstag, kann man auf seiner glitzernden Oberfläche im Tanz der Lichter sehen, wie sich Vergangenheit und Zukunft der Stadt vermischen. Für Berlin ist die Spree beides: Trennung und Verbindung.

Wenn ich in der Stadt unterwegs bin und auf die Spree treffe, lasse ich gelegentlich meinen Blick über das Wasser gleiten und hoffe tief in mir drin, doch noch meinen AT-AT Driver zu finden. Aber wer weiß schon, an welches Ufer ihn dieser Fluss auf seinen vielen Wegen geschwemmt hat. *(Thomas Stechert)*

GRUND NR. 7

Weil unsere Architektur aus allen Epochen stammt

Wenn ich etwas wirklich Prägendes über die Architektur der Hauptstadt erzählen wollte, wüsste ich gar nicht so richtig, wo ich da eigentlich genau beginnen sollte, so vielseitig und unterschiedlich ist sie. Im zweiten Jahr meines Kunstgeschichtestudiums stand ein Semester lang Architekturgeschichte auf dem Plan. Ich besuchte Kurse, Seminare und Vorlesungen, verbrachte unzählige Nachmittage in den Museen und vor allem auf den Straßen und Plätzen Berlins und hatte sogar in meiner Zwischenprüfung »Die Architekturgeschichte Berlins« zum Thema.

»Das haben Sie doch ganz gut gemacht!«, sagte mein Professor, ein 72-jähriges Berliner Urgestein, als ich mit einer Zwei den Prüfungsraum verließ, »warum ziehen Sie denn so eine Schnute?«

»Weil ich das Gefühl habe, dass ich von allem nur ein bisschen weiß, dass ich mich nicht richtig auskenne und von der Architektur Berlins nur einen Eindruck habe, aber keine Ahnung.«

»Na, das ist doch super, Kindchen«, erwiderte mein Professor, »wenn Sie die Uni verlassen und das Gefühl haben, genauso schlau wie am Anfang zu sein, haben Sie alles richtig gemacht!«

Erst später erfuhr ich, dass es sich dabei um einen Aphorismus von François de La Rochefoucauld handelte, den der gute Professor jedem Studenten mit auf den Weg gab, der nach einer Prüfung so bedröppelt guckte wie ich. Anschließend stand ich auf dem Campus und war immer noch etwas ratlos, wo ich anfangen sollte, wenn mir jemand eine Frage zur Architektur Berlins und den einzelnen Epochen stellen würde. Ich wüsste nicht, ob ich mit dem alten Berlin des 16. Jahrhunderts beginnen und zur Friedrichstadt des 17. Jahrhunderts überleiten sollte oder ob ich erst im 18. Jahrhundert einsteigen sollte. Ich würde den Gendarmenmarkt erwähnen und die klassizistischen Bauten, die die Prachtstraße Unter den Linden rahmen. Mir würde einfallen, dass im 19. Jahrhundert Baumeister Karl Friedrich Schinkel fast überall seine talentierten Finger im Spiel hatte und dass diese Epoche das Bild der Stadt bis heute prägt. Aber ich muss auch gestehen, dass ich schon ein wenig pusten würde, wenn ich alle Schinkel-Bauten aufzählen müsste, weil es so verdammt viele sind.

Ein Besuch auf der Museumsinsel mit dem Alten Museum, des Schinkel-Pavillons oder des Schauspielhauses ersetzt ja nicht die Fahrt zu Schloss Glienicke, denn auch dieses sollte man, wenn es um Schinkels Klassizismus geht, unbedingt gesehen haben! Weil Berlin eine Stadt ist, in der ständig Neues entsteht und die sich, fast wie die Mode, stets neu erfindet und herausputzt, aber auch umstrukturiert und überformt wird, würde ich allmählich anfangen zu rotieren und fragen: Welche Epoche zuerst, wohin zuerst? Wenn wir schon vor dem Berliner Dom stehen, protestantischer Bau nach dem Vorbild des Petersdoms in Rom und größte Kirche Berlins, sollten wir dann nicht auch einen Blick in den Innenraum werfen und auf diese sagenhafte Kuppel? Und gehen wir jetzt geradeaus, Richtung Brandenburger Tor, oder laufen wir doch lieber Richtung Fernsehturm und flanieren die Karl-Marx-Allee entlang? Dabei könnte ich was über Henselmann erzählen, einen der Architekten dieses Prachtboulevards. Und in Gedanken wäre ich sicher schon wieder bei den anderen Bauherren, die noch ein bisschen früher da waren, wie Gropius, Mendelsohn oder Mies van der Rohe, und mit ihren revolutionären Ideen die deutsche Hauptstadt in den Fokus der modernen Architektur rückten.

Während ich auf der Karl-Marx-Allee Richtung Strausberger Platz am Kino International, dem Café Moskau und anderen denkmalgeschützten Stalinbauten vorbeilaufe und über die vielen Architekturepochen, mit denen sich Berlin schmücken kann, plaudere, fallen mir unsere Wohnviertel ein und ich denke: Ich muss unbedingt noch mal in die Neue Schönhauser Straße, die gleich mehrere Epochen auf einmal vereint und wo Neubauten Seite an Seite mit Gebäuden aus dem Historismus stehen. Von dort kann man auf die Hochhäuser am Alexanderplatz aus den frühen siebziger Jahren des vergangenen Jahrhunderts blicken, die den Osten der damals geteilten Stadt wie keine anderen Gebäude repräsentierten.

Nach einer kurzen Verschnaufpause würde ich zum Potsdamer Platz, zum Regierungsviertel und zum Pariser Platz fahren, der den Abschluss der Straße Unter den Linden bildet und mit seinem direkten Blick aufs Brandenburger Tor bis zur Maueröffnung 1989 für Ost und West gleichermaßen gesperrt und Teil des Todesstreifens war. Und bestimmt würde ich mich ein bisschen schlecht fühlen, dass die Zitadelle in Spandau, eine der bedeutendsten Renaissance-Festungen schlechthin, noch nicht auf meinem Programm stand. Später würde mir einfallen, dass ich noch nichts über die Epoche des Barock erzählt habe und somit auch das Schloss Charlottenburg mit keiner Silbe erwähnt habe. Das gilt ebenso für das Kino Babylon, dieses hübsche expressionistische Juwel, und für das Literaturhaus Berlin, das 1889 extra für einen Kapitän gebaut wurde, der eine Expedition zum Nordpol machte – die erste deutsche wohlgemerkt. Und ich habe den Jugendstil und die Admiralbrücke noch nicht erwähnt, genauso wenig wie die Komische Oper und und und ... Wehe, mir kommt jetzt einer mit François de La Rochefoucauld, den sperre ich sofort auf der Aussichtsplattform der Goldelse ein!

Was Führungen und Stadtrundfahrten betrifft, hat man wegen der ungemeinen Vielfalt der architektonischen Höhepunkte in Berlin tatsächlich die Qual der Wahl. Ich schlage deshalb mehrere Stadtführungen vor: am besten zwei im Frühling und drei im Sommer, eine im Herbst und vier im Winter, vielleicht noch eine am frühen Morgen, eine um die Mittagszeit und eine nachts, denn Berlin schläft bekanntlich nie. *(Verena Maria Dittrich)*

GRUND NR. 8

Weil Berlin die größte Stadt in Deutschland ist

Manchmal gibt es Tage, an denen alles passt. Es sind Tage, an denen gar nichts Besonderes passieren muss. Der innere Friede ist hergestellt und man weiß im Grunde nicht einmal genau warum. So einen Tag nutzte ich für einen Besuch bei einem alten Freund draußen in Spandau. Wenn man in Berlin-Mitte lebt, braucht man schon einen triftigen Grund, um nach Spandau zu fahren, zufällig kommt man da sonst nämlich eher nicht hin. Ich fuhr mit unseren öffentlichen Verkehrsmitteln, die besser sind als ihr Ruf, vom Kern der Metropole ins ruhigere Staaken, einen Stadtteil von Berlin, wo sich Fuchs und Hase Gute Nacht sagen. Nachdem wir alle Neuigkeiten ausgetauscht, gemeinsam einen Tee getrunken, über die Leute im Reichstag und die Menschheit im Allgemeinen gemeckert und einen Kinobesuch beschlossen hatten, brach ich wieder auf. Es war später Nachmittag und die Augustsonne war angenehm warm. Ich umarmte meinen Freund und schlenderte Richtung Bushaltestelle.

Als ich sah, dass der Bus erst in 15 Minuten kommen sollte, beschloss ich, eine Haltestelle zu laufen. Und dann noch eine und noch eine. Ich lief und lief. In Gedanken versunken folgte ich einfach dem Verlauf der Straße. Als ich bemerkte, dass ich schon am Rathaus Spandau war, kam mir der Gedanke, dass ich doch gleich bis nach Hause laufen könnte. Früher hatte ich das oft getan, ich hatte es geliebt, durch die Straßen West-Berlins zu laufen, und weil ich das schon lange nicht mehr gemacht hatte, schien mir dieser Tag genau der richtige dafür zu sein. Als ich am Spandauer Damm entlanglief, genoss ich den Blick auf das Schloss Charlottenburg und folgte der Otto-Suhr-Allee bis zur Straße des 17. Juni.

Es ist *eine* Sache, die Stadt zu durchfahren, aber eine völlig andere, sie zu Fuß zu erkunden. Wie oft macht man das schon? Man sieht die Orte, Gebäude und Menschen kommen und gehen, man bekommt ein Gefühl für die Entfernungen und auch dafür, wie die Teile miteinander verbunden sind und ineinander übergehen. Man erkennt plötzlich die Strukturen der Stadt.

Bei diesem Spaziergang durch die Hauptstadt wurde mir wieder einmal bewusst, wie riesig Berlin ist. Ich meine, Berlin ist nicht nur der Regierungssitz, sondern auch flächenmäßig mit 891,85 Quadratkilometern und mit über 3.450.900 Einwohnern die größte Stadt unseres Landes. Berlin erstreckt sich in der Ost-West-Richtung ungefähr 45 Kilometer, und vom Norden zum Süden sind es auch fast vierzig Kilometer. Wenn man das alles sehen will, ist man Jahre beschäftigt.

Als ich durchs Brandenburger Tor ging und Unter den Linden entlanglief, lag auf Höhe der Friedrichstraße mein Wohnviertel Pankow links von mir, aber ich entschied mich, meinen Marsch fortzuführen, denn es machte mir von Meter zu Meter mehr Spaß. Ich fühlte mich in diesem Moment als Teil dieser Metropole, ich ließ mich durch ihre Straßen treiben wie ein Stück Holz durch einen Fluss. Ich ging weiter Richtung Ostbahnhof an der East Side Gallery entlang, bis ich die Treptowers am Ufer der Spree sah. An ihnen vorbei ging es weiter zum Treptower Park, wo ich mir in einer Imbissbude am S-Bahnhof einen Döner kaufte. Ich setzte mich in der langsam untergehenden Sonne auf eine Bank und sah den wiederkehrenden Ausflugsdampfern beim Manövrieren in ihren Fahrrinnen zu. Nach meiner Stärkung lief ich die Köpenicker Landstraße hinunter. Als ich am S-Bahnhof Adlershof ankam, waren die Straßen schon ins Licht der Laternen getaucht. Müde holte ich mein Handy aus der Tasche: vier Anrufe in Abwesenheit, sechs SMS und immer dieselbe Frage: Lebst du noch? Ich steckte das Telefon zurück in die Tasche und dachte: Ja, ich lebe noch und wie ich lebe, und zwar nicht nur in der größten deutschen Stadt, sondern auch in einer der schönsten. Als die S8 mit Endstation Bernau kam, fuhr ich zurück nach Hause und musste nicht einmal umsteigen. Schade eigentlich.

(Thomas Stechert)

GRUND NR. 9

Weil hier in allen Gebäuden Geschichte atmet

Eine Stadt wie Berlin, in der man gern lebt, mit der man sich verbunden fühlt und die einem Heimat und Zuhause ist, hat durch ihre bewegte Vergangenheit nicht immer nur positive Bilder, Gedanken und Erinnerungen im Repertoire. Es ist ein natürlicher Mechanismus im Menschen, der hilft, unheilvolle Bilder der Vergangenheit oder aber auch der Gegenwart zu verdrängen oder einfach ganz zu vergessen. Bei diesem Spiel macht Berlin aber nicht mit, denn in den Gebäuden dieser Stadt atmet Geschichte und erinnert ihre Betrachter dabei nicht nur an die schönen Seiten. Das ist auch eine Chance, sich mit der Vergangenheit auseinanderzusetzen und daraus zu lernen.

Zweimal war Berlin das Machtzentrum, von dem Kriege ausgingen, wie sie die Welt zuvor noch nicht hatte erleben müssen: der Erste und der Zweite Weltkrieg. Im Ersten Weltkrieg diente Berlin den Größenwahnsinnigen, im Zweiten den Unmenschen. Zweimal wurde von Berlin aus versucht, die Krone der Welt an sich zu reißen, zweimal scheiterte man kläglich und stürzte die Welt ins Chaos. Als der Zweite Weltkrieg am 8. Mai 1945 für Europa endete, war der Zorn der Welt über Berlin bereits hereingebrochen. Die einstige Metropole, die blühende Weltstadt, war in großen Teilen zerstört. Die Schönheit dieses Ortes existierte nur noch als Erinnerung in den Träumen der grauen Gestalten, die durch die brennenden Ruinen schlichen.

Wenn man heute durch Berlin läuft, findet man an vielen Orten noch die Spuren jener Zeit. Die alten Keller, die Schutz vor den Bomben versprachen, die immer noch sichtbaren Einschusslöcher in den Fassaden vieler Gebäude, das Kopfsteinpflaster, über das erst unsere und dann andere Soldaten marschierten, scheinen uns zuzuflüstern: »Vergesst nicht, was auf euren Straßen, in euren Häusern, in euren Wohnungen passiert ist.«

Letzten Sommer saß ich in einer Seitenstraße auf Höhe des U-Bahnhofs Schönhauser Allee mit einem Eis in der Hand auf einer Bank und beobachtete die Schlange, die sich vor der Eisdiele bildete. Ich blickte nach oben in den strahlend blauen Himmel, hinter mir die Gethsemanekirche, und war froh ob der Wärme auf meiner Haut und der Kühle in meiner Kehle. Ich entspannte mich und ließ meinen Blick schweifen, bis ich einen dieser kleinen goldenen Gedenksteine erblickte. Diese zehn mal zehn Zentimeter großen sogenannten Stolpersteine kann man in Berlin vielerorts finden. Sie sollen uns an die Menschen erinnern, die in dieser Stadt dem Nationalsozialismus zum Opfer fielen. Ich stand auf, ging einen Schritt darauf zu und las die Inschrift. Ich erfuhr, dass Erika hier gewohnt hatte, und zwar, bis sie 17 Jahre alt war, denn 1943 holte man sie ab und brachte sie und ihre Mutter nach Auschwitz. Hier, in diesem Haus, in dem ich mir eben ein Eis gekauft hatte, hier wo andere Menschen jetzt in Erikas damaliger Wohnung leben, hat sie vielleicht ihren ersten Kuss bekommen, hier hat sie von einem Leben geträumt, das sie nie leben sollte.

Ich beobachtete wieder die Menschen auf der Straße, die Kinder spielten, die Erwachsenen lachten, sprachen und diskutierten und alle träumten wahrscheinlich von dem Leben, das noch vor ihnen liegt. Vergesst uns nicht, flüsterte der kleine goldene Stein zu meinen Füßen.

Als ich am Abend in meinem Bett lag und im Halbdunkel den Stuck an der Zimmerdecke betrachtete, dachte ich an all die Menschen, die in meiner jetzigen Wohnung gelebt haben. Das Haus, in dem ich wohne, wurde 1901 erbaut. Es lebten also Leute in diesen Wänden, als draußen die Bomben niedergingen, es lebten also Leute in meinem Zimmer, als draußen schlimme Verbrechen geschahen. Vielleicht hat sich hier jemand versteckt, vielleicht hat ein Bewohner hier einen anderen gerettet, vielleicht wohnte hier einer der Täter, vielleicht starb hier jemand, hier an dem Ort, an dem ich gleich gemütlich einschlafen werde. Mir wurde klar: Berlin ist nicht nur ein Kapitel in den Geschichtsbüchern. Berlin, und zwar das, in dem wir heute leben, ist Geschichte.

(Thomas Stechert)

GRUND NR. 10

Weil Berlin niemals Berlin ist

Was sind die augenscheinlichsten Merkmale einer Stadt: ihre Sehenswürdigkeiten, ihre Gebäude, ihre Bewohner? Was bleibt dem Besucher einer Stadt in Erinnerung, wenn er wieder in seine eigene zurückkehrt? Er schaut auf Hunderte von Fotos, die er mit seiner neusten Digitalkamera gemacht hat, erinnert sich an die unfreundlichen Taxifahrer, die ihn immer über Umwege ans Ziel gebracht haben, und an den einen oder anderen Besuch in einem Museum oder in den angesagten Clubs der Stadt. Dieser Besucher denkt, er hätte in seinem einwöchigen Aufenthalt die Stadt erfasst. Aber reichen ein paar Tage oder eine Woche wirklich aus, um eine Stadt kennenzulernen? Es gibt Orte auf dieser Welt, in denen sich über Jahre nichts verändert, da läuft immer derselbe Hund zur selben Tageszeit über denselben Platz. Selbst viele Großstädte haben ein Flair, das sich über Jahrzehnte kaum verändert. Berlin passt da nicht rein, Berlin verändert sich manchmal so schnell, dass einem schwindelig wird. Während man sich die Schnürsenkel an der Haltestelle einer Straßenbahn zubindet, wird ein Haus um einen herum gebaut und es haben sich neue Trends entwickelt und schon wieder überlebt.

Berlin ist, seit es 1989 aus dem Dornröschenschlaf der Teilung geküsst wurde, eine ständige Baustelle. Das gilt im wahrsten Sinne des Wortes für die Straßen und die Architektur, und es gilt symbolisch für Kunst und Kultur. Seit der Öffnung der Mauer strömen Menschen aus Deutschland und der ganzen Welt in diese Stadt und sie alle bringen neue Ideen und verschiedene Lebensweisen ans Ufer der Spree. Neue Galerien und Läden schießen wie Pilze aus dem Boden, und hat man sich gerade an sie gewöhnt, sind sie ein paar Monate später auch schon wieder verschwunden. An ihre

Stelle rückt etwas anderes, und man kann sich nie sicher sein, ob das exotische Restaurant, in dem man gestern erst ein neues Lieblingsgericht gefunden hat, morgen noch da ist. Das Nachtleben verändert sich ständig, ganze Stadtteile werden umgekrempelt. Der Gentrifizierung (ein Begriff, den die britische Stadtsoziologin Ruth Glass bereits 1964 prägte) von Stadtgebieten wie Prenzlauer Berg, Friedrichshain-Kreuzberg, Neukölln und neuerdings auch dem Wedding stehen die Anwohner natürlich kritisch gegenüber, aber wenn wir eins in dieser Stadt gelernt haben, dann dass Veränderungen nicht aufgehalten werden können.

Manchmal ist es schwer, als Bewohner dieser Stadt mit ihr Schritt zu halten, und dann wünsche ich mir, auch nur ein Besucher zu sein, der Bilder knipst und sich dann einfach wieder aus dem Staub macht, aber dieser Wunsch kommt nicht aus meinem Herzen, es ist nur erst mal die tief ins uns verwurzelte Angst vor Veränderung.

Lieber fremder Besucher, schließe den Ordner mit den Fotos meiner Stadt, fahr deinen Computer runter und komm noch ein weiteres Mal zurück, denn ich garantiere dir, es wird ein anderer Besuch werden als der, den du in Erinnerung hast, denn Berlin hat wieder eine seiner Masken abgelegt oder aber sie neu bemalt. Wie sagte einst der französische Kultur- und Bildungsminister Jack Lang, der mit vielen Projekten in Berlin vertraut war: »Paris ist immer Paris und Berlin ist niemals Berlin.« *(Thomas Stechert)*

KAPITEL 2

»Vor Gott sind eigentlich alle Menschen Berliner«*

Über Berliner und die, die es werden wollen

* Theodor Fontane, Schriftsteller und Erzähler

GRUND NR. 11

Weil der raue Charme der Berliner viel wärmer ist, als viele denken

Neulich, als ich mit meinen Mädels mal wieder im Prater im Prenzlauer Berg den Abend bei einem kühlen Blonden ausklingen ließ, habe ich mitbekommen, wie eine Gruppe am Nachbartisch über die Berliner diskutierte. Ich wollte erst gar nicht Maulaffen feilhalten, aber unwillkürlich mutierten meine Lauscher zu zwei großen Frikadellen, als einer aus der Gruppe begann, aus seinem großen Erfahrungsschatz sagenhafte Beispiele für die Unfreundlichkeit des Berliners auszuplaudern. Der Berliner, das zeige bereits sein derber Dialekt, sei nicht nur schnoddrig, nein, er lege auch eine von unkontrollierbaren Gefühlsschüben dominierte Ruppigkeit an den Tag, dass man sich ernsthaft fragen müsse: Hat sich vom exzessiven Partyleben und dem stets vibrierenden Sound der Stadt im Oberstübchen des Berliners ein Schalter umgelegt, der dafür sorgt, dass er nicht mehr freundlich sein kann?

»Auf jeden Fall!«, war sich die Gruppe einig. Und dann hatte auch schon jeder ein eigenes, ganz persönliches Anekdötchen parat. Der eine berichtete, dass er neulich davon gehört habe, dass man in Berlin jetzt sogar im Schwimmbad übernachten könne und für Touristen im Prinzenbad in Kreuzberg Schlafboxen aufgestellt würden. Als er jemanden nach dem Weg dorthin gefragt habe, sei die Antwort gekommen: »Weeß ick doch nich! Heiß ick Herr Lehmann, oder wat?« Das Prinzenbad wurde durch das Buch »Herr Lehmann« von Element-of-Crime-Sänger Sven Regener und den gleichnamigen Kultfilm über die Grenzen Berlins hinaus bekannt. Und während ich es eigentlich sehr nett fand, dass der nach dem Weg Befragte sofort an Herrn Lehmann dachte, wurde am Tisch nebenan weiter fröhlich über die Unfreundlichkeit und die latente

Ruppigkeit der Berliner gewettert. Einstimmig stellte man fest, dass der positive Grundton des Berliners zwar dominiere, dieser aber stets mit einem kalten Blick kombiniert sei. Besonders im Berliner Straßenverkehr herrsche ein fast aggressives Klima und hier würde gleich verbal aufeinander losgegangen und rumgepöbelt.

Als sich die erhitzten Gemüter nach dem dritten Bierchen einig waren, dass die Geschichte vom unfreundlichen Berliner eine unendliche sei, überlegte ich, wie diese Geschichte eigentlich entstand. Ist es wirklich so, dass der Umgangston in Berlin so ruppig und rau ist, dass man achtgeben muss, nicht bewusstlos geschimpft zu werden, nachdem man von einem Taxifahrer schon fast umgefahren worden ist? Und sind unsere Bäckermamsellen wirklich so viel unfreundlicher als die Bäckereiverkäuferinnen am Bodensee? Sind die alten Herren der deutschen Hauptstadt tatsächlich mit »Ekel Alfred«, dem Anti-Helden aus der Siebziger-Jahre-Fernsehserie »Ein Herz und eine Seele« vergleichbar?

Ja, der Berliner redet viel, quatscht einem ständig dazwischen und hat zu allem eine Meinung, und zwar gerne eine andere. Das ist eben die berühmte »Berliner Schnauze«. Aber ist das alles immer gleich schlecht? Man könnte den Berliner doch auch als überaus kommunikativ, selbstbewusst und überdurchschnittlich diskutierfreudig bezeichnen. Der raue Charme der Berliner ist nämlich viel wärmer, als viele denken, wie der Berliner Tourismus-Chef Burkhard Kieker einmal sagte. Wer wahre Herzlichkeit erleben möchte, muss dranbleiben und darf vor allem eines nicht: sich vom ruppigen Tonfall abschrecken lassen und sich gleich aus dem Staub machen. Denn wer hier angelächelt wird, kann sich was drauf einbilden! Der Berliner lächelt nämlich nicht aus purer Höflichkeit oder weil es die Etikette verlangt. Der Berliner lässt sich nicht vorschreiben, wann er freundlich zu sein hat – er lächelt, wenn ihm danach ist. Der Berliner ist kein »Grinser«. Man kann also sicher sein, dass, sollte man von einem Berliner angelächelt werden, dieses Lächeln ein ehrliches ist und von Herzen kommt. *(Verena Maria Dittrich)*

GRUND NR. 12

Weil hier jede Nation Berlin sein kann

„All in«, höre ich Sandro mit triumphierender Stimme über den Tisch rufen und denke: Verdammter Mist, der kann doch nicht schon wieder ein Hammerblatt haben. Ich mustere ihn und versuche in seinem Gesicht zu lesen. Es ist Sonntagabend und mein kleiner Bruder, Spitzname: Peo vom Leo, hat zu seinem wöchentlichen Pokerspiel geladen. Unsere Pokerrunde besteht aus acht Jungs und einem Mädchen. Da ist Benjapol aus Thailand, Tomas aus Chile, Emat aus dem Libanon, Sandro aus Italien, Heissam aus Palästina, Aime aus dem Kongo, Hannah aus Polen und schließlich mein Bruder und ich aus Deutschland. Wir sitzen an einem Tisch unter freiem Himmel, vor der Mensa auf dem Gelände der Beuth Hochschule für Technik an der Luxemburger Straße, in der Nähe des Rudolf-Virchow-Krankenhauses und genießen die letzten Sonnenstrahlen des Tages.

Die roten, grünen, blauen und gelben Pokerchips, die jeder zu Türmen vor sich gestapelt hat, werden in der Mitte des Tisches zu einem Haufen zusammengeworfen. Das bunte Gebilde, das so bei jeder neuen Runde entsteht, entspricht in seinem Durcheinander der Gruppe von Menschen, die am Tisch sitzen. Jeder hat seine eigene Geschichte, wie er nach Berlin gekommen ist. Aime hat in seiner Heimat Architektur studiert, fand keinen Job und wollte sein Glück in Europa versuchen, Sandro und Tomas sind schon als Kleinkinder nach Berlin gekommen und Benjapol kreuzte eines Tages hier auf, um seine Schwester zu unterstützen, die ein Restaurant in Charlottenburg hat.

Berlin ist voller unterschiedlicher Kulturen. Es gibt keine Mentalität, keine Volksgruppe und keine Küche, die man hier nicht findet. Allein in den ersten sechs Monaten des Jahres 2010 registrierten die Berliner Meldestellen circa 450.000 Ausländer aus 189 Ländern, die Dunkelziffer mal außer Acht gelassen. Die Leute kommen aus den unterschiedlichsten Gründen nach Berlin: Wenn es nicht ein Studienplatz ist, die Aussicht auf einen Job oder der Wunsch, in der hiesigen Kunst- oder Modeszene mitzumischen, dann, dass Berlin wie keine andere Stadt für Freiheit und Neubeginn steht. Viele der heute in Berlin lebenden Menschen aus den unterschiedlichsten Nationen kamen bereits Anfang der sechziger und siebziger Jahre als Gastarbeiter, fanden hier Jobs, eine neue Heimat und blieben. Und so veränderten sich auch die Bezirke, in denen sie leben, denn sie brachten alle ihre Kultur mit.

Einige dieser Kulturen, wie die türkische, arabische, chinesische oder thailändische, blühen im Vordergrund. Man findet sie in Tempelhof, Neukölln und im Wedding genauso wie in Prenzlauer Berg und in Tiergarten. Man begegnet ihnen überall im Alltag, in Restaurants, in Läden, in der Art, wie die Menschen sich kleiden, leben und miteinander reden. Manchmal kann es dabei zu Reibereien kommen, wenn zu viele verschiedene Mentalitäten aufeinandertreffen, aber auch das macht einen Teil der Entwicklung aus, einen Teil des großen Ganzen, einen Teil von Berlin. Ohne Konflikte keine Veränderungen. Berlin hat sich in den vergangenen sechzig Jahren immer wieder neu erfunden und hat aus den Fehlern der Vergangenheit gelernt. Die Stadt ist heute weltoffener denn je und reicht jedem die Hand, der sich aktiv an ihrer Gestaltung beteiligen will. Berlin ist zur gemeinsamen Heimat vieler Fremder aus unterschiedlichen Nationen und Kulturen geworden, die manchmal mehr zu dieser Stadt gehören, als sie vielleicht selbst wissen oder sich eingestehen wollen.

Auch die kulturellen Spuren der ehemaligen Besatzungsmächte Amerika, England, Frankreich und Russland finden sich immer wieder im Alltag, etwa in den Straßennamen, in den Essgewohnheiten usw. Und dann gibt es noch die versteckten Kulturen, wie einige afrikanische und asiatische, die in seltsam anmutenden

Bars und Cafés auf den Hinterhöfen im tiefsten Wedding und in Charlottenburg zu finden sind.

Berlin ist durch seine wechselvolle Geschichte, durch all die ehemaligen Gastarbeiter, den Fall des Eisernen Vorhangs, die Erweiterung der europäischen Union und seine große Anziehungskraft auf die unterschiedlichsten Menschen ein Stück Europa, mehr noch: ein Stück Welt. Hier leben so viele Leute aus so vielen unterschiedlichen Kulturen, dass es eigentlich fast selbstverständlich ist, wenn die eigenen Freunde aus aller Welt stammen. (Und manche von ihnen können auch noch verdammt gut pokern!)

Ich schaue also diesem Italiener, dessen Heimat auch meine ist, in die Augen und sehe darin für einen Moment Unsicherheit aufblitzen. »Call«, höre ich mich sagen und öffne meine Hand, drei Damen. Sandro kneift die Augen zusammen und stöhnt. Er hat wieder mal geblufft! Mit dieser Masche gewinnt er oft, aber nicht heute. Ich strecke meine Arme aus, um den Haufen gewonnener Chips zu mir zu ziehen. Ich schaue in die lachenden Gesichter meiner Kumpels und bin froh, an einem Ort wie diesem zu leben, der alle Farben des Planeten trägt und an dem ich mir keine Gedanken darüber machen muss, was die Leute oder der Staat darüber denken. Denn Berlin lässt jede Nation Berlin sein.

(Thomas Stechert)

GRUND NR. 13

Weil die Berliner die Ruhe weghaben

Berlin, in einer kalten Novembernacht, Viertel vor zwölf. Meine Spätschicht in der Redaktion ist gerade zu Ende. Ein kurzer Anruf zu Hause bestätigt meine Vermutung: Nix im Kühlschrank, gar nix, total Ebbe, Tom ist mal wieder nicht einkaufen gewesen. Also schnell rein zu Kaiser's in der Schönhauser Allee, Ecke Milastraße, der bis Mitternacht geöffnet hat. Vor dem Eingang stolpere ich über zwei Schäferhunde, die neben ihrem Herrchen liegen. Herrchen scheint zu pennen und hat nicht mitbekommen, dass sich einer der beiden Köter gerade mitten vor die Tür legt, und zwar so, dass die Leute mit ihren Einkaufstüten über ihn drübersteigen müssen. Ich meine, so ein Schäferhund wiegt ja bestimmt einiges, den kann man ja mal nicht eben einfach so zur Seite schieben wie einen Pekinesen.

Ich mache einen großen Schritt über Herrchens besten Freund. Dabei habe ich ein bisschen Angst, dass der Hund riechen könnte, dass ich ein bisschen Angst habe, und mich deswegen anknurren oder sogar beißen könnte. Aber er bleibt ruhig. Genauso wie die Nacht. Ich also rein. Zu Kaiser's.

Krankenhauslicht strahlt mir entgegen. Ich weiß eigentlich gar nicht, wie Krankenhauslicht überhaupt aussieht, aber dass es irgendwie kalt und weiß aussehen muss, reicht, um es als unangenehm zu empfinden. Ich glaube, Krankenhauslicht ist verdammt unangenehm. Vor den Einkaufswagen steht ein Mann in Uniform und passt auf. Er guckt ernst. Er guckt so ernst, dass er mich an einen Oberst der Nationalen Volksarmee erinnert, nur dass er eben eine andere Uniform trägt, aber trüge er die der NVA, dann sähe er aus wie ein 1a-Oberst! Weil ich die Oberste der Nationalen Volksarmee ebenso wenig leiden kann wie Krankenhauslicht, überlege ich einen Augenblick, wie es bei dem Kaiser's-Aufpasser wohl ankäme, wenn ich ihm mit einem Kommando-Ton »Wegtreten!« zurufen würde, was ich natürlich nicht mache, denn ich muss ja einkaufen.

Als Erstes: Milch. Ich brauche Milch. Und Kaffee. Wo ist der Kaffee?

Mann, ist das voll hier, denke ich und finde es ein bisschen blöd, dass ich gerade jetzt nicht weiß, in welchen Gängen sich was befindet. Überall, in jedem Gang drücken sich dicht an dicht Leute aneinander vorbei: Touristen, Vergessliche wie ich, Jugendliche, die Pflaumenschnaps suchen, kichernde Mädchen, Partyvolk, Flaschensammler, Pärchen und Singles. Ich muss gestehen, es ist sicher ein bisschen anmaßend, Leute, die nachts mutterseelenallein durch Kaiser's laufen, eine Flasche Cola unter dem rechten, eine Salami-Tiefkühlpizza unter dem linken Arm, als Singles zu bezeichnen. Vielleicht sind sie ja gar keine Singles und die Freundin wartet zu Hause, vielleicht sind sie genauso wenig Single, wie der Wachmann ein Oberst ist. Das ändert aber nichts an der Tatsache, dass sie mitten in der Nacht nichts Besseres zu tun haben, als bei Kaiser's aufzuschlagen und sich eine billige Tiefkühlpizza zu besorgen. Ich sag's ja nur!

Während ich durch die Gänge husche, ich weiß jetzt nicht, ob man das überhaupt als huschen bezeichnen kann, also: während ich mich an den vielen Leuten vorbeischiebe und meine Sachen zusammensuche, fällt mir auf, wie chillig alle sind. Als seien sie vollkommen bekifft oder zugedröhnt, machen sie einen so ausgeglichenen, glückseligen, unbeschwerten Eindruck. Mit mir stimmt was nicht. Während auf mich der Regalaufbau nebst Inhalt wie eine Aneinanderreihung von Kompromissen wirkt, sieht die restliche Kundschaft das allem Anschein nach ganz anders. Die Situation macht den Eindruck, als würden sich manche von ihnen freuen, wenn vor den Regalen ein Sofa stehen würde. Um Mitternacht bei Kaiser's auf dem Sofa lümmeln, mit Decke, Kuschelkissen und Chips. Hallo, Leute, alles tickitacki?

Das Pärchen an der Wursttheke kann sich nicht entscheiden, ob es nun die abgepackte Mortadella oder doch lieber die Geflügelsalami nimmt, und beschließt, die Angelegenheit bei einem langen, innigen Kuss noch einmal zu überdenken. Eine schöne Frau in einem teuer wirkenden Mantel steht vor einem traurig aussehenden Regal und probiert diverse Duftwässerchen. Eine Angestellte wischt mit beneidenswerter Ruhe den Boden. Zwei pubertierende Party-People blättern in einer Illustrierten und lachen sich beim Anblick von nackten Playboy-Bunnys ins Fäustchen.

Ich habe alles und stelle mich an. Es gibt zwei Kassen und davor zwei Schlangen. Beide sind lang, ich entscheide mich dennoch für die längere, denn aus Erfahrung weiß ich, dass der Kassiererin der kürzeren Schlange gleich die Bon-Rolle ausgeht. Es dauert trotzdem! Dauert und dauert und dauert. Die Bon-Rolle geht natürlich meiner Kassiererin aus. »Murphys Law«, der Klassiker. Meine Kassiererin ist langsam. Mal weiß sie die Nummern der Äpfel nicht, mal verzählt sie sich, dann wieder gibt's einen Storno-Bon. Während ich mir mit der Zunge über die Zähne fahre, mit den Zehen unruhig zapple, die Nase rümpfe, mit den Fingern gegen die Manteltaschen trommele, an Michael Douglas in »Falling Down« denke und mir vorstelle, wie ich den lahmen Saftladen gleich zusammenballere, hat der Rest der Kundschaft die Ruhe weg, ach, was sag ich: die Arschruhe! Da wird geknutscht, gekichert, geblättert, geschnuppert und an der Kasse über das Wetter geredet. Und allmählich dämmert es mir. Ja, ich begreife. Der Berliner ist gemütlich und macht gemächlich. Vor allem lässt er eins nicht zu: dass ihn Hanseln wie ich, die es verdammt noch mal eilig haben, stressen. Als ich den Laden verlasse, schiebt der Wachmann den schlafenden Hund vor dem Eingang für mich zusammen, lächelt mich ohne jede Grobschlächtigkeit an und wünscht mir eine »geruhsame Nacht«. Ich sag's ja: die Ruhe weg.

(Verena Maria Dittrich)

GRUND NR. 14

Weil wir den Dialekt lieben

Bringta noch'n paar Schrippen mit?«, bat uns Julia, bei der mein Kumpel Leon und ich zum Frühstück eingeladen waren. »Schrippen?«, pfiff Leon spöttisch durchs Telefon. »Bis vor ein paar Monaten hießen die bei dir noch Brötchen!«

Leon kann es nicht leiden, wenn Julia zu viel berlinert, sie sei schließlich eine Zugezogene und das Recht zu berlinern, sagt er, stünde nur den richtigen, waschechten Berlinern zu. Ich fragte mich zwar, wie viele Zugezogene es, neben Julia und mir, wohl gibt, die auch alle berlinern, hielt aber geschmeidig die Gusche. Wir schlenderten die Lychener Straße Richtung Stargarder entlang und reihten uns beim »Rockerbäcker« an der Ecke brav in die lange Schlange ein. Leon hatte plötzlich schlechte Laune und achtete vermutlich deshalb ganz genau darauf, was er dem langbärtigen Biker hinter der Theke sagte: »Sechs Brötchen, bitte!«

Der Rockerbäcker verzog keine Miene und packte die Bestellung in eine Tüte.

»Du, das ist doch dem Verkäufer schnurz, ob du Schrippen, Brötchen oder Semmeln orderst, solange du die Kohle über den Tresen wandern lässt«, sagte ich, als wir den Laden verließen.

»Ich muss nicht Schrippen sagen, ich hab ein Recht, meine Brötchen Brötchen zu nennen. Und die nenne ich schon mein ganzes Leben so! Ich sehe nicht ein, dass ich, bloß weil ich jetzt hier wohne, einen auf Berliner machen soll. Icke, dette, knorke! Nee, mit mir nicht! Und sowieso: Alle, die ich kenne, finden den Berliner Dialekt doof.«

Ich murmelte ein lang gezogenes: »Neeeeeeeeiiiiiiiin, ist nicht wahr!« und hatte inzwischen ernste Bedenken, dass das spontan verabredete, gemütliche Wochenendfrühstück unter Freunden etwas ungemütlich werden und in linguistische Diskussionen ausarten könnte.

Bei Julia war der Tisch bereits gedeckt. Während sich Leons Laune allmählich wieder besserte und wir uns Schrippen, Brötchen oder Semmeln mit Mett, Ei und allerlei anderen Köstlichkeiten einverleibten, blätterte Julia in der »taz« und schrie plötzlich laut auf, so als hätte sie ihre eigene Todesanzeige gelesen.

»Ha, sieh mal einer an: Der Berliner Dialekt ist sehr beliebt! Leon, kiek ma', die ham' ne Umfrage jemacht!«

»Hier steht, dass siebzig Prozent der Deutschen den Tonfall der Hauptstadt jut finden. Janz besonders die alten Leute fahrn uff die Berliner Kodderschnauze ab, nämlich 78 Prozent. Oh, und dann steht hier ooch noch, dass Leutchen, die die Grünen wählen, den Dialekt ooch knorke finden!«

Als Julia das Wörtchen »knorke« aussprach, Leons Lieblingshasswort schlechthin, sah es kurz so aus, als verschlucke er sich an seiner Schrippe, ähm, ich meine natürlich an seinem Brötchen, aber er murmelte nur: »Schönen Dank.«

Manche finden das Berlinerische nicht besonders fein, grobschlächtig gar. Das Schöne aber ist, dass ihn die meisten doch mögen und jeder versteht, was gemeint ist, wenn einer statt gut »juti« sagt. Neulich, als ich mit Leon auf dem Weg zur Mensa war und er versehentlich in Hundescheiße trat, sagte er nicht: »Scheiße« oder »Verdammter Mist«, sondern schlicht: »Was'n ditte?« Ich finde, Leon ist auf einem guten Weg.

(Verena Maria Dittrich)

GRUND NR. 15

Weil Kinder hier ferne Welten entdecken können

Sommerferien, endlich!«, sagte mein Cousin Paul, mit dem ich abgemacht hatte, dass ich mir in den Sommerferien eine ganze Woche für ihn und seine Geschwister Zeit nehmen würde. Paul ist 15 und wohnt mit Lene (13) und dem kleinen Fritz (5) in Bayern. Schon oft haben wir darüber gesprochen, dass sie mich in den Ferien besuchen kommen, aber blöderweise hat es zeitlich nie gepasst und Fritz war auch noch ein bisschen zu klein, um das große Berlin-Abenteuer in Angriff zu nehmen. An einem lauen Tag im Juli holte ich meine Pappenheimer ab und fuhr mit ihnen in die für sie ferne Welt. Schon auf der Autobahn begannen sie die Nummernschilder zu zählen, die mit B begannen. Angekommen in Berlin, wurde es im Auto ruhig. Lene sah aus dem Fenster und quiekte, als sie einen Emo sah, Paul murmelte enttäuscht: »Hier ist ja gar nichts los«, Fritz schlief.

Ich hörte mich gerade »Wart's mal ab, Freundchen« sagen, als Lene plötzlich wieder losquiekte und rief: »Guckt mal, guckt mal, alles Polizei!« Wir fuhren gerade die Warschauer Straße runter. Am Boxi war mal wieder Tumult, irgendeine Demo, Randale oder die Räumung eines besetzten Hauses, und ich merkte, dass mir die vielen Polizeiautos das erste Mal seit Jahren wieder auffielen.

Alle waren plötzlich hellwach und guckten mit großen Augen aus dem Fenster. »Normalerweise ist hier nicht so ein Trubel«, erklärte ich beschwichtigend. »Normalerweise ist auf dem Boxhagener Platz Flohmarkt!« Die Kinder starrten noch immer gebannt auf die Polizeieskorte. Wir fuhren weiter, am Frankfurter Tor vorbei, die Danziger Straße hoch. Im Volkspark Friedrichshain sahen wir schon von Weitem die Grills rauchen und Punks, die Volleyball spielten. An der Ecke Schönhauser Allee bekamen die Kinder Hunger. »Also, wir könnten zum Chinesen, Inder, Thailänder, Afrikaner oder Vietnamesen gehen!«, schlug ich vor. »Gibt's da auch Wiener mit Ketchup?«, fragte mich Fritz freudig erregt. Wir holten uns also eine Currywurst bei Konnopke und fuhren erst einmal heim, um die Sachen abzuladen. Dort tüftelten wir sofort an unserem Programm für die nächsten Tage. Auf der Liste für Montag standen: vormittags Wachsfigurenkabinett und nachmittags Zoo.

Während Paul und Lene sich gegenseitig mit den Stars fotografierten, wich Fritz nicht mehr von meiner Seite. Er flennte immer noch ein bisschen, denn wir hatten uns zuvor kurz aus den Augen verloren. Die Welt des Zoos schien ihm später schon besser zu gefallen. Während die Kinder dort ausgelassen hin und her sprangen, begann ich zu schwächeln, und das schon am ersten Tag.

Am Dienstag waren wir im Naturkundemuseum. Alle drei tauchten sofort in die Dinosaurierwelt ein und holten die Zeit von vor 150 Millionen Jahren ins Heute. »Das ist ein Brachiosaurus, den hab ich zu Hause!«, schrie Fritz und erklärte mir daraufhin die Welt der Dinosaurier aus Sicht eines Fünfjährigen. Fritz erzählte mir auch, dass das Skelett des Brachiosaurus das weltweit größte Dinosaurierskelett sei. Ich war baff! Wir reisten durch die Evolution, entdeckten hundert Gemeinsamkeiten mit den Menschenaffen, plauschten ein bisschen mit Darwin und ließen uns die Welt der Insekten erklären. Abends stärkten wir uns wieder in der Gegenwart, die für die Kinder doch eine fremde war, denn wir aßen in einem kleinen arabischen Restaurant in Kreuzberg. Fritz schaufelte sich die Vorspeise (pürierte Kichererbsen) löffelweise ein und machte dabei ein Gesicht, als hätte er eine Woche nichts mehr zu essen bekommen, Lene las die Speisekarte so laut vor, dass der Kellner schon zu uns rüberschielte, und Paul orderte das Hauptgericht wie ein echter Araber, nachdem wir die Karte fertig studiert und uns einstimmig für das zarte Lammfleisch mit Pinienkernen entschieden hatten: »Viermal Kubbeh bi Lahem.«

Als wir den Laden pappsatt verließen, fing Lene das erste Mal an zu jammern und meinte, dass sie auch Berliner sein wolle wie ich. »Aber ich bin doch gar kein Berliner«, sagte ich, was Lene natürlich vollkommen egal war.

Am Mittwoch waren die Weltenbummler von ihren Ausflügen so erschöpft, dass wir es ein bisschen ruhiger angingen. Kinderkinobüro stand auf dem Programm. Das Kinderkinobüro ist eine Initiative vom Jugendkulturservice und bietet ausgesuchte Kinderfilme zum kleinen Preis. Wir entschieden uns für »Karlsson vom Dach« und stellten uns vor, wie es wohl wäre, wenn auch wir einen Propeller auf dem Rücken hätten und über die Dächer Berlins fliegen könnten.

Am Donnerstag fuhren wir ausgeruht zum Kanzleramt und warfen einen Blick auf die Welt der Politik, was die Kinder schon nach einer halben Stunde langweilte. Der Abstecher ins Legoland am Potsdamer Platz gefiel Fritz »zehnmal besser als bei der Frau Merkel«. Anschließend ging es noch ins Labyrinth-Kindermuseum im Wedding, in dem die Knirpse alles, aber auch alles anfassten, was ihnen in die Finger kam, und das Gute daran: Es war ausdrücklich erwünscht.

Während mir gegen Ende der Woche allmählich die Puste ausging, schien es, als würden die Kinder gerade erst zu Hochform auflaufen. Lene wollte unbedingt ins GRIPS Theater, Fritz in die Bonbonmacherei in der Oranienburger Straße und Paul an den Stechlinsee zum Tretbootfahren. Aber das verschoben wir auf den nächsten Besuch, den wir gleich in den Kalender eintrugen. »Ganz dick mit Rot!«, so Fritz.

Berlin ist nicht nur ein Paradies für diejenigen, die sich kreativ austoben, Bilder knipsen oder die Shopping-Meilen erobern wollen. Als riesiger Abenteuerspielplatz ist es vor allem ein Paradies für Kinder jeden Alters und nicht nur deshalb ein Grund, immer wieder zurückzukommen. Eine Kinder-Entdeckungsreise dieser Größenordnung macht man eben nicht einfach so in einer Woche!

Wenn meine Rabauken wieder zu Besuch kommen, steht als Erstes das FEZ Wuhlheide in Köpenick auf dem Programm, Paul will unbedingt ins Astronomiezentrum und Fritz in Jack's Fun World nach Reinickendorf zum Bumperbootfahren. Ich ahne Schlimmes! Ich glaube, wenn sie das nächste Mal in Berlin sind, werden sie mir schon am ersten Tag wie »Wir sind Helden« zurufen: »Wir sind gekommen, um zu bleiben!« *(Verena Maria Dittrich)*

GRUND NR. 16

Weil man hier immer einen kennt

Jana packt die letzten Sachen auf unsere Rollis. Der Tag ist noch jung, die Sonne blickt kaum über die Dächer Berlins. Wir stehen vor ihrem Haus in der Warschauer Straße und ich bereue schon jetzt, ihr bei ihrer Flohmarkt-Aktion meine Hilfe angeboten zu haben. Ich bin noch verdammt müde und bräuchte eigentlich meine zehnte Tasse Kaffee. Jana ist guter Dinge und weist mir, wie ein Kapitän seiner Mannhaft, den Weg Richtung Boxhagener Platz, auf dem allwöchentlich ein weit über den Kiez hinaus beliebter Flohmarkt stattfindet. Wir laufen die Simon-Dach-Straße entlang und ich sehe die beiden mir vertrauten Eingänge der Astro-Bar und der Dachkammer, zwei Bars, in denen ich noch vor wenigen Stunden die Nacht habe ausklingen lassen. Dann biegen wir in die Krossener Straße ein, hoch zum Boxi. Der Platz tobt schon und es wird eng zwischen all den Buden, Händlern, Kiez-Originalen, Punks, Studenten, Alternativen und Künstlern.

»Brauchta noch'n Tisch?«, fragt uns einer der Platzwarte, der mich in seiner Lederjacke und mit seinem Topfschnitt vage an irgendjemanden erinnert, aber so früh am Morgen komm ich nicht darauf an wen.

»Nee, dank dir«, gebe ich knapp zurück.

Jana und ich machen uns an den Aufbau des Standes. »Immer diese billigen Anmachen!«, flüstert sie und findet in meinem Gesicht einen bestätigenden Blick. Als ich später unsere Decken und Kerzenständer sortiere und in eine Reihe bringe, steht auf einmal wieder dieser Platzwart vor mir und fragt: »Sach ma, kennen wir uns nicht?«

Ich beuge mich etwas vor und riskiere, obwohl reichlich müde und genervt, einen genaueren Blick. Und zu meiner großen Überraschung muss ich seine Frage mit »Ja« beantworten. Ich kenne diesen Typen tatsächlich. Es ist Sören Geigenmüller, den ich im Kindergarten in Cottbus vom Klettergerüst geschubst, in der Neunten geknutscht habe und anschließend nicht mehr leiden konnte.

»Der hat mir gerade noch gefehlt!«, schießt es mir durch den Kopf. Aber als ich ein bisschen mit ihm plaudere, muss ich mir eingestehen, dass aus dem nervigen Jungen von damals ein sympathischer Typ geworden ist.

»Berlin ist ein Dorf«, murmelt Jana und zwickt mich in die Seite, als sie sieht, dass ich Sören meine E-Mail-Adresse gebe. Später treffen wir uns mit Peter und Eva im »Schwarz-Sauer« in der Kastanienallee auf einen Kaffee, und ich erzähle von meiner Begegnung mit Sören. Prompt bekomme ich dutzendweise ähnliche Geschichten zu hören. Während Peter, der aus Würzburg kommt und seit zwanzig Jahren in Berlin lebt, seinen Kuchen hinunterschlingt und die Krümel in seinen Kragen fallen, erzählt er, wie er am Hackeschen Markt einen Typen wiedergetroffen hat, mit dem er in Kindertagen Tür an Tür gewohnt hat. Eva, die aus Heidelberg kommt und im Gegensatz zu Peter eher etepetete ist, berichtet voller Stolz, wie sie in einer Apotheke am Frankfurter Tor eine ehemalige WG-Bewohnerin aus Eppelborn, einem kleinen Nest im Saarland, getroffen hat. Und dabei hat sie auch noch gleich erfahren, dass einer ihrer Exfreunde aus Schulzeiten seit drei Jahren auch hier in Berlin lebt, und zwar nur einen Block entfernt von ihr. Getroffen hat sie ihn aber noch nicht, vielleicht auch besser so.

Bei so viel Berliner Magnetismus setzen wir alle erst mal eine gespielt schockierte Miene auf, bevor wir weiter den Kuchen in uns hineinschaufeln.

»Na, solange ich in der Kantine nicht die Hälfte aus meinem Studium beim Rote-Grütze-Nachschlag antreffe, ist alles okay!«, wirft Jana in die Runde.

»Ich find das cool«, füge ich hinzu, »es ist fast so, wie du heute Morgen bei der Begegnung mit Sören sagtest. Nur ist Berlin nicht das Dorf, sondern Deutschland. Berlin ist der Marktplatz.«

Egal aus welchem Nest man nach Berlin kommt, einer aus dem Nest ist garantiert schon da. Wenn nicht, kann es nicht mehr lange dauern! *(Verena Maria Dittrich)*

GRUND NR. 17

Weil einen die Berliner in Ruhe lassen

Es gibt nichts, was man in Berlin nicht schon mal gesehen, gehört oder geschmeckt hätte. Es gibt keine sexuelle, politische, oder kulturelle Mehr- oder Minderheit, die nicht irgendwann im Jahr mal eine von Berlins Straßen »mietet«, um gegen irgendetwas zu demonstrieren, etwas anzuprangern oder um sich einfach nur zu zeigen. Berlin ist die Hautstadt des Exotischen, des Bunten, der kulturellen und optischen Experimente. Hier kannst du klamotten-, farb- und gesichtstechnisch machen, was du willst, und keiner wird dich auch nur mit dem Arsch anschauen.

Hat das Fahrrad einen Platten und geht man in die nächste Zweirad-Werkstatt, kann einem schon mal ein Typ gegenüberstehen, dem so viel Metall im Gesicht hängt, dass man ihn für den »Terminator« halten könnte. Im Supermarkt sehen die Ladys an der Kasse mit ihren schrill gefärbten Haaren aus wie eine verrückte, bunte Mischung von Gummibärchen. Das Mädchen an der Kinokasse hat im Gesicht viele kleine Sternchen tätowiert und man weiß nicht so recht, ob sie nun eigentlich oben ohne dasitzt oder einfach nur ein sehr enges, fleischfarbenes T-Shirt trägt, auf das Brüste aufgedruckt sind. Den Berliner kümmert das nicht. Er will seinen Platten repariert, seine Lebensmittel gescannt oder sein Kinoticket ausgehändigt haben.

Hier kann man sich mit seinen Leuten mitten in der Woche nachts um halb drei auf der Bornholmer Straße treffen, eine gemütliche Couch auf eine der kleinen Rasenflächen stellen, ein Pläuschchen halten und dabei einen hochprozentigen Schlaftrunk zu sich nehmen.

Auf der Straße kann man sich kleiden, als wäre man auf dem Weg zum Fasching, zur SM-Party oder geradewegs zum Schafott, man erntet höchstens einen kurzen Blick. Man ist hier eben einiges gewohnt, und irgendeinen Anlass – eine Feier, Karneval, seltsame Filmpremieren oder einfach nur die Zugehörigkeit zu einer Subkultur – gibt es immer, der alle Arten von Schminke, Haarfarben oder Klamotten erklärt.

Gründe, sich zu treffen, gibt's ebenfalls zuhauf. Irgendeiner hat immer Geburtstag und in Berlin kann man die Feste wirklich feiern, wie sie fallen. Die Leute im Haus mit einem Aushang kurz informiert, und die Bude kann rocken. Auf den Straßen herrscht buntes, geschäftiges Treiben, und wenn sich Oma Erna oder der gestylte Banker Ingo am Hackeschen Markt Geld vom Automaten holen wollen, kann es schon mal passieren, dass eine Horde Punks samt ihrer Hunde und sämtlicher Habe auf Decken vor der Sparkasse kampiert. Punkerin Lilly hält dann die Tür auf und lächelt einen mit schlechten Zähnen an, und wenn man mag, schmeißt man ihr eine Münze in den abgegriffenen, speckigen Starbucks-Becher. Wenn nicht – auch gut.

Die Berliner lassen einen in Ruhe, wenn man will. Das geht so weit, dass man hier in totaler Anonymität leben kann. Nicht untertauchen, sondern leben, aber das ist schon wieder ein anderer Grund, Berlin zu lieben. In dieser Stadt existiert alles mit- oder nebeneinander, jeder findet die Aufmerksamkeit, die er braucht. Hier kann man allein sein, ist deswegen aber noch lange nicht einsam, und wer in Berlin auffallen will, der muss sich schon verdammt anstrengen.

(Thomas Stechert)

GRUND NR. 18

Weil Berlin arm, aber sexy ist

Als Klaus Wowereit im November 2003 auf die Frage »Macht Geld sexy?« antwortete: »Nein. Das sieht man an Berlin. Wir sind zwar arm, aber trotzdem sexy«, verpasste er seiner Stadt einen Slogan, der durch unzählige Gazetten ging und schnell zu einem geflügelten Wort wurde. Als ich den Spruch das erste Mal gehört habe, hätte ich dem Klaus dafür am liebsten eine vor die Zwölf gegeben, denn ich fand, dass Berlin damit eine ziemliche Klatsche verpasst bekommen hat. Aber als ich dann meinen neuen Mitbewohner, einen waschechten Berliner mit dem klangvollen Namen Tristan, kennenlernte, überzeugte mich Wowis Spruch doch, denn dieser Typ war zwar arm wie eine Kirchenmaus, aber unglaublich sexy. Als sich die halbe Hauptstadt im vorigen Winter ihren hübschen Arsch abfror, betrieb Tristan in unserer ungeheizten Wohnung freie Körperkultur und machte im Rahmen der Küchentür Klimmzüge. Eines Nachmittags, wir saßen gerade in der Küche, tranken Tee und blätterten nebenbei in Tristans Mucki-Zeitschriften, überlegte er laut:

»Du, Verena, kannste dir vorstellen, nach Hamburg zu ziehen?«

»Hamburg?«, fragte ich erstaunt. »Was soll ich denn in Hamburg?«

»Wenn ich das hier richtig verstehe«, sagte Tristan und zeigte mir eine Studie auf Seite zehn, »ist Hamburg die Stadt mit dem höchsten Einkommen, gefolgt von München und Stuttgart. Die Leute dort verdienen fast das Doppelte wie wir hier in Berlin!«

»An welcher Stelle sind wir denn?«, fragte ich.

»Fast Bummelletzter«, sagte Tristan, stand auf und zog sich wieder am Türrahmen hoch. »Mir ist das Einkommen scheißegal, ich bleib trotzdem hier«, ächzte er dabei.

Ich dachte darüber nach, ob Tristan vielleicht gerade deshalb so sexy war, weil er so arm war. Und vielleicht lümmeln ja auch so viele Künstler, Kreative und Arbeitslose hier rum, weil sie sich das Leben hier, anders als beispielsweise in München, noch leisten können? Aber nein, das scheidet aus. Man kommt nicht nach Berlin, weil man sich beispielsweise sagt: »Ach, für München hat es eben nicht gereicht. Dafür sind hier die Mieten billig.« Nein, in Berlin zu leben, das ist nicht irgendeine Alternative zu etwas anderem, das ist eine Lebenseinstellung! Wegen des Geldes kommt man ganz sicher nicht. Denn dass hier, was die Jobs betrifft, nicht viel zu holen ist, weiß jeder, es schreckt aber die Wenigsten ab.

Und vielleicht kommen sie auch gerade deshalb: weil hier das Malochen nicht großgeschrieben wird, sondern das Leben. Und das kann, auch mit bescheidenen Mitteln, gerade in Berlin sehr aufregend und wild sein – Not macht schließlich erfinderisch. Dass die Mieten so billig sind – was im Übrigen auch immer weniger der Wahrheit entspricht –, ist ein Aspekt, den man gern mitnimmt.

Wir beschlossen, eine kleine Spazierfahrt zu machen und uns ein paar Ecken der Stadt anzuschauen, die Berlin nicht unbedingt von ihrer Sahneseite zeigen und der Stadt ein bisschen Schmuddel-Flair verleihen. Wie es sich für einen anständigen Armen gehörte, besaß Tristan nur ein Fahrrad und ich schwang mich hinter seinen sexy Körper auf den Gepäckträger. Wir begannen unsere Tour an Wowis Arbeitsplatz, dem Roten Rathaus am Alexanderplatz. »So richtig sexy ist es hier ja nicht!«, rief ich, während ich mir auf dem Gepäckträger fast den Hintern abfror.

»Ja, aber arm auch nicht!«, rief Tristan. Dann düsten wir ein bisschen durch Kreuzberg, über die Admiralbrücke, die im Sommer ein beliebtes Plätzchen für feierfreudige Berliner und Touristen ist, auf der aber im November natürlich nicht so viel geht. Sobald die Sonnenstrahlen aber wieder wärmen, sitzen die Leute dort bis spät in die Nacht, machen Mucke, picheln Bierchen im Sonnenuntergang und manchmal auch noch bei Sonnenaufgang.

Das Gute am Feiern am Landwehrkanal ist, dass es sich jeder leisten kann, und zwischen den vielen armen Künstlern, Musikern, Malern, und mittellosen Existenzen sitzen garantiert auch Leute, die einen Job haben.

Wir fuhren weiter Richtung Kottbusser Tor. Hier zeigt sich Berlin auch eher bescheiden, aber von einer rebellischen Seite, denn jedes Jahr am 1. Mai gibt's am Kotti Krawall und Remmidemmi. Das ist bestimmt keine bevorzugte Gegend für den Flaneur vom Ku'damm, dachte ich und hätte mir den Kotti eigentlich noch gerne ein bisschen länger angesehen, aber Tristan trat bereits wieder in die Pedale, um weitere Ziele anzusteuern, die Berlin an einem grauen Novembernachmittag wie diesem noch ein bisschen grauer aussehen ließen. Gegenden mit hohem Arbeitslosenanteil und einer noch höheren Pfandflaschensucher-Dichte, Gegenden, die vielen Touristen zu alternativ, zu urban oder einfach zu arm sind und die vielleicht gerade deshalb mehr Berlin sind, als man denkt.

(Verena Maria Dittrich)

GRUND NR. 19

Weil die Berliner die Wiedervereinigung leben (müssen)

Als mein Vater mich in der Nacht vom 9. zum 10. November 1989 weckte, um mir zu erzählen, dass die Berliner Mauer gefallen sei, war meine erste Reaktion, mir die Decke über den Kopf zu ziehen und zu meckern: »Mach das Licht aus und die Tür zu. Ich hab morgen Schule!« Erst als der Schlaf aus meinem müden Gehirn kroch, begriff ich langsam, was um West-Berlin herum geschah. Die Mauer war gefallen. An diesem Tag gab es keinen Unterricht, wir wurden von unseren Lehrern angehalten, geschlossen Richtung Bornholmer Brücke zu gehen und teilzuhaben an dem, was unsere Lehrer »lebendige Geschichte« nannten. Wir jubelten, schüttelten Trabis und freuten uns, weil alle sich freuen, aber für uns Jugendliche in West-Berlin war es auch eine seltsame Zeit und für mich persönlich war der andere, unbekannte Teil Berlins ein Ort, den ich nur von Aussichtstürmen her kannte, eine unheimliche, graue Stadt, in der ich in der Ferne Straßenbahnen fahren sah, gesäumt von Wachtürmen.

Aus meinem Kinderzimmer in der Neuen Hochstraße habe ich jahrelang direkt auf die Mauer geschaut. Ich mochte mein Stück Mauer, für uns Kinder war die westliche Seite der Grenze ein Abenteuerspielplatz, auf dem es viel zu entdecken gab. Hinter der Mauer hörte die Welt für mich auf. Geräusche und Klänge, die ich gelegentlich in der Nacht vernahm und die ihren Ursprung hinter dem dicken Zaun aus Stein hatten, kamen für mich aus einer anderen Zeit. Das alles änderte sich jetzt. Allmählich verschwand das graue Ungetüm und nun sollte, wie Willy Brandt vortrefflich formulierte, »zusammenwachsen, was zusammengehört«. Aber irgendwie passte hier gar nichts zusammen! Es war eine Sache, ein politisches Statement abzugeben, aber eine andere, diese Worte im Alltag zu leben, und es hat etwas gedauert, bis die »Brüder und Schwestern« der geteilten Stadt ihre jetzt wiedervereinte Zukunft sahen.

Am Anfang fallen einem nur die Unterschiede auf, später überwiegen die Gemeinsamkeiten. Berlin und seine Bürger hatten keine Wahl. Auf Dauer konnte man keinen Bogen umeinander machen, weil sich alles miteinander zu vermischen begann. Es war ja nicht wie im Rest des Landes, wo bis heute immer noch jeder sein eigenes Süppchen kochen kann. Ost-Berlin und West-Berlin waren und sind eine Stadt, an keinem anderen Ort in Deutschland hatten Brandts Worte mehr Geltung und Notwendigkeit als hier! Die Vermischung begann zuerst in den Familien, gefolgt von neuen Arbeitsplätzen »hüben wie drüben« und erntete erste Früchte in den Liebesbeziehungen und Ehen zwischen Ost und West.

Als ich damals, 16-jährig, meine ersten Schritte auf den Straßen Ost-Berlins machte, fühlte ich mich unwohl. Es war nach der Maueröffnung gar nicht so einfach, seine Gewohnheiten zu ändern und über seinen Schatten zu springen. Aber Berlin und die Berliner mussten wieder eine Einheit werden. Wie hätte sonst die Zukunft unserer Stadt ausgesehen? Und obwohl wir das alles wussten, war es in den ersten Jahren, als der Freudentaumel dem Alltag wich, nicht immer einfach, aufeinander zuzugehen und aus Ost und West ein Berlin zu bauen, das nicht nur auf dem Papier existierte. Heute ist die deutsche Hauptstadt Einheit zum Anfassen. Berlin hat den Krieg überlebt, Berlin hat die Mauer überlebt, Berlin hat seinen Platz in der Geschichte behauptet.

An dem Ort, wo einst die Berliner Mauer vor meinem Kinderzimmer stand, steht heute eine Tankstelle. Die Narbe, die die Mauer hinterlassen hat, wird für die Berliner, die sie noch mit eigenen Augen gesehen haben, immer spürbar sein. Aber in unseren Herzen hat sie längst begonnen, sich aufzulösen.

(Thomas Stechert)

GRUND NR. 20

Weil wir Kurt Krömer haben

Er sieht immer ein bisschen durch den Wind aus: dicke Hornbrille, Pomade im Haar, angeklatschter Mittelscheitel, leicht debiles Grinsen. Er trägt lustige Anzüge und stellt oft zur falschen Zeit die richtigen Fragen, manchmal auch umgekehrt. Er sieht bekloppter aus, als er ist, und manchmal sind seine Fragen schon die Antwort. Er spielt gern den Dummen, Ahnungslosen, nichts Wissenden und involviert das Publikum in seine »Internationale Show«, indem er es erst huldigt und dann beleidigt und ihm gern auch mal droht, in die erste Reihe zu springen, wenn es zu laut lacht. Er hat eine Frau und flirtet trotzdem gern mit seinen weiblichen Gästen. Manchmal besucht er den Bürgermeister von Neukölln, Heinz Buschkowski, und dreht mit ihm lustige Filmchen im Rathaus, sodass man als Zuschauer das Gefühl hat, die beiden mögen sich auch, wenn die Kameras längst aus sind.

Am liebsten bekommt er Geschenke. Er meidet weitestgehend rote Teppiche, hält sein Gesicht nicht in jede Kamera und war, soviel ich weiß, noch nie bei Frau Ludowig. Wenn er nicht die »Internationale Show« moderiert oder andere Faxen macht, mimt er derzeit an der Volksbühne in Mitte »Johnny Chicago« in einem Stück des Schriftstellers Jakob Hein, bei dem Oscar-Preisträger Jochen Freydank Regie führt. Dabei trägt er einen golden glänzenden Blazer und auf dem Kopf eine ebenholzfarbene Perücke, für die Schneewittchen wahrscheinlich zur Mörderin werden würde. Er selbst sagte, es komme ihm gelegen, dass es bei der Rolle des Johnny Chicago um einen 10.000 Jahre alten Mann gehe, denn das bedeute: »Ich muss mich nicht schminken, ich kann so, wie ich bin, auf die Bühne.«

In erster Linie ist er Kabarettist, in zweiter Comedian und in dritter Schauspieler, Entertainer und Moderator, aber sobald man beginnt, ihn irgendwo einzuordnen oder einer Sache einen größeren Stellenwert oder mehr Aufmerksamkeit zu verleihen, springt er einem in den Weg, krempelt alles um, rollt das Feld von hinten auf und ist alles gleichzeitig.

Er hat für seinen Witz viele Auszeichnungen gewonnen und den Deutschen Filmpreis 2010 an der Seite Sandra Maischbergers moderiert. Er macht tolle Interviews, hat auf der Bühne einen Kühlschrank mit kalten Getränken und einen eigenen zweigeschossigen Wagen voller eingestaubter Spirituosen. Wenn er die weißen Häkeldeckchen, die auf seinen orangefarbenen Studiosesseln liegen, glatt streicht, möchte man ihm am liebsten sofort eine kostenlose Eintrittskarte für sein Herz überreichen, auf der sein Name nicht nur gefettet, sondern auch kursiv und mit Goldrand steht: Kurt Krömer. *(Verena Maria Dittrich)*

KAPITEL 3

Ist das Kunst oder kann das weg?

Berliner Kultur

GRUND NR. 21

Weil Berlin nicht nur eine Museumsinsel hat, sondern eine ist

Jeden Menschen faszinieren andere Dinge und deswegen ist unsere Welt auch so reich an Kultur, Künsten, Erfindungen und Ideen. Manchmal teilen wir den bewundernden Blick auf bestimmte Menschen, Artefakte oder historische Augenblicke. Ein für mich einschneidender Moment, in dem ich wirklich begriff, was Geschichte und Zeit bedeuten, war, als ich zum ersten Mal das Ischtar-Tor im Pergamonmuseum sah. Dieses beeindruckende Blau der Steine und die Vorstellung, dass die gesamte Stadt Babylon, zu der das Tor vor über 2500 Jahren gehörte, so ausgesehen haben mag, machten mich sprachlos und ehrfürchtig. Ich musste an Alexander den Großen denken, der der Legende nach mit seiner Streitmacht durch das Ischtar-Tor marschiert ist. Das Tor des einst mächtigen Babylons mitten in Berlin – diese Stadt ist nicht nur lebendige Geschichte, sie ist auch Bewahrer und Hüter von einigen der kostbarsten und schönsten Geschichts- und Kulturgütern der Menschheit.

Das aus der Entfernung nicht gerade schön wirkende graue Berlin hat mit seinen über 175 Museen, Ausstellungen und Sammlungen erstaunliche Schätze zu bieten. Mit genügend Zeit könnte man fast ein halbes Jahr lang jeden Tag ein anderes Museum besuchen!

Das Zentrum dieser kulturellen Vielfalt bildet dabei die Museumsinsel an der Spree in der Mitte Berlins, die seit 1999 Teil des Weltkulturerbes der UNESCO ist. Sie besteht aus dem Alten und dem Neuen Museum, in dem das Ägyptische Museum untergebracht ist mit dem Schatz des Priamos sowie der weltberühmten Büste der Nofretete. Das Bode-Museum besitzt eine der umfangreichsten Skulpturensammlungen Deutschlands und nicht zuletzt ein Münzkabinett, das zu den größten der Welt zählt. In der Mitte liegt das Pergamonmuseum mit seiner beeindruckenden Sammlung der Antike, dem Vorderasiatischen Museum und dem Museum für Islamische Kunst.

Dann haben wir noch das Kulturforum in Tiergarten zwischen dem Landwehrkanal und dem Potsdamer Platz, zu dem unter anderem die Neue Nationalgalerie mit ihrer Sammlung der Kunst des 20. Jahrhunderts, das Museum der Europäischen Kunst, die Philharmonie, die Neue Staatsbibliothek und der Kammermusiksaal gehören. Leider bekommt dieser Ort nicht die Aufmerksamkeit, die er verdient, weil er in seiner Architektur etwas zu kühl und offen geraten ist. Man sollte diese Kulturstätte an warmen Sommerabenden besuchen, denn dann wird aus der Not eine Tugend und der aufmerksame Beobachter wird in der weiten, kalten Struktur des Forums seine Schönheit und Harmonie entdecken.

Weitere Glanzlichter der Berliner Kulturlandschaft, die bei einem Besuch keinesfalls ausgelassen werden sollten, sind: das Jüdische Museum in Kreuzberg, die Galerie c/o Berlin im alten Postfuhramt an der Oranienburger Straße in Mitte, in dem Ausstellungen aller Art, angefangen von Design, über Architektur bis hin zur Fotografie, stattfinden, das Internationale Forum für Visuelle Dialoge sowie der Hamburger Bahnhof, der zu den ältesten Bahnhofsgebäuden Deutschlands gehört und zudem das Museum für Gegenwart und zeitgenössische Kunst beinhaltet.

Wer eine Ader für skurrile Museen hat, sollte einen Blick ins Berliner Medizinhistorische Museum der Charité werfen. Dort findet man eine spezielle Sammlung von pathologisch-anatomischen Gebilden, für deren Anblick man einen starken Magen braucht. Auch dem Material, auf dem Gutenberg seine erste Bibel druckte, ist in Berlin ein eigenes Museum gewidmet. Im Hanf Museum im Nikolaiviertel erfährt man alles über die Pflanze, die in Berlin sicherlich auch andere Verwendungsmöglichkeiten findet. Falls jemand den Wunsch verspüren sollte, Kultur lieber mit den Geruchs- und Geschmacksnerven zu genießen, kann er seine Nase gut und gern ins Currywurst Museum in der Schützenstraße stecken.

Darüber hinaus gibt es das Museumszentrum Berlin-Dahlem mit dem Ethnologischen Museum und dem Museum für Asiatische Kunst, wo sich die Sammlungen für außereuropäische Kunst und Kultur finden. Dazu gehört auch der Botanische Garten in Lichterfelde, der mit 43 Hektar Größe und einer Pflanzenvielfalt von über 22.000 Arten der größte seiner Art in Deutschland ist. Ich könnte die Liste der Museen, Stiftungen, Ausstellungen, Sternwarten, Gedenkstätten und Kulturzentren ewig fortsetzen, aber dann müsste dieses Buch »111 Gründe, Berliner Museen zu lieben« heißen ...

Berlin ist ein Ort, an dem man durch alle Jahrhunderte und Kulturen wandern kann, jedes Interesse findet seine Befriedigung, jede Suche nach Wissen einen Anfang und jede Frage, wo die Menschheit herkommt, eine Antwort. *(Thomas Stechert)*

GRUND NR. 22

Weil in Berlin jeder seine Kultur findet

Streng genommen ist Kultur alles, was der Mensch an brauchbaren oder unbrauchbaren Dingen hervorbringt oder gestaltet, vom ersten Faustkeil bis zur höchsten Kunst in Literatur, Wissenschaft, Malerei oder Technik. Für den einen ist es die Erfindung der elektrischen Zahnbürste oder das iPhone, für den anderen die Mona Lisa oder Mozarts »Zauberflöte«. Berlin ist es egal, was der Einzelne für kulturelle Vorlieben hat, diese Stadt bietet ein Angebot, das jedem, vom langweiligsten, engstirnigsten Tropf bis zur aufregendsten, anspruchsvollsten Diva, seine Bedürfnisse erfüllt: Es gibt sündhaft teure Geschäfte am Kurfürstendamm, in der Friedrichstraße oder am Potsdamer Platz, es gibt eine enorme Bandbreite an Märkten, Autohäusern, Techniktempeln und Einkaufszentren, die sich über alle Bezirke verteilen, es gibt Museen, Theater, historische Bauten und Orte, es gibt ein kaum zu übertreffendes Angebot an Konzerten, Ausstellungen, Inszenierungen, es gibt einen bunten, verrückten Haufen an Straßen- und Lebenskünstlern, Querdenkern und jeder vorstellbaren Mehr- oder Minderheit.

Wer in Berlin nicht fündig wird, der weiß nicht, was er sucht! Steffi, der nichts wichtiger ist als die neueste Kollektion ihres Lieblings-Designers bei der Showroom-Meile in der Galerie Lafayette; Paul, der wissen will, was es für technische Neuerungen auf der IFA am Funkturm in Charlottenburg-Wilmersdorf gibt; Katja, die den ganzen Abend mit ihrer Clique auf Rockkonzerten im Tempodrom in der Nähe des Potsdamer Platzes verbringen will; Tobias, der es liebt, sich in der Gemäldegalerie am Kulturforum in Tiergarten Bilder und Skulpturen der letzten Jahrhunderte anzuschauen; Mike und Jörg, die gern in den angesagten Clubs in

Mitte, Friedrichshain und Prenzlauer Berg abhängen; Herr Stiebert und seine Ehefrau, die Wert auf einen gepflegten Opernbesuch in der Deutschen Oper in der Bismarckstraße oder der Staatsoper Unter den Linden legen; Alex und Murat, die es bevorzugen, in ihrem Kiez im Wedding, in Neukölln oder Tempelhof die Straße auf und ab zu patrouillieren und ihre neusten Beats und Raps im selbstgebauten Tonstudio zu testen; oder Katharina und Susa, die sich gern abends mit einem kühlen Bier im Gewirr aus Touristen und Musikern am Hackeschen Markt verlieren: Sie alle finden in Berlin die Kultur, die sie am liebsten mögen, mehr noch: Die Stadt lädt sie ein, mitzumischen und sich selbst einzubringen.

Denn alle, die hier leben, und alle, die hierher kommen, gestalten, inspirieren und definieren Berlin und seine Kultur jeden Tag aufs Neue. *(Thomas Stechert)*

GRUND NR. 23

Weil die Auguststraße
eine einzige Galerie ist

An einem verregneten Sonntagnachmittag rief mich Anna an. Wir kannten uns vom Studium und hatten schon eine Weile nichts mehr voneinander gehört, nun war sie frisch verheiratet und gerade Mutter geworden. Anna lud mich zu Kaffee und Kuchen in ihre neue Wohnung in der Gipsstraße in Mitte ein. Als ich das Loft betrat, stolperte ich fast über zwei antike Skulpturen. Zuerst dachte ich, es wären diese Repliken, wie sie bei manchen Leuten neben den Zwergen im Vorgarten stehen, aber Anna versicherte mir, dass die echt seien und aus dem 18. Jahrhundert stammten. Ich staunte. Sie führte mich ein bisschen in der Wohnung herum und zeigte mir den schönen Blick auf den Hackeschen Markt, bevor sie mich zum kunstvoll gedeckten Kaffeetisch führte. Wir plauderten ein bisschen über die Uni und die Familie, als mir zwei gekritzelte Bilder von ihrer kleinen Tochter auffielen, die liebevoll gerahmt über der Anrichte im Wohnzimmer hingen.

»Ist ja süß, dass du Gretas Kindermalereien einrahmst. Aus der Kleinen wird bestimmt mal eine große Künstlerin!«, sagte ich und schenkte mir nach.

Anna sah mich mit großen Augen an. »Was?«, fragte sie und machte ein Gesicht, als hätte sie einen akuten Tinnitus. »Die Bilder sind von Basquiat!«

Schnell machte ich mit dem Kopf eine Bewegung, die bedeuten sollte, dass mir Basquiat natürlich etwas sagt. Anna erklärte, dass Basquiat ein Protegé Warhols gewesen und bereits tot sei, und sie nun noch ein weiteres seiner Bilder in der Auguststraße gekauft habe, das viel günstiger als die beiden anderen gewesen sei, nur schlappe 5000 Euro.

»Wow, das ist ja fast geschenkt!«, staunte ich und beschloss, dass es höchste Zeit sei, mich mit der Kunstszene und den Galerien Berlins vertraut zu machen.

Also erst mal ab in die Auguststraße, Hort etlicher Galerien und alle zwei Jahre Zentrum der Biennale für zeitgenössische Kunst. Hin und wieder steht die Straße wegen anderer Themen im Fokus der Öffentlichkeit: immer dann, wenn es um Fragen geht wie: »Braucht Berlin noch eine Galerie?« oder »Who kills Mitte?«. Aber Berlin nimmt sich hier nichts mit anderen Städten. Diese Fragen klärt man nicht über Nacht, vielleicht klärt man sie nie, denn sie werden schon seit Jahren gestellt. Sicher aber ist, dass man immer einen Schuldigen findet, sei es der Galeriebesitzer aus dem Westen oder der böse Investor, der mit neuen Gastronomieprojekten die – bereits vorher da gewesenen – Künstler verjagt. Die Kunst stirbt bekanntlich trotzdem nicht.

Schnell wurde ich dank Berlin-Biennale und documenta ein großer Kunstfreund, wenn auch ein viel bescheidenerer als Anna. Ich war der Kunst- und Galerieszene Berlins dicht auf den Fersen und erfuhr am eigenen Leib, dass alles, was mit Kunst zu tun hat, sei es, sie zu machen, zu konsumieren oder zu betrachten, wie ein Rausch sein kann. Besonders die Auguststraße, Berlins Galerie-Meile schlechthin, wirkte auf mich in diesem Zusammenhang wie ein Magnet. Nicht nur auf mich, sie zieht Kunstfreunde aus aller Welt an. Die Auguststraße ist so etwas wie der Kurfürstendamm der Kunst, ein Prachtboulevard für Sammler, Käufer und Kreative.

Mittlerweile ist Berlin mit fast fünfhundert Galerien zu einem der wichtigsten Kunstmärkte Europas geworden. Kann unsere Szene mit der New Yorks mithalten? Und ob! Einer der Gründe, warum das so ist, sind sicherlich die günstigen Mieten, von denen natürlich nicht nur die Galeristen profitieren. Wenn man sich vorstellt, dass sich Künstler hier sechshundert Quadratmeter große Räume mieten oder Galeristen Ausstellungen in uralten Gewölben machen, die zwar mittlerweile nicht mehr nur 'n Appel und 'n Ei, aber eben auch nicht die Welt kosten, darf man ruhig sagen, dass die Kunst in Berlin nicht nur attraktiv, sondern auch preiswert ist. Attraktiv & Preiswert gibt's also nicht nur bei Kaiser's, sondern auch an außergewöhnlichen Kunstorten, für die man in New York oder London drei Banken überfallen, Bill Gates entführen oder Donald Trump kennen müsste.

Das Gute an unserer Kunstszene ist auch, dass sie sich, wie die ganze Stadt, immer wieder neu definiert. Es ist erstaunlich, mit was für einer Geschwindigkeit neue Projekte entstehen und sich Sammlungen vergrößern. Thomas Olbrichts me Collectors Room in der Auguststraße ist nur ein Beispiel. In Berlin leben schätzungsweise 10.000 Künstler und es kommen täglich mehr. Dass Kunstgrößen wie John Bock oder Daniel Richter hier ihre Ateliers haben, wundert niemanden. Richter, über den ich kürzlich gelesen habe, dass er Kunstgeschichte gesoffen und sich bis zum Rand mit Picassos frühen und späten Phasen zugeschüttet habe, malt seit Juni 2010 in einem Atelier in Berlin-Mitte, irgendwo in einem Hinterhof. Richter ist angekommen, nicht nur in Mitte.

Natürlich ist es auch in Berlin so, dass die größten Galerien die meiste Aufmerksamkeit bekommen, denn sie sind es, die die dicksten Fische aus der Kunstszene an Land ziehen. An der Galerie Haunch of Venison kommt, spätestens seit John Lennons Witwe Yoko Ono im September 2010 hier ausgestellt hat, keiner mehr vorbei. Mein kleines Kunsthistorikerinnen-Herz pocht natürlich ein bisschen schneller, wenn ich mitbekomme, dass sich auch die vielen kleinen Galerien in der Auguststraße nicht über mangelnden Zulauf beklagen können und eine Ausstellung von Brigitte Waldach, in der man die Berliner Schauspielerin Fritzi Haberlandt in einem roten Kinderkleidchen bewundern kann, ebenso im Gedächtnis hängen bleibt wie eine Ausstellung von Damien Hirst. In der Auguststraße gibt es, was zeitgenössische Kunst betrifft, sowieso nichts, was es nicht gibt. Das Angebot ist groß, bunt, breit gefächert und bezahlbar. Noch! *(Verena Maria Dittrich)*

GRUND NR. 24

Weil hier die Museen lange Nächte haben

Mensch, das wäre cool, wenn wir da jetzt rein könnten«, sagte meine Freundin Hannah aus Koblenz, mit der ich an diesem lauen Augustabend in der Strandbar-Mitte saß, und zeigte auf das gegenüberliegende Museum. »Können wir doch«, war meine knappe Antwort und schon schlenderten wir über die Monbijoubrücke zum Bode-Museum und schnurstracks durch die Pforte. Hannah war begeistert. »Am liebsten würde ich eine ganze Nacht im Museum verbringen, so wie Ben Stiller in dem Film ›Nachts im Museum‹«, schwärmte sie, als wir durch die Kuppelhalle gingen.

»Kannste alles haben!«, gab ich ein bisschen stolz zurück, denn ich wusste, dass am kommenden Samstag wieder die Lange Nacht der Museen war, ein Event, das zweimal jährlich jeweils unter einem anderen Motto stattfindet und an dem sich fast hundert Berliner Museen beteiligen. Dieses Mal würde nicht nur die Lange Nacht der Museen sondern erstmals auch die Lange Nacht der Synagogen stattfinden. Wir könnten also, überlegte ich, nach all den Museen, noch in eine von Berlins Synagogen gehen.

Am darauffolgenden Samstag strömte ich also mit Hannah und mindestens 20.000 anderen Leuten in die schönsten und prächtigsten Museen Berlins. Als wir gerade aus dem Berliner Dom kamen und uns auf die Treppe vor das Alte Museum setzten, um uns einen Schluck Bionade und den schmerzenden Füßen eine Pause zu genehmigen, schauten plötzlich alle, die sich wie wir im Lustgarten ausruhten, gespannt nach oben.

Aus heiterem Himmel prasselte es plötzlich auf uns nieder, wir kamen jedoch nicht in einen Wolkenbruch, sondern in einen Regen voller Poesie. Ein Hubschrauber, der schon die ganze Zeit über dem Lustgarten geknattert hatte, schüttete eine halbe Stunde lang gefühlte hundert Tonnen Gedichte von deutschen und chilenischen Lyrikern über uns aus. Wir ließen uns berieseln und mit uns mindestens 5000 andere Nachtschwärmer. Ein warmer Sommerregen der Poesie! Die Taschen voller Gedichte überlegten wir, welche Ausstellung dran sein sollte, und entschieden uns für das Pergamon- und dann das Neue Museum.

»Was ist mit dem Deutschen Historischen Museum?«, fragte Hannah, nachdem wir bereits die Büste von Königin Nofretete gesehen, den Pergamon-Altar bestaunt, eine Reise durch Ägypten und einen großen Teil der Menschheitsgeschichte gemacht hatten.

»Das muss warten!«, schnaufte ich.

»Kannst du dir vorstellen, dass die Büste von Nofretete 3500 Jahre alt ist?«, fragte mich Hannah verträumt, während ich meinen Kopf erschöpft auf ihre Schulter sinken ließ.

»Nee«, antwortete ich, »Nofretete sieht aus wie neu und hat sich, im Gegensatz zu uns heute Abend, verdammt gut gehalten.«

(Verena Maria Dittrich)

GRUND NR. 25

Weil wir große, schöne und alte Theater und Opern haben

Berlin hat, was Opern betrifft, gleich drei große Flaggschiffe: die Deutsche Oper – zweitgrößtes Opernhaus Deutschlands –, die Staatsoper Unter den Linden und die Komische Oper, die kleinste der Berliner Opernbühnen. Als Kind habe ich mich oft gefragt, warum die Komische Oper eigentlich Komische Oper heißt. Weil der Architekt komisch war, weil dort komische Arien von Komikern geträllert werden oder weil das Publikum dort so komisch ist? Heute weiß ich natürlich, dass nichts von alldem zutrifft, sondern die Komische Oper eine Opernform ist und modernes Musiktheater bedeutet. Apropos Theater: In Berlin gibt es ein halbes Dutzend große Schauspielhäuser, wie das Deutsche Theater in der Reinhardstraße, das mittlerweile auf eine 150-jährige Geschichte zurückblickt, das Maxim-Gorki-Theater in der historischen Dorotheenstadt, das Theater des Westens in der Kantstraße, das Renaissance Theater in der Knesebeckstraße, die Volksbühne am Rosa-Luxemburg-Platz, die Schaubühne am Lehniner Platz und das Berliner Ensemble am Schiffbauerdamm, 1949 von Bertolt Brecht gegründet. Daneben gibt es mindestens drei Dutzend kleine Theater, für jeden Geschmack und jedes Alter.

Man muss schon sagen, die Stadt fährt ein Angebot auf, das ihr keine andere so leicht nachmacht. Berlin lässt sich die Pflege seiner Häuser auch was kosten! So wird die Staatsoper Unter den Linden gerade aufwendig saniert. In der Zwischenzeit weichen die Musiker auf das Schiller Theater in Charlottenburg aus, wo man mit der Oper »Metanoia« von Christoph Schlingensief in die neue Saison startet, der kurz vor Beginn der Proben leider verstarb.

Während die Zukunft des Kinos ungewiss ist, muss man sich wohl um die des Theaters und der Oper, besonders in Berlin, weniger Sorgen machen. Die Häuser sind mit fast achtzig Prozent ausgelastet und erzielen jährlich Einnahmenrekorde. Es ist nicht einfach, sich zu entscheiden, in welche Oper oder in welches Theater man zuerst geht, und blöd ist hier vor allem eines: dass die Woche nur sieben Tage hat!

Schaut man sich nun Richard Wagners »Tristan und Isolde« oder Mozarts »Don Giovanni« an oder geht man lieber ins Ballett zu »Schwanensee«? Die Deutsche Oper macht einem die Entscheidung nicht leicht! Aber Berlin wäre nicht Berlin, wenn die Stadt für eine Bredouille wie diese nicht schon längst eine Lösung gefunden hätte: Die lange Nacht der Opern und Theater, die im Jahre 2010 schon zum zweiten Mal stattgefunden hat und in der fast siebzig Häuser ihre Pforten für die Besucher öffneten, um einen Einblick in aktuelle Produktionen zu geben. Wer schon immer die einzelnen Häuser genau unter die Lupe nehmen wollte, kann das bei einer der angebotenen Führungen tun, und wem auch das noch nicht genügt, der schaut sich einfach mehrere Premieren und Vorschauen in verschiedenen Häusern hintereinander an. Hier kommen nicht nur Theaterfans voll und ganz auf ihre Kosten.

(Verena Maria Dittrich)

GRUND NR. 26

Weil Berlin Freiheit bedeutet

Freiheit, das ist ein großes Wort. Berlin war in der Geschichte auch ein Ort, von dem aus die Freiheit bedroht wurde, aber die Stadt gilt heute wie keine andere als Sinnbild für Freiheit und Grenzenlosigkeit. Jeder hat sicher ganz eigene Vorstellungen, was Freiheit bedeutet, aber der Ort bleibt trotz aller Individualität, trotz unterschiedlicher Meinungen und Ideen derselbe: Berlin.

»In Berlin kann ich mich selbst verwirklichen und machen, wat ick will«, sagt mein Nachbar immer. Mein Nachbar ist Künstler und hat sich in den vergangenen Jahren in die Kunstszene Berlins verliebt. Er beteuert immer wieder, dass er seine alte Heimatstadt auf keinen Fall schlechtmachen wolle, aber in Berlin laufe eben alles einen Tick anders, die Leute hier seien für jeden Mist zu haben, für alles offen und gerade in der Kunst, so mein Nachbar, sei das verdammt wichtig. Susanne und Fritz, die aus einer kleinen Stadt in der Nähe von Hannover kommen und in Steglitz eine Art Gemeinsam-Wohnen-Projekt oder, wie ich es gern nenne, die Vögel-wen-du-willst-Hippie-WG gegründet haben, finden, dass Berlin genau der richtige Ort sei, an dem so etwas passt. Gerade sind sie ein bisschen verwirrt, weil Vorzeige-Hippie und Alt-Kommunarde Rainer Langhans in letzter Zeit so oft über die heimische Mattscheibe flimmert.

Lisa, die früher jahrelang mit den Punkern am Alexanderplatz abhing, sieht Berlin als den Ursprung ihrer persönlichen Freiheit schlechthin, und obwohl sie heute ein geregeltes Leben führt und ein stattliches Einkommen hat, sagt sie, dass sie sich nie wieder so frei, unabhängig und lebendig gefühlt hat wie in den Straßen Berlins – damals, als sie keinen Job hatte und in den Tag hinein lebte. Benno, der für einen Berliner Zeitungsverlag die Werbekunden auftreibt, begeistert sich sehr für den neuen Potsdamer Platz, weil dieser für ihn die neue architektonische Freiheit Berlins widerspiegelt. Für meine Tischtennis-Kumpels Ünsal und Luo bedeutet Berlin wieder eine vollkommen andere Freiheit, denn sie beziehungsweise ihre Eltern wurden in ihrem Land politisch verfolgt. Hier in Berlin, sagen sie einstimmig, haben sie zum ersten Mal gemerkt, was es bedeutet, in Freiheit zu leben.

Für mich bedeutet Berlin Freiheit, weil ich hier schon lebte, als wir noch von einer Mauer eingeschlossen waren, weil ich hier war, als eine Diktatur um mich herum zusammenbrach, weil ich mitbekam, wie die Ost-Berliner ihre Fesseln ablegten und ihre ersten Schritte in ein neues, anderes, freies Berlin wagten, und weil ich dabei war, als Berlin zu dem wurde, was es heute ist: eine freie Großstadt, deren Einwohner sich ihre Unabhängigkeit und ihre Freiheit erkämpft und bewahrt haben, eine Stadt, die für Neubeginn und Aufbruch steht. »Freiheit« – das ist ein großes Wort, es bedeutet, selbst entscheiden zu können, was man möchte und was gut für einen ist, ohne sich dabei seltsam oder irgendwie fremdgesteuert zu fühlen. Berlin ist ein anderes Wort für Freiheit!

»Alle, die von Freiheit träumen
sollen's Feiern nicht versäumen
sollen tanzen auch auf Gräbern
Freiheit Freiheit
ist das einzige, was zählt«
(Marius Müller-Westernhagen, »Freiheit«)

(Thomas Stechert)

GRUND NR. 27

Weil wir kleine große und große kleine Filmfestivals haben

Mein Herz pochte, als ich vor zwei Jahren auf dem noch jungen, aber von Jahr zu Jahr wachsenden Berliner Filmfestival »achtung berlin – new berlin film award« war, und das nicht wegen der berühmten Leute, die mir über den Weg liefen, sondern weil ich mitmachte, vor dem Publikum stand, um Filme anzusagen und Diskussionen mit den Filmemachern und Filmbegeisterten zu moderieren. Das Festival, das seit 2004 stattfindet, war die erste Filmveranstaltung, bei der ich hinter die Kulissen blicken konnte.

Mein Job umfasste in erster Linie die Betreuung der Moderatoren. Der Festivalausweis war mit einem grünen Punkt versehen und verschaffte mir uneingeschränkten Zugang zu allen Bereichen. Im Kino 2 des Babylon am Rosa-Luxemburg-Platz war ich selbst Moderator des Festivals. Meine Filmvorführerin erinnerte mich an Geena Davis, und wäre ich nicht in festen Händen gewesen, ich hätte sie sicher gleich gefragt: »Darf ich Ihre private Nummer haben?« Aber ich war schließlich zum Arbeiten da und musste mich benehmen. Der für das Kino zuständige Einlasser und Kartenverkäufer sah aus wie Sean Penn. Als die Vorstellung begann und das Publikum gebannt auf die Leinwand schaute, ging ich zu Sean rüber und fragte ihn: »Hat dir schon mal jemand ...?« »Nein, still, leise, schweig!«, sagte er, noch ehe ich die Frage zu Ende stellen konnte, und verwies mich des Foyers. »Geh einfach, geh.«

Fast schämte ich mich ein wenig, ohne genau zu wissen, wofür eigentlich. Ich ging ins Foyer des Kinos 1, drängelte mich durch die Besucher und bereitete meine Ansprache für den nächsten Film vor. Während ich in mein Notizbuch kritzelte, staunte ich, wie viele Menschen das Festival besuchten. Berlin hatte also doch mehr zu bieten als nur eine alles dominierende Filmveranstaltung.

Berlin war und ist ohne Zweifel eine Filmstadt. Nicht nur, dass europäische und amerikanische Großproduktionen immer öfter in Berlin und oder dem Umland ihre Drehorte finden, sondern auch das vielfältige Kinoprogramm und die Großzahl der Filmfestivals sind ein Beweis dafür. Selbstverständlich sind die »Internationalen Filmfestspiele Berlin«, besser bekannt unter dem Namen »Berlinale«, unangefochten die Nummer eins unter den Berliner Filmfestivals (ihr ist der Grund 91 gewidmet). Dieses größte Publikumsfilmfestival der Welt wurde 1951 unter dem Motto »Schaufenster der freien Welt« eröffnet und genießt einen bedeutenden internationalen Ruf.

Aber immer mehr rücken auch kleinere, speziellere Festivals in den Blickpunkt des öffentlichen Interesses. Im »Filmkunst 66« in der Charlottenburger Bleibtreustraße findet alljährlich das »Independent Filmfestival« statt, mit Filmen, die trotz ihrer hohen Qualität keinen Verleih gefunden haben. Und beim »Asian Women's Film Festival«, dem »Baltic Filmfestival Berlin«, der »Französischen Filmwoche«, dem wohl weltweit einzigartigen »PornFilmFestival Berlin«, dem »Black International Cinema«, dem schon erwähnten »achtung berlin« und vielen anderen Filmveranstaltungen wird jeder Cineast auf seine Kosten kommen.

Jeder Filminteressierte, jeder, der es liebt, mit Gleichgesinnten über Filme oder mit Filmschaffenden über ihre Werke zu diskutieren, kommt an Berlin nicht mehr vorbei, denn es ist wieder einer der Brennpunkte des europäischen Films. Man kann Filmstars aus Deutschland, Europa und der ganzen Welt treffen – und natürlich den jungen Sean Penn, der, als sich das Festival dem Ende zuneigte, auf mich zukam und sich für sein ruppiges Verhalten entschuldigte. Er sagte, ich müsse verstehen, dass er diese Frage einfach nicht mehr hören könne. Ich verstand ihn, konnte es mir allerdings nicht verkneifen zu sagen, dass er sich mit diesem Gesicht so ziemlich den dümmsten Ort zum Arbeiten ausgesucht hatte, den man sich nur vorstellen könne. »Ja, ja«, murmelte er und verdrehte filmreif die Augen, »ich weiß, ich weiß.«

(Thomas Stechert)

GRUND NR. 28

Weil wir auch die Hauptstadt der Musik sind

Die wilden Siebziger, in denen David Bowie und Iggy Pop als Nachbarn und Kumpels in West-Berlin abhingen, die experimentierfreudigen Achtziger, in denen dort eines der Zentren der Neuen Deutschen Welle war, die von der Generation X geprägten Neunziger mit dem legendären Technoclub Tresor in der Leipziger Straße und die großen Zeiten der Big Hall By The Wall, den Hansa-Studios Berlin, sind Geschichte. Nach wie vor aber ist Berlin ein Magnet für Musiker aus Deutschland und der ganzen Welt und sorgt mit seinem maroden Charme für sprudelnde Kreativität und immer neue Arten von Musik.

Mucke aus Berlin, das sind: Aggro Berlin, Die Ärzte, Bushido, Einstürzende Neubauten, Element Of Crime, Reinhard Mey, Laura Lopez Castro, Silly, Karat, Viktoriapark, Peter Fox, Seeed, Nina Hagen, Rio Reiser, Nena, Wir sind Helden, Ich & Ich, Inga und Annette Humpe, Joy Denalane, Sido, Rosenstolz, NDW, Peaches, The Whitest Boy Alive, Rammstein, Beatsteaks, City, Ina Deter, leider kommt DAF nicht aus Berlin, Ideal, MIA., Paula, Stereo Total, Culcha Candela, Universal Music, MTV Deutschland, VIVA, Tangerine Dream, Berliner Schule, Klaus Schulze, Arvo Pärt, Roger Cicero, Jens Friebe, Jeanette Biedermann, K.I.Z., Klaus Hoffmann, Harald Juhnke, Ton Steine Scherben, Marianne Rosenberg, Berliner Philharmoniker, Herbert von Karajan, Kim Fisher, Alexander Marcus, Popkomm, Max Raabe, Palast Orchester, Virginia Jetzt!, The Baseballs, Harris, Kitty Solaris, Zoe Leela, Berliner Symphoniker, Hochschule für Musik Hanns Eisler, Musikhochschule am Gendarmenmarkt, Fakultät für Musik der Universität der Künste, Martin Todsharow, Berlin Musik Week, Jazzkomm, Columbia Berlin, Kabumm Records, Zuckerklub 2.0,

City Slang, Berghain, Cookies, Watergate, 030, Weekend, Bar25 und und und.

Die Berliner Musikszene ist aber mehr als eine Liste von Labels Bands und Clubs. Jeder Tag hält andere musikalische Höhepunkte bereit, denn was Mucke angeht, ist in dieser Stadt immer was los: Blättert man sich durch die einschlägigen Stadtmagazine, fällt einem sofort auf, dass man auch unter der Woche schwere musikalische Entscheidungen treffen muss: Man hat die Qual der Wahl zwischen unzähligen Live-Konzerten, Jam-Sessions oder einfach nur einer One-Man-Show, die aber alle umhaut.

Freunde der handgemachten Musik werden auf Berlins Straßen keine Zeit zum Ausruhen finden. An Orten wie dem Boxi, dem Alex, Kreuzberg oder im Mauerpark prägen mehr oder weniger talentierte Straßenmusiker das Bild. Was alle und jeden unter Berlins Himmel vereint, ist die Liebe zur Musik und die Hoffnung auf ein paar Cent für eine Currywurst. Der absolute Höhepunkt der selbstgemachten Musik findet jedes Jahr am 21. Juni, am kalendarischen Sommeranfang, statt: Bei der Fête de la Musique, die ihren Ursprung im Paris der Achtziger hat, kann jeder Musiker auf öffentlichen Bühnen und Plätzen, die sich über die ganze Stadt verteilen, zeigen, was in ihm und seinem Instrument steckt.

Musik aus Berlin, das ist ein Sound, der sich in kein Klischee pressen lässt. Musik aus Berlin passt in keine Schublade, sie ist wie die Stadt: experimentell, improvisiert, politisch, ein bisschen kaputt und leicht besoffen, multikulti, schräg, wild, unangepasst, poetisch, laut und leise. *(Verena Maria Dittrich)*

GRUND NR. 29

Weil es hier noch Kinos auf Hinterhöfen gibt

Mein erster Kinobesuch führte mich ins Sputnik in der Reinickendorfer Straße, auf einem typischen Berliner Hinterhof. Mit meinen sieben Jahren sah ich zu, wie eines meiner Lieblingsmonster namens Godzilla in einer chaotisch anmutenden Rauferei mit einem krebsartigen Monster namens Ebirah irgendeine japanische Stadt in Schutt und Asche legte. Die Menschen flüchteten, Godzilla schlug drauflos, was das Zeug hielt, und meine Kinderaugen funkelten vor Freude. Als Neunjähriger nahm mich mein Vater, der sich sehr für Science-Fiction-Filme begeisterte, in eine Vorführung von Kubricks »2001: Odyssee im Weltraum« im alten Alhambra am U-Bahnhof Seestraße mit. Ich verstand nichts von dem, was ich hörte oder sah. Aber an diesem Tag wurde meine Leidenschaft für Filme geweckt. Sowohl das Sputnik wie auch das alte Alhambra mussten ihre Türen leider schließen, beide wurden schon längst abgerissen, das Sputnik musste Parkplätzen weichen und das alte Alhambra dem neuen Multiplex Alhambra. Aber Berlin wäre keine Kinostadt, wenn es nicht noch andere solcher farbenfrohen Kinoperlen in seinen Gassen versteckt hätte.

Es gibt hier ein paar Kinos, die man nicht nur wegen eines bestimmten Filmes aufsucht, sondern weil es besondere, faszinierende Orte sind. Da ist der Delphi Filmpalast am Zoo, der seinen Betrieb 1949 aufnahm und zu den besten Filmkunst-Kinos Deutschlands zählt, da gibt es die »Kurbel« in der Giesebrechtstraße in Charlottenburg, die bereits 1934 eröffnet wurde und nach vielen Hochs und Tiefs seit 2005 wieder ein Premierenkino ist, und da ist das Central am Hackeschen Markt. Das Foyer dieses mit seinen 15 Jahren relativ jungen Kinos ist so eng, dass die auf den nächsten Film wartenden Besucher denen der eben zu Ende gegangenen Vorstellung beim Rauskommen den Weg versperren. Aber einen Besuch ist dieses Kinos im zweiten Hinterhof der Rosenthaler Straße in Mitte allemal wert! Auch begegnet man dort »Mugwump«, einer zwei Meter großen Kreatur aus David Cronenbergs Film »Naked Lunch«. Dann wäre da noch das »Intimes« in der Niederbarnimstraße in Friedrichshain zu erwähnen, ein sogenanntes Ladenkino, das seine Vorführungen seit 1933 fast ohne Unterbrechung zeigen konnte. Auch zu nennen ist das »Toni« mit seinem kleinen Bruder »Tonino« am Antonplatz in Weißensee, das bereits 1920 als Stummfilmkino seine Leinwand öffnete, heute vor allem deutsche und europäische Filmproduktionen zeigt und sich mit dem Tonino, einem kleinen, als Unterwasserwelt gestalteten Kinosaal, einem breiten Kinderfilmprogramm verschrieben hat.

Zu guter Letzt haben wir das Moviemento am Kottbusser Damm in Kreuzberg, das älteste noch betriebene Kino Berlins, das seinen ersten Film im Jahre 1907 zeigte und somit in eine Ära gehört, in der Filme noch reine Kunst waren. All diese Orte der Filmkultur sollten sich Filmkenner und Liebhaber alter Kinos nicht entgehen lassen. Selbstverständlich können es diese kleinen Oasen nicht mit dem Sound, den 3-D-Projektoren, der Größe und der Ausstattung der gigantischen Kinoketten und Multiplexe aufnehmen, aber sie erinnern an eine Zeit, in der ein Kinobesuch noch etwas ganz Besonderes und die Leinwand ein magischer Ort war. Und fast jedes der Programmkinos bietet dem Cineasten immer wieder kleine Film-Highlights aus Europa und der ganzen Welt, weit abseits vom Mainstream-Kino der Studio-Giganten.

Wenn ich heute das Sternenkind am Ende von »2001: Odyssee im Weltraum« in High Definition auf meinem superflachen, gigantischen LCD-Fernseher auf unsere Erde herabblicken sehe, dann wünsche ich mir, wieder neun Jahre alt zu sein und diese Szene noch einmal im alten Alhambra sehen zu können oder aber wenigstens in einem der anderen kleinen Kinoschätze in den Straßen Berlins. *(Thomas Stechert)*

GRUND NR. 30

Weil die Modewelt nicht mehr um Berlin herumkommt

»Was, wieso soll ich denn in diesen Klamotten nicht vor die Tür?«, fragte mich Tom, der in einem »Star Wars«-T-Shirt mit herausgelassenem Saum, kaputten Jeans und Latschen vor mir stand. »Ich denke, hier kann man alles tragen!«

»Zieh dir wenigstens ein cooles Hemd an!«, moserte ich. »Wir gehen schließlich auf die Fashion Week!«

»Na gut«, gab er nach, »dann verlasse ich mich eben auf das Wort der Expertin, obwohl draußen eine Bullenhitze ist.«

Jonas, ein gemeinsamer Freund und Student an der Kunsthochschule Weißensee, arbeitete hinter den Kulissen der Fashion Week, die zweimal jährlich im Januar und Juli in Berlin stattfindet, und er hatte uns Karten besorgt, denn ohne Einladung oder Akkreditierung geht leider wenig. Angekommen auf der Fashion Week, die in einem großen Zelt auf dem Bebelplatz in Berlins Zentrum stattfand, verzogen wir beide skeptisch das Gesicht, denn die Models sahen mit ihren lustigen Mützen, Bärten und schrägen Outfits aus, als könnten sie selbst die ein oder andere Rolle in einem »Star Wars«-Spektakel spielen. So gesehen hätte Tom mit seinem alten T-Shirt voll im Trend gelegen. Komplett überzeugt von dieser Annahme waren wir dann, als wir ein Model in blauen Boxershorts, Gummistiefeln und Kettenhemd mit witzigen Holzapplikationen auf den Schultern hinter dem Laufsteg vorbeihuschen sahen. Wenn wir die Fashion Week in einer leicht abgewandelten Kreation von Luke Skywalker besucht hätten, wäre die Wahrscheinlichkeit sogar relativ groß gewesen, dass man uns für berühmte Modedesigner gehalten hätte. Insofern bereute ich es ein bisschen, dass ich Tom sein altes T-Shirt ausgeredet und darauf bestanden hatte, dass er sich bei diesen Temperaturen in ein weißes Hemd zwängt.

Aber auch das fiel hier wenig auf, denn dass es in Berlin, was Mode betrifft, keine Grenzen gibt, weiß man nicht erst seit der Fashion Week oder der Bread & Butter. Berlins Streetstyle setzt Trends und hat die Stadt in den letzten Jahren zu einer der angesagten Modemetropolen gemacht. Inzwischen kann die deutsche Hauptstadt locker mit großen Modemetropolen wie Paris, Mailand oder New York mithalten. Ganz Berlin ist ein einziger Laufsteg, für den sich jeder auf seine eigene Art und Weise in Schale wirft. Das Gute daran ist, dass man sich hier eben nicht an irgendwelche Vorgaben halten muss, sondern man kreiert einfach seinen eigenen Style!

Die Fashion Week fand im Sommer 2010 übrigens zur selben Zeit statt wie die Fußballweltmeisterschaft und so wurde das eine Event mit dem anderen einfach zu einem neuen gemischt. Während viele Besucher gespannt Fußball guckten, stolzierten die Models über die Laufstege und Stars wie Lady Gaga, die für die Presse posierten, mussten sich eben, wenn ein Tor gefallen war, einen Moment gedulden, bis die Fotografen mit dem Jubeln fertig waren.

Auf der Fashion Week, die zusammen mit der Bread & Butter zu Berlins wichtigsten Modemessen gehört, lassen sich neben berühmten Models, Sternchen, Showgrößen oder weltbekannten Sängern auch immer mehr Hollywood-Schauspieler blicken. Im Sommer 2010 zum Beispiel brachte John Malkovich den Hollywood-Glamour an die Spree und stellte seine eigene Modekollektion vor. Es wurde gemunkelt, dass er überhaupt nicht so ausgesehen habe, als lege er viel Wert darauf, gut gekleidet zu sein. Den feinen Zwirn ließ er jedenfalls zu Hause und posierte stattdessen in sandfarbenem Anzug und schlampig gebundener Krawatte.

Die Bread & Butter, auf der vor allem Streetwear präsentiert wird, fand 2010 übrigens schon zum dritten Mal auf dem stillgelegten Flughafen in Berlin-Tempelhof statt. Auch hier war Fußball die gesamte Zeit über das Thema schlechthin! Die Bread & Butter wäre nicht die Messe, die sie ist, wenn sie nicht auch dieses Ereignis längst für sich entdeckt und kreativ genutzt hätte, indem sie die Atmosphäre, die in Südafrika herrschte, nach Berlin geholt und für die Besucher ein eigenes Stadion gebaut hat.

Berlin lässt sich in keiner Hinsicht lumpen, und so tauchen wie aus dem Nichts oder, besser gesagt, wie aus dem modisch aufgekrempelten Hemdsärmel jährlich neue Modemessen wie die »Premium« oder die »5 elements.berlin« auf. Kritiker, die Berlin noch vor ein paar Jahren nicht als Modestadt gelten lassen wollten und sagten: »Das wird doch nichts!«, verteilen heute Lob.

Das Einzige, was sowohl an der Bread & Butter als auch an der Fashion Week ein bisschen schade ist: Die Schauen sind nur für Fachbesucher, die sich vorher registriert haben, zugänglich. Wer während der Modewoche aber trotzdem tolle Mode sehen will, geht entweder zur öffentlichen Showroom-Meile in die Friedrichstraße oder kommt einfach mal zu uns nach Hause! Toms Outfits ähneln nämlich neuerdings immer mehr denen von John Malkovich, dessen Modekollektion den wohlklingenden Namen »Technobohemian« trägt. Also, wenn das nicht Lust auf Mode macht, dann weiß ich auch nicht! *(Verena Maria Dittrich)*

KAPITEL 4

Essen wie Gott in Berlin

Von der Bulette bis zur Haute Cuisine

GRUND NR. 31

Weil die Bulette hier Nationalgericht ist

Was viele nicht wissen, ist, dass etliche Berliner Gerichte gar nicht aus Berlin stammen, sondern irgendwann von irgendjemandem, sei es aus Frankreich, Spanien oder England, mitgebracht und in die Berliner Küche integriert worden sind. Einige dieser Gerichte sind heute so sehr Berlin, dass man sich schwer vorstellen kann, dass sie ursprünglich nur kleine Mitbringsel von Freunden oder Besuchern gewesen sein sollen. Da die Berliner Küche aber sowieso ein einziges Konglomerat aus Speisen aller Herren Länder ist, halten wir eben manchmal auch ganz stolz Gerichte für die unseren, die gar nicht von uns sind, aber so lecker schmecken, dass wir gar nicht anders können, als sie für unsere auszugeben.

Da ist zum Beispiel die gute alte Berliner Bulette. Bis vor Kurzem hätte ich noch meinen kleinen Finger darauf verwettet, dass sie, wenn schon nicht auf einem Berliner Rezept, dann doch zumindest auf einem brandenburgischen basiert. Mein Finger wäre nach dieser Wette, wie die Bulette selbst, feinster Hack gewesen. Denn: Wer hat's erfunden? Genau: die Franzosen! Man mag es kaum glauben, aber es ist so! Ja, die Franzosen, das muss man neidlos anerkennen, haben einen feinen Gaumen und einen guten Geschmack. Komisch, dass ausgerechnet die Bulette, unsere deftige, grobe Bulette, aus einer feinen Küche wie der französischen kommen soll. Alles Filigrane und Raffinierte schreibt man den Franzosen zu: Froschschenkel, Ratatouille, Coq au vin, Crêpes, Quiche lorraine, Crème brûlée und und und. Aber die Bulette? Nein, doch nicht unsere deftige Bulette!

Was man uns aber nicht nehmen kann, sind Bockwurst, Currywurst und Kassler. Glück gehabt! (Aber meinen anderen kleinen

Finger würde ich darauf nicht verwetten!) Jetzt, wo wir wissen, dass die Bulette nicht aus Berlin, sondern aus Frankreich stammt und es die verschiedensten Zubereitungsarten gibt, können wir gewisse feine Nuancen und geschmackliche Extravaganzen viel besser zuordnen.

Da gibt es die gutbürgerlich zubereitete Bulette mit Brot, Zwiebeln und Ei oder die mediterrane Frikadelle mit Pinienkernen und getrockneten Tomaten, die in feinstem Olivenöl gebraten wird, die mit Kreuzkümmel oder Koriander gewürzte orientalische Bulette oder den Klops, dem eine Füllung Schafskäse verpasst wird – und der so scharf ist, dass man nach dem Essen das Gefühl hat, innerlich zu verbrennen. Besonders lecker sind auch die kleinen Königsberger Klopse mit Kapernsoße. So oder so: Für mich gibt's demnächst öfter mal wieder eine Berliner Bulette, aber bitte schön nach französischer Art! Ach, wissense was: Ich nehm gleich zwei!

(Verena Maria Dittrich)

GRUND NR. 32

Weil Konnopke's Currywurst nach Großstadt schmeckt

Einer der Klassiker der Berliner Küche ist ohne jeden Zweifel die Currywurst. Und wenn es in der deutschen Hauptstadt um die Wurst geht, dann steht ein Name ganz oben auf der Liste: Konnopke in der Schönhauser Allee in Prenzlauer Berg. Die Imbissbude mit Kultcharakter wurde schon hundertmal gepriesen und taucht mit Sicherheit in jedem größeren Berlin-Führer, neben Curry 36 am Mehringdamm in Kreuzberg und Krassels Currywurst am Steglitzer Damm, als Geheimtipp auf. Dabei ist Konnopke's Imbiss schon längst kein Geheimtipp mehr, sondern eine Instanz. Eigentlich braucht die Imbissbude nicht noch eine weitere Lobhudelei, aber wer an Waltraud Ziervogel, der Tochter von Max Konnopke, der wie ich – und hier packt mich der Stolz – gebürtig aus Cottbus stammt und die Wurstbude 1930 gegründet hat, öfter mal vorbeikommt und sich dem Wurst-Vergnügen hingibt, der kann erstens verstehen, warum Konnopke so beliebt ist, und zweitens, was ich meine, wenn ich sage: Die Wurst dort is 'ne Wucht!

Während die 75-jährige Frau Ziervogel in ihrem Wurstcontainer unter dem U-Bahn-Viadukt hinter der Kasse sitzt und die Arbeit – wie sie selbst sagt – am liebsten machen würde, bis sie 105 Jahre alt ist, stehen die Leute davor Schlange und warten gemütlich, bis sie dran sind. Für Fremde mag dieses Bild gewöhnungsbedürftig sein: Links und rechts rauscht der Verkehr vorbei, bimmelt die Straßenbahn, hupen Autos, tönen Sirenen und über allem donnert die U-Bahn. Und mittendrin im lärmenden Treiben der Stadt gibt es dieses Kleinod, diese lieb gewonnene Futter-Oase, an der sich die Menschen für den kurzen Genuss einer Currywurst in die

Schlange einreihen, als hätten sie alle Zeit der Welt. Und während sie sich die Berliner Delikatesse an den Stehtischen schmecken lassen, scheint es, als würden sie für einen Moment den Lärm der Großstadt vergessen.

An diesem kleinen Imbiss im Szeneviertel Prenzlauer Berg haben sich schon Berühmtheiten wie Bundeskanzler a.D. Gerhard Schröder oder Schauspielerin Liza Minelli die eine oder andere Wurst schmecken lassen. Überhaupt: Wenn's um die Wurst geht, ist eine Frage ganz wichtig! Und diese – ich will jetzt nicht übertreiben – erinnert mich an ein Zitat von Shakespeare: »Mit oder ohne Darm, das ist hier die Frage!« Während bei dieser Frage durchaus noch überlegt werden darf, sind sich bei der nächsten – »Viel oder wenig Ketchup?« – aber fast alle Wurstliebhaber einig: Viel! Richtig viel! Denn der Konnopke-Ketchup, über dessen Rezeptur man – außer dass das Tomatenmark aus Russland stammen soll – so wenig weiß wie über die Zutaten von Coca-Cola, ist eine weitere Gaumenfreude.

Für das unterschiedliche Geschmacksempfinden gibt's verschiedene Schärfen, angefangen bei himmlisch über scharf bis hin zu extrem scharf und höllisch scharf. Bei all dem Hype um Berlin und um die Wurst habe ich gemerkt, dass Frau Ziervogels Imbiss der »Lattemacchiatisierung« in Mitte und Prenzlauer Berg mit einer Beharrlichkeit trotzt, dass man sich manchmal fragt: Wie macht sie das nur? Während ein Sushi-Laden nach dem nächsten und ein Café nach dem anderen im Szenekiez eröffnet, sitzt sie seit nunmehr 35 Jahren auf ihrem Stühlchen mit den ausgeblichenen Kissen hinter der Kasse und sorgt dafür, dass der Laden brummt. Die Schlange vor ihrer Blechkiste ist der schönste Beweis dafür!

(Verena Maria Dittrich)

GRUND NR. 33

Weil man im Cookies Cream noch die Bässe von nebenan hören kann

Neulich war ich mit Tom zum Abendessen im Cookies Cream. Als wir unseren Freunden davon erzählten, fragten einige, ob es sich hierbei um den bekannten gleichnamigen Club handele, denn sie kannten zwar den Club Cookies in der Friedrichstraße, hatten aber von einem Restaurant kurioserweise noch nie was gehört und das, obwohl das Cookies Cream mittlerweile auch schon einige Jährchen auf dem Buckel hat. Dass es tatsächlich immer noch Leute gibt, die von dem Restaurant in der Behrenstraße nichts wissen, obwohl sie seit Ewigkeiten zweimal in der Woche, immer dienstags und donnerstags, im Cookies das Tanzbein schwingen, ist einerseits schwer nachvollziehbar, andererseits aber verständlich, denn das Cookies Cream gilt noch immer als Geheimtipp und ist, offen gestanden, auch für Leute, die in Berlin wohnen und die Stadt wie ihre Westentasche zu kennen glauben, nicht so einfach zu finden.

Und so beginnt der Abend eben, wenn man diesem Restaurant zum ersten Mal einen Besuch abstatten will, nicht nur mit einem großen Loch im Magen, sondern auch mit einer Suche, denn das Restaurant liegt gut versteckt in einem Hinterhof. Virtuell kann man bereits auf der außergewöhnlichen Homepage des Ladens auf Location-Suche gehen. Nicht nur im Netz muss man sich erst mal einen Weg durch allerlei Keller-Nippes wie alte Autoreifen, Schrott und förstergrüne Mülltonnen bahnen. Mitten im Hinterhof, der wie eine Filmkulisse anmutet, hängt ein überdimensional großer Kronleuchter. Ja, Sie haben richtig gelesen, im Hinterhof! Hinter den Mülltonnen, das klingt beinahe ein bisschen suspekt, befindet sich eine kleine, unscheinbare Tür mit einer Klingel.

Namensschildchen? Fehlanzeige. Wenn man diese Tür gefunden hat, kann der kulinarische Abend beginnen. Der Weg führt durch ein dunkles Treppenhaus, das aussieht wie viele Treppenhäuser in Berlin: abgerockt, ein bisschen schäbig, Industriefußboden und Wände, die man lieber nicht berührt, aus Angst, dass einem der Putz entgegenkommt.

Kurz vor dem Eingangsbereich fällt unser Blick auf ein circa vier mal vier Meter großes Bild, auf dem provokant und einladend in Riesenbuchstaben nur ein einziges Wort geschrieben steht: FICKEN. Na, dann nichts wie rein in die gute Stube! Das Erste, was ich mich frage, als die nette Bedienung uns an einen Tisch führt und die dicke weiße Kerze darauf anzündet, ist: Wie cool ist das denn? Denn ja, das Cookies Cream ist, genauso wie sein Club, cool. Es ist so cool, dass man fast ein bisschen Sorge hat, dass die Decke des Ladens dieser Coolness nicht standhalten und über einem zusammenkrachen könnte. Doch der für Berlin typische schöne morbide Charme hält alles wie Kitt zusammen.

Die Atmosphäre hat was Amerikanisches, alle machen auf New Economy und duzen einander, sodass man schnell den Eindruck gewinnt, von Freunden zum Essen eingeladen worden zu sein. Das Restaurant macht einen provisorischen Eindruck: unverputzte Wände, davor riesige Sträuße weißer Lilien. Es ist aber gerade so provisorisch, dass man das Gefühl bekommt, der Chef Heinz Gindullis, besser bekannt als Cookie, habe alles ganz genau durchdacht und genauestens arrangiert. Professionelle Unprofessionalität sozusagen. Ich glaube, das ist schwieriger, als es aussieht! Die Gäste – eine bunte Mischung: Kreative treffen auf Touristen, Einheimische speisen mit berühmten Filmschauspielern, hinten in der Ecke sitzt ein weltbekannter Musiker und trinkt Cola. Also: Alles wie immer in Berlin. Jetzt aber die wichtigste Frage: Was gibt es zu essen?

Das Cookies Cream ist ein vegetarisches Restaurant. Wer also Lust auf Steaks hat, geht lieber zu Maredo oder so. Man kann zwischen einzelnen Gerichten und einem Drei-Gänge-Menü wählen. Ich sag auch schon mal gleich, was die Chose gekostet hat: 32 Euro pro Person. Die einen sagen, das Preis-Leistungs-Verhältnis des Ladens sei akkurat, andere meinen hingegen, man müsse, um dort satt zu werden, das Drei-Gänge-Menü doppelt bestellen, so winzig klein seien die Portionen auf den Tellern. Ich bin zwar nur 1,60 Meter, aber ich wurde satt und geschmeckt hat es auch! Für mich gab es Parmesanknödel im Amalfi-Zitronen-Sud und Tom hatte rote Linsen im Strudelteig mit Walnusskrokant und Minze. Zum Dessert gab es fruchtiges Quitten-Hagebutten-Mus. Und weil sich die wummernden Bässe aus nicht allzu weiter Ferne gelegentlich auf den Rhythmus unseres Kauverhaltens auswirkten, lag es auf der Hand, die gerade angefutterten Kalorien locker, leicht und flockig auf der Tanzfläche wieder loszuwerden. Gesamteindruck des Cookies Cream: »Fräulein, wir würden gern für kommenden Donnerstag einen Tisch reservieren!!!«

(Verena Maria Dittrich)

GRUND NR. 34

Weil man auf dem Burgeramt in Friedrichshain keine Ausweise oder Parkvignetten bekommt

Als meine Freundin Anja mir das Burgeramt in der Krossener Straße, eigentlich Burgeramt Frühstücksklub, als Möglichkeit für einen abendlichen Imbiss vorschlug, war ich von dieser Idee überhaupt nicht angetan, hatte ich doch, wie der Name schon suggeriert, einen Laden im Stile eines deutschen Bürgeramtes erwartet: spröde, blau-graue Büromöbel und statt wichtiger Dokumente bekam man dort eben was zu essen. Wieder so ein schrulliges Hauptstadt-Geschäftskonzept, dachte ich mir, ging aber trotzdem mit. Doch bereits auf Höhe des Boxhagener Platzes wurde ich eines Besseren belehrt. Schon von Weitem konnte ich das Schild lesen und wunderte mich über die Schreibweise des Namens: Burgeramt, nicht Bürgeramt. Beim Studium der Menütafeln wurde mir dann einiges klar.

Auf deftige deutsche Hausmannskost vorbereitet, lachte mich plötzlich ein reichhaltiges Angebot aus über zwanzig verschiedenen Burger-Variationen an, angefangen beim normalen Hamburger über den Chicken- und Gemüse-Burger bis hin zum Mediterran- und Oriental-Burger – dem hungrigen Gast wird alles aufgetischt, was sein Burgerherz begehrt.

Außerdem, auch das muss erwähnt werden, gibt es dort verflucht leckere Pommes. Kurz bevor mich das Angebot zu überfordern drohte, huschte die Bestellung über meine Lippen. »Einen Halloumi-Burger mit Erdnusssauce, bitte!«, orderte ich schnell, hatte ich doch schon ernsthafte Bedenken, ich könne jeden Moment auf den Boden sabbern, weil mir das Wasser im Mund zusammenlief. Beim Bestellen musste ich kurz an den letzten realen Bürgeramtsbesuch denken, denn ich musste tatsächlich auch hier eine Nummer ziehen und brav warten, bis ich an der Reihe war. Aber es lohnt sich!

Ich bin kein Feinschmecker. Man mag mir auch nachsagen, ich würde durchs Berliner Imbissbuden-Essen vollends kulinarisch auf dem Zahnfleisch gehen, aber bitte, lieber Berliner und lieber Touri: Riskiert selbst einen Bissen in diesem Amt! Ihr werdet es nicht bereuen.

Der Laden an sich ist ziemlich klein, das Ambiente nett, mit einem Touch, wie man ihn aus alten Pariser Baguette-Läden kennt. In der Regel ist die Hütte überfüllt, vor allem sonntags, wenn auf dem Boxi das Flohmarktleben tobt. Das Publikum ist gut gemischt: Von Knirpsen, die kaum über die Tischkante gucken können, über Opa Erwin und andere Einheimische bis hin zu Touristen bekommt jeder den Burger, der wie für ihn gemacht ist. Im Sommer kann man seinen Burger wunderbar auf den Bänken vor dem Amt genießen und dabei das Flair des Boxhagener Platzes mit seinem Getümmel aus Punks, lachenden Kindern und Einkaufstrolley fahrenden Omis genießen.

Seit meinem Besuch im Burgeramt Frühstücksklub stelle ich keinen von Anjas kulinarischen Ausflügen mehr infrage. Wenn ich gelegentlich am Boxi bin, lasse ich mir gerne eine neue Burger-Kreation zaubern. Ach, und bevor ich es vergesse: Als ich das letzte Mal im Burgeramt war, fiel mir auf dem Tresen ein Schild auf, auf dem stand: TIP is not a town. TIP is Service Money.

(Thomas Stechert)

GRUND NR. 35

Weil Bangkok und Berlin hier eine kulinarische Schnittstelle haben

Es wird ja immer wieder behauptet, dass man in den europäischen Großstädten in der Regel gar kein richtiges asiatisches Essen bekommen würde, das seinen geschmacklichen Ursprung wirklich in Asien hat, und dass bei uns alles auf den europäischen Geschmack zurechtgestutzt würde. Vielleicht stimmt das sogar, aber dann ist das, was die Familie Mai in ihrem gemütlichen, schlichten Restaurant in der Stargarder Straße, Nähe Gethsemanekirche, im Helmholtzkiez anbietet, eines der schmackhaftesten, auf meinen europäischen Geschmack zurechtgestutzten asiatischen Essen, die ich je im Mund hatte. Und weil es sich hier um einen thailändischen Familienbetrieb handelt und die thailändische Küche ohnehin ein Mix aus ihrer eigenen, der chinesischen, der indischen und durch unsere kolonialen Kumpels – die Engländer und Franzosen – der europäischen Küche ist, sind wir als Berliner hier perfekt aufgehoben.

Für ein gutes Restaurant sprüht dem sensiblen Gast vielleicht zu viel dieses Essen-zum-Mitnehmen-Flairs entgegen, und auch der Name »Mai Thai Snack« passt nicht so recht in diese Kategorie, allerdings ist das Ambiente für einen Imbiss viel zu gemütlich und die Fläche der Lokalität zu groß. Für diesen Laden muss ein neues Wort her! Ich nenne ihn deswegen »Imtaurant«, ein Neologismus, der ausgezeichnet passt, wie ich finde, weil mit diesem Wort Imbiss und Restaurant verbunden werden, und dies wiederum entspricht genau dem Gefühl, das man in dem Laden hat.

Kommt man also in dieses Imtaurant, kann man sofort einen Blick in die Küche werfen, denn das Essen wird vor der Nase des Gastes zubereitet. Im Sommer sitzt es sich bei Biergartenstimmung draußen ebenfalls gut, ansonsten kann man die stets frischen Gerichte im Vorraum mit Blick auf deren Zubereitung und die Stargarder Straße genießen oder aber im Lounge-Bereich, wo einem um die Mittagszeit die Familie Mai beim kulinarischen Genuss schon mal Gesellschaft leistet. Bei den Gerichten ist von Tofu über Hühnchen, Ente und Fisch alles dabei: »Nr. 47: Hühnerfleisch gebacken mit Gemüse und Knoblauch« ist besonders zu empfehlen, allerdings nicht zwei Mal, sondern nur ein Mal gebacken. Die Zutaten sind, wie gesagt, frisch und knackig, die Portionen groß, der Preis klein. Wärmstens zu empfehlen ist der eisgekühlte Mango-Lassi.

Was ich an dem Imtaurant aber ganz besonders mag, ist die ruhige Atmosphäre am Nachmittag. Bestellen, den »Spiegel« aufgeschlagen und beim Essen und Lesen (ja, das geht tatsächlich beides gleichzeitig!) vergessen, ob man in Berlin oder Bangkok ist. Gelegentlich kann es passieren, dass der kleine, freche Spross der Mais durch den Laden flitzt oder dass man, vor allem abends, einen Moment warten muss, bis man einen Tisch bekommt, aber es lohnt sich, und ich für meinen Teil freue mich jedes Mal auf meinen kulinarischen Besuch in Bangkok, was zu deutsch »Dorf im Pflaumenhain« heißt.

(Thomas Stechert)

GRUND NR. 36

Weil es hier noch hausgemachte Lahmacun gibt

In Berlin gibt es fast mehr Imbissbuden, Asia-Snacks, Dönerläden und Fritten-Hütten als Sandkörner in der Sahara. An jeder zweiten Ecke steht ein hübsches, oft selbst gebasteltes Werbeschild, bestehend aus unscharfen Fotos von Speisen, umrandet von handgefertigten Neonbuchstaben, das einen neugierig macht. Gelegentliche Schreibfehler verleihen den fremden und erlesenen Gerichten zusätzlich etwas Geheimnisvolles. Dahinter könnte natürlich auch eine ausgeklügelte Werbestrategie stecken! Alle versprechen das Gleiche: leckere Spezialitäten und kulinarische Höhepunkte. Auch wenn die Präsentation auf den Pappschildchen einen nicht immer vom Hocker haut, lecker oder handgemacht ist es meist. Man weiß zwar nie genau, was man sich da gerade in den Mund steckt, aber Hauptsache, es schmeckt!

Einige werden jetzt sagen, dass wir in Berlin, mit den vielen Einflüssen von ausländischem Fast Food, doch gar nicht mehr wüssten, was richtige Gaumenfreuden sind, weil wir unsere Geschmacksnerven schon totspezialisiert hätten. Was soll ich dazu sagen? Ich weiß, was mir schmeckt, und wer schon mal nachts um drei Uhr in strömendem Regen am Leopoldplatz oder am Schlesischen Tor mit einem Döner oder einer Asia-Pfanne in einer Plastikschale den Geschmack der Hauptstadt probiert hat, weiß, wovon ich rede.

Ich erinnere mich noch an eine Zeit, als der Westen Berlins eine Insel war und ich zum ersten Mal eine Lahmacun aß, auch türkische Pizza genannt, ein Stück gerollter Teig, der mit Hackfleisch und Gewürzen gefüllt ist. Ein Gericht, das die Assyrer im alten Mesopotamien schon vor Tausenden von Jahren zubereiteten. In meiner Kindheit machte Hanife, eine junge Türkin aus unserem

Kiez, Lahmacun für die ganze Nachbarschaft. Da war vielleicht was los! Überkommt mich heute der Appetit auf eine richtige türkische Pizza, fahre ich in den Wedding. Man sollte sich nicht über die multikulturelle Zusammensetzung der Leute dort wundern, denn im Wedding verschmelzen der Kongo, die Türkei und das alte Berlin zu einer Einheit, die nicht immer auf den ersten Blick zu verstehen ist. Falls man sich von den Jugendgangs vor Ort, die einem hin und wieder mit Sprüchen kommen wie »Ey, hassu meinen Bruda anjemacht, oda was?« nicht abschrecken lässt und keine Mütze der New York Yankees trägt (weil die nämlich sofort für immer ausgeliehen werden würde!), kann man dort garantiert eine der leckersten Lahmacuns der ganzen Stadt essen.

In dem gemütlichen Restaurant namens Saray, einem türkischen Familienbetrieb in der Müllerstraße, Ecke Seestraße, schmecken die Lahmacun genauso wie in meinen Kindertagen. Hier kommt der Gast in den Genuss einer der besten türkischen Küchen Berlins, hier wird der Teig von der Mutter des Eigentümers selbst geknetet und aus dem Ofen frisch und noch dampfend dem hungrigen Besucher gereicht. Man kann sich an die zu kleinen Tische im Fensterbereich setzen und dabei Gesprächen von alten Herren mit Spazierstöcken am Nachbartisch lauschen, deren Inhalte einem aber meistens wegen der Sprachbarriere verschlossen bleiben. Die Bedienung blickt einen zwar manchmal etwas mürrisch an, aber wir sind hier schließlich in einem alten Arbeiterbezirk Berlins und nicht in der Leopoldstraße in München.

Mein Bruder hat mir das Saray vor Jahren empfohlen, da er unseren Heimatbezirk nie richtig verlassen hat und auch heute noch oft durch den nächtlichen Wedding zieht. Besonders in den Sommerabenden liebe ich es, mit meinem Stück Kindheitserinnerung in der einen Hand und einem kalten Getränk in der anderen, ans Straßengeländer gelehnt aufs neue Alhambra-Kino zu blicken und dem bunten, lauten und dreckigen Treiben auf den Straßen zuzuschauen.
(Thomas Stechert)

GRUND NR. 37

Weil Anna Blume von hinten wie von vorne ein Gedicht ist

Anna, du bist von hinten wie von vorne: A------N------N------A«, hat der Dichter Kurt Schwitters in seinem berühmten Gedicht »An Anna Blume« im Jahre 1919 geschrieben, und obwohl zumindest die jüngeren Leser bei diesem Zitat eher an Max Herre von Freundeskreis als an Kurt Schwitters denken, so passt der Name des gleichnamigen Cafés in der Kollwitzstraße im Prenzlauer Berg wie die Faust aufs Auge. Die Liebeserklärung des Herrn Schwitters kann ich – als ausgesprochener Kaffeehaus-Fan – ohne schlechtes Gewissen sofort an meine Anna Blume weiterreichen, denn sie ist so wahrhaftig, wie ihre Tortenstücke in meinem Mund lecker sind. Anna Blume ist Café, Konditorei und Blumenladen in einem und angeblich soll es dort das beste Frühstück in ganz Prenzlauer Berg geben. Ich für meinen Teil wurde nicht enttäuscht, denn schon das einfache Buttercroissant, das ich dort aß, war wie ein kleines Gedicht, das von der Etagere »Anna Blume Spezial« für zwei Personen um zwei Verse erweitert wurde. In Anbetracht dessen finde ich es fast schon ein bisschen blöd, dass ich so ein oller Brunch-Muffel bin. Denn der Anfang eines jeden Tages ist definitiv nicht meine favorisierte Tageszeit. Was macht man da? Genau! Man geht einfach ein bisschen später hin und schlemmt dafür doppelt und dreifach. Hier bietet sich einem nichts Geringeres als eine riesige Auswahl an hausgemachten Kuchen und Torten. Jede einzelne ist schon optisch ein Gedicht, ach, was rede ich, ein Sonett, eine Ballade mit Schokoladenglasur!

Ich stehe also mit Mordsappetit und riesigen Augen vor der Theke, durch deren Glasfront mich mindestens zehn verschiedene Torten anlächeln. Ja, doch, sie lächeln, sie flüstern und sagen:

»Probier mich, probier mich!« Die Cremetorte, zweite Reihe links, versucht mir einzureden, Kalorien seien kein Problem. Diese Torten üben psychischen Druck auf mich aus, sie wollen Mürbeteig aus mir machen! Ich blicke tiefer in die Vitrine. Welche Torte soll es sein? Nehme ich ein Stück von der sündhaft leckeren Sachertorte? Oder doch lieber eins von dem noch duftend warmen Pflaumenkuchen? Oder soll ich ein Stück von der Torte nehmen, die den größten Druck auf mich ausgeübt hat? Als Strafe! Denn: Was bildet sich so eine Torte ein? Die kann mich doch nicht einfach erpressen! Ich werde sie zur Rechenschaft ziehen! Her damit!

»Junge Frau, was ist denn das da für eine dicke Schokoschicht?«, frage ich die Dame hinter der Kuchentheke, die mich freundlich anlächelt und mir zunickt. Bevor sie aber auf meine Frage antworten kann, liebäugele ich schon mit der nächsten Torte. »Mmh, und was ist das da für eine Schicht zwischen den einzelnen Kuchenschichten?« »Marzipan! Das ist Marzipan!«, sagt die Kuchenfrau nun etwas energischer, guckt aber immer noch freundlich. Ich drehe mich und schaue in das Gesicht einer grimmig guckenden Mutter, deren Tochter an ihrem Hosenbein zerrt und quengelt. Also gut, ich beeile mich, bestelle ein Stückchen Käsebaiser und eins von der Torte, die mich zu manipulieren versuchte. Der Kuchenfrau hinter der Theke gebe ich zu verstehen, dass es ruhig ein dickeres Stück sein kann, denn ich habe mit der frechen Torte ein ernstes Gespräch zu führen.

Nur zur Sicherheit lasse ich mir noch ein schmales Stückchen Rübli-Kuchen auf den Teller packen und habe Glück, einen der begehrten Fensterplätze zu ergattern, denn normalerweise ist es bei Anna Blume immer brechend voll. So voll, dass es sich sogar anbietet, telefonisch zu reservieren. Ja, ich bin wirklich ein Glückspilz, denke ich, während sich jedes Stückchen Kuchen in meinem Mund wie ein Gedicht anfühlt und ich das allmähliche Völlegefühl einfach wegschlemme. Man will das ja nicht wahrhaben, wenn es so verdammt lecker schmeckt, dass nix mehr reinpasst!

Schnell einen Schluck feinsten Cappuccinos, weiter geht's. Unauffällig gleitet dabei meine rechte Hand unter den Tisch. Mann, das spannt vielleicht! Dezent öffne ich Knopf und Reißverschluss meiner Jeans und überlege kurz, wie lange es wohl dauert, bis das nächste Stückchen Platz in meinem Bauch hat. Der Blick geht schon wieder in Richtung Vitrine.

»Verena«, hätte Kurt Schwitters vielleicht gedichtet:
»Es ist an der Zeit,
dass ich dich
– du runde Holde –
mit meinem Vers
nicht verschone,
du siehst von hinten wie von vorne
aus wie 'ne Melone!«

(Verena Maria Dittrich)

GRUND NR. 38

Weil hier Esskultur und Straßenleben zusammengehören

Currywurst in Berlin, das ist sicherlich Konnopke, aber Currywurst in Berlin, das ist auch »Biers Ku'damm 195«, die legendäre West-Berliner Imbissbude zwischen Schlüter- und Bleibtreustraße am Kurfürstendamm. Weil die wohl prominenteste unter den Berliner Curry-Buden im Normalfall bis sechs Uhr in der Frühe geöffnet hat, dreht sich alles – am Tage wie in der Nacht – nur um Berlins bekannteste Wurst in ihrer roten Tunke. Wer hier eine Currywurst bestellt, sagt einfach nur: »Eine Curry, bitte.« Dazu gibt's leckere hausgemachte Sauce und dicke belgische Pommes. Serviert wird das Ganze, und jetzt kommt der Clou, nicht etwa in Pappe- oder Plastikschälchen, sondern auf richtigen Porzellantellern. Man drängelt sich an einen der Stehtische zwischen die Taxifahrer, Manager und Politiker und steckt sich ein echtes Stück Berlin in den Mund. Ist der Gaumen vom Geschmack überrascht und verzaubert worden, spült man alles mit einem Schluck Cola oder Berliner Weiße runter.

Wer abends oder nachts am Ku'damm 195 aufschlägt, dem wird zum Nachspülen auch schon mal ein Glas Schampus gereicht. Das passt ausgezeichnet, findet vor allem die feine Klientel, die die Wurstbude besonders zu Großveranstaltungen wie der Berlinale oder dem Presseball zum Sekt-Ausschank Nummer eins macht.

Da trifft man Iris Berben, Heike Makatsch, Udo Lindenberg oder Tom Cruise, die – wie man selbst – in der Schlange stehen und sich vermutlich nicht nur einmal auf der aushängenden Gästetafel verewigt haben. Auch Gerhard Schröder und Helmut Kohl haben sich hier schon die eine oder andere Wurst hinter die Kiemen geschaufelt und wer weiß, was die zwei während ihrer

Wurst-Session innenpolitisch so alles ausgeheckt haben. In den frühen Morgenstunden schmeckt die Currywurst am besten. Die Neonwerbung taucht die Szenerie in ein diffuses Licht, der Lärm der Clubs steckt noch wie Kälte in den Knochen, man tankt frische Luft, stopft das Loch im Magen und weiß, dass man sich in ein paar Minuten so richtig schön aufs Ohr hauen und eine Mütze Schlaf tanken kann. Mit so einer Wurst im Magen pennt es sich gleich doppelt gut. Und während man sich ein Gläschen Schampus zum Nachspülen genehmigt, hört man einem der Kiez-Penner am Nachbartisch bei seinen Geschichten zu, die nur von kleinen Hasstiraden gegen vorbeifliegende Plastiktüten unterbrochen werden oder von Schauspielern, die sich über die gerade ganz frisch im Februar 2011 eröffnete Tapas-Bar Raval ihres Kollegen Daniel Brühl in Kreuzberg unterhalten.

Das Ambiente und der Vorplatz von Biers Ku'damm 195 haut einen Star-Designer der New Yorker Park Avenue zwar nicht aus den Socken, aber dafür bekommt man hier ein Stück ungeschminktes Berlin und feinste Alt-(West-)Berliner Esskultur geboten. *(Thomas Stechert)*

GRUND NR. 39

Weil man für eine gute Zeugenaussage manchmal bis zur letzten Instanz geht

Das Besondere an der Berliner Küche ist nicht nur, dass sie so schön deftig ist, sondern dass man nach einem guten Eintopf das Gefühl hat, für eine ganze Woche gestärkt zu sein, und dass die Gerichte immer ein bisschen so schmecken wie bei Oma oder Mutti zu Hause. Ich bin zwar als Kind nicht unbedingt ein Liebhaber von Eisbein und Sauerkraut gewesen, aber dieser Geruch, der sich um die Mittagszeit im ganzen Haus ausbreitete, hat immer so etwas Familiäres und Vertrautes gehabt. Als ich später von zu Hause ausgezogen bin, habe ich mich manchmal geärgert, dass ich Mutti zu selten in die Kochtöpfe geguckt und mir die gute Kochkunst, die sie schon von ihrer Mutter erlernt hatte, nicht habe beibringen lassen. Zwischen den vielen kulinarischen Raffinessen, die man in der Berliner Küche findet, habe ich zwischendurch auch manchmal Lust auf eine gute bürgerliche Eckkneipe, in der es noch von der Chefin selbst gemachte Kohlrouladen oder eine einfache Bockwurst mit Schrippe und Senf gibt.

Sogar »Deutschlands Meisterkoch« Tim Raue, in dessen Nobelrestaurant in der Rudi-Dutschke-Straße in Kreuzberg Delikatessen wie Jakobsmuscheln, Japanische Seegurken oder Hirschrücken auf der Speisekarte stehen und der sich jeden Tag die abenteuerlichsten Gerichte zaubern könnte, schätzt die grobe Berliner Küche und isst, wenn auch nur heimlich, sehr gern Currywurst. Um den Gaumen endlich mal wieder mit dem Geschmack von Erbsenpüree, Eisbein oder Kohlrouladen zu erfreuen, gehen viele Gourmets sogar bis Zur letzten Instanz. Das Restaurant in der Waisenstraße, das man am besten mit der U2, Bahnhof Klosterstraße, erreicht, ist das älteste Berlins, ein Familienbetrieb, der schon seit 390 Jahren existiert, aber kein bisschen altmodisch oder gar altbacken ist und in dem damals wie heute frisch und lecker gekocht wird.

Wenn Heinrich Zille oder Maxim Gorki noch leben würden, könnte man die ja mal fragen, denn auch sie verkehrten in diesem Lokal und ließen sich die deftigen Schweinshaxen munden. Es wird sogar gemunkelt, dass selbst Napoleon schon vor dem alten Kachelofen des Restaurants gesessen hat. Ganz sicher ist, dass der ehemalige Bundeskanzler Gerhard Schröder und Präsident Jacques Chirac dort schon einmal eine »Beleidigungsklage« im Hals und dann im Bauch hatten. Die Speisekarte des Ladens hat es nämlich in sich und liest sich, im wahrsten Sinne des Wortes, wie eine Anlage zur Zivilrechtsordnung. Wenn ich nicht Literatur, sondern Jura studiert hätte, wäre das Restaurant für mich, unabhängig vom guten Essen, der beste Ort für die Examensvorbereitungen gewesen. Morgens kann man mit einem leckeren Anwaltsfrühstück, bestehend aus zwei Blutwürsten vom Schlachter, perfekt in den Tag starten, zu Mittag darf man sich zwischen der Beleidigungsklage, einem leckeren Stralauer Fischeintopf mit Süßwasserfischen, der Zeugen-Aussage, Berliner Eisbein mit Sauerkraut, Erbsenpüree und ausgelassenem Speck, und dem Kreuzverhör, gebratene Kalbsleber Berliner Art, wählen und kommt fast nicht drum herum, am liebsten alles auf einmal zu probieren, stünde dem Verzehr ein nicht zu unterschätzendes Hindernis im Wege: der Bauch, der nur eine begrenzte Kapazität hat.

Ich habe mir gerade jetzt, wo die Tage kürzer werden, vorgenommen, mir den wärmenden Winterspeck in diesem Restaurant anzufuttern. Zum Winteranfang ordere ich die ersten Beweismittel, geschmorte Weißkohlroulade mit Kartoffel-Pü, haue mir jeden Tag den Wanst mit würzigem Schweinebauch voll und halte, zum Frühling hin, ein schmackhaftes Plädoyer auf die Berliner Küche, auch wenn ich zur Urteilsverkündung vermutlich aus einem einfachen Grund nicht anwesend sein werde: Ich bin geplatzt.

Alle werden dann über mich reden und sagen, dass ich den Hals nicht vollkriegen konnte. Vermutlich wird mein Fall in ein paar Jahren von einem tüchtigen Anwalt mit feinen Geschmacksnerven neu aufgerollt. Allen Juristen, Feinschmeckern, Liebhabern der Berliner Küche und natürlich auch meinem Anwalt lege ich daher schon heute nahe, eine »Verhandlungspause« einzulegen und sich die Berliner Bulette mit Jus schmecken zu lassen. Juten Appetit!

(Verena Maria Dittrich)

GRUND NR. 40

Weil man im Prater am schönsten mit Berliner Weiße abstürzt

Der Berliner hängt nicht gern in seiner Bude rum, wenn man sich draußen nicht gerade den Hintern abfriert oder so. Sobald der Frühling sein Kommen ankündigt und die ersten Knospen sprießen, zieht es ihn an die frische Luft. Er flaniert sonntags durch die Stadt, frühstückt am liebsten draußen, spielt Tischtennis oder Boccia im Mauerpark, stöbert auf Flohmärkten und verbringt den Nachmittag mit, sofern vorhanden, den Kindern auf dem Spielplatz oder, auch wenn nicht vorhanden, mit Freunden im Biergarten. Berlin hat viele davon: das Augustiner am Gendarmenmarkt, das Kuchi in der Gipsstraße, den Sommergarten im Pfefferberg, das Mädchen ohne Abitur in Kreuzberg oder das Maria und Josef in Steglitz, um nur einige dieser Frischluftlokalitäten zu nennen.

Weil der Mensch aber ein Gewohnheitstier ist, kehrt er am liebsten in Lokale ein, die er erstens schon kennt, die zweitens in Fußnähe zu erreichen sind und von denen man drittens den Weg problemlos nach Hause findet, auch wenn man gehörig einen im Tee hat. In meinem Fall erfüllt der Prater in der Kastanienallee im Prenzlauer Berg diese Voraussetzungen optimal. Suboptimal ist, wenn der Prater geschlossen ist, aber da will ich jetzt mal drüber hinwegschauen!

Der Biergarten mit seinen sechshundert Sitzplätzen zählt zu den schönsten der Stadt und ist gleichzeitig auch der älteste Berlins, denn das Bier wird im Prater schon seit 1837 ausgeschenkt. Wählen kann man nicht nur zwischen Prater Pils, Prater Schwarzbier und Berliner Weiße mit Schuss, sondern auch bei den kulinarischen Köstlichkeiten. So einen leckeren Fleischkäse mit Brötchen oder ein paar Bratwürste verdrückt man am besten vorher, denn es bietet sich bei einem illustren Abend mit Freunden gut an, ein bisschen was im Magen zu haben. Zum »Weiberabend« im Prater bevorzugen wir übrigens weder Pils noch Wein, sondern Berliner Weiße mit Schuss, auch wenn einige jetzt sagen: »Ach komm, so was trinken doch nur Touristen!« Weit gefehlt! Dieses Vorurteil kann ich nicht bestätigen und sowieso: Sind wir in dieser Stadt nicht alle irgendwie Touristen?

Das Gute an der Berliner Weiße ist, dass sie mit jedem weiteren Gläschen besser schmeckt. Nun mag das bei einem Hefeweizen oder anderen Bieren sicherlich genauso sein, der Unterschied aber liegt im Alkoholgehalt! Soll heißen: Wenn der normale Bierchentrinker sich die Welt schon schön gesoffen hat und unterm Tisch liegt, fängt der Berliner-Weiße-Trinker gerade mal an, über die Wahl des Sirups im nächsten Gläschen nachzudenken. Die gängigen sind Himbeer und Waldmeister, also rot oder grün. Was keinesfalls rauskommt, wenn man es nicht übertreibt, ist: BLAU. Auf mildere Temperaturen! *(Verena Maria Dittrich)*

KAPITEL 5
Shopping and the City

Einkoofen in Berlin

GRUND NR. 41

Weil das »Herz aller Dinge« in der Solmsstraße schlägt

In Berlin muss man sich schon etwas Besonderes einfallen lassen, wenn man auffallen will. Und mit »Besonderes« meine ich nicht, sich einen Irokesen-Schnitt verpassen zu lassen und ihn rot zu färben oder sich ein bisschen Metall ins Gesicht zu hängen.

Natürlich geht es in einer Stadt wie dieser auch darum, sich modisch vom Mainstream abzuheben, sich auszuprobieren und zu gucken, was einem steht. Was auffällt, ist, dass eine Menge Leute in Klamotten rumlaufen, die ihnen nicht stehen und die an ihnen so bekloppt aussehen, dass es schon wieder Eindruck macht. Es gibt Leute, die sehen in der feinsten Robe optisch grenzwertig aus, und dann wieder gibt es diejenigen, die können in einem Kartoffelsack rumflitzen, ihn in der Körpermitte mit einem goldenen Gürtel raffen und – schwupps! – könnte man sie auf den Laufsteg einer Show von Michalsky schicken. Ich habe noch keinen Kartoffelsack getragen, aber ich kann mir vorstellen, mit so einem kleinen Fernsehturm-Aufnäher am Revers und ein, zwei unsauber angenähten Knöpfen als Zierleiste würde ich damit modisch zwar nicht den Vogel abschießen, aber schlecht aussehen würde ich darin auch nicht. Vielen würde es bestimmt nicht einmal auffallen, dass es sich bei meinem Outfit um die Verwurstung eines ollen Kartoffelsacks handelt, denn in Berlin wird in der Modebranche so viel experimentiert, neu gemacht und vermischt, dass es durchaus vorkommen kann, dass ich, sollte ich jemals ein Kartoffelsackkleid tragen, auf dem Kollwitzplatz angesprochen würde, weil man mein Outfit für ein Stück aus der neuen Winterkollektion eines angesagten jungen Designers hält. Das Gute ist auch, dass man sich hier jeden Tag neu erfinden kann und Neues so aussehen lässt, als hätte man es aus Omas Kleiderkiste hervorgezaubert. Es gibt unendlich viele Möglichkeiten, sich modisch auszuprobieren.

Eine davon ist das Kokoro in der Solmsstraße 19 in Kreuzberg. Ich kann nicht genau sagen, was mich an dem kleinen Designer-Laden mehr fasziniert hat: die an einem Baum vor dem Laden angebrachte Außendeko, bestehend aus hübschen Kleidchen, die als Lampionschirmchen fungieren, fröhlich in den Ästen baumeln und von Weitem aussehen wie ein japanisches Origami-Mobile, oder dass zwei der drei Designerinnen denselben Vornamen tragen wie ich. Der Laden bietet vorrangig junge Mode von unbekannten Designern und lenkt den Fokus vor allem auf eins: Qualität. Die meisten dort angebotenen Stücke sind handgefertigt. Ich bin in solchen Dingen furchtbar romantisch und stelle mir gern die Designerin vor, wie sie bei gedämpftem Licht in ihrem Atelier neben so einer alten, gusseisernen Singer-Nähmaschine sitzt und eigenhändig die feine Spitze an den Kragen eines Kleides näht. Dort kreiert sie ihre Roben bis weit nach Mitternacht und die Fußgänger, die an ihrem kleinen Atelier eilig vorbeihuschen, können sie dort sitzen sehen und alles macht den Eindruck, als würde die Zeit drinnen im Nähstübchen langsamer vergehen als draußen. Ganz so romantisch sieht die Realität wahrscheinlich nicht aus.

Mittlerweile kann man in dem kleinen Laden Kleider von fast dreißig verschiedenen Berliner Designern ergattern und damit meine ich, dass es dort immer wieder Rabatte auf Stücke und Einzelteile gibt, die elfengleich – und meilenweit entfernt von meiner Idee des Kartoffelsackkleid-Outfits sind.

Im Kokoro, in dem die gesamte Kollektion farblich sortiert ist, gibt es neben Klamotten auch Taschen, hübsche Mädchen-Schleifchengürtel, Accessoires (es gibt aber keine Aufnäher vom Fernsehturm!), tolle Ketten und ziemlich extravagante Ringe. Ich sag nur: ein Ring mit einem Einschussloch! Da muss man erst mal drauf kommen! Ob die Schmuckdesignerin Verena Schreppel vielleicht ein Fan von »Dirty Harry« ist? Wenn ich das nächste Mal zum Shoppen, Gucken und Träumen dort bin, kann ich sie ja mal fragen.

Übrigens: Der Name Kokoro ist japanisch und bedeutet so viel wie: das Herz aller Dinge. Aller bezaubernden Dinge, wenn's nach mir ginge!

(Verena Maria Dittrich)

GRUND NR. 42

Weil Bushidos Klamotten für Freiraum sorgen

Heute ist es ja nicht mehr so wie früher, als man einen anständigen Beruf gelernt und diesen dann auch ein Leben lang ausgeübt hat. Wenn man zum Beispiel Bäcker gelernt hat, war man eben Bäcker, und ein Lehrer ist eben Lehrer geblieben. Heute ist man, wenn man Autor ist, gleichzeitig Kellner, Journalist, Redakteur, Fotograf und Designer. Je nachdem, was gerade am besten passt. Sänger sind heute auch nicht einfach mehr nur Sänger, sondern gehören meistens in die Kategorie: Star. Wer einmal in die Starkategorie aufgestiegen ist, hat – was die Berufswahl betrifft – Narrenfreiheit und kann sich auf der riesigen Spielwiese der tollen Berufe austoben. Da kann ein Sänger, wenn er Bock hat und sich auf neuem Terrain ausprobieren will, eben auch Schauspieler werden und umgedreht, oder Models werden zu Designerinnen, schnuppern aber auch Schauspielluft. Es gibt aber auch singende Schauspieler, die Maler sind, malende Sänger, die ins Filmgeschäft einsteigen, Rapper, die tätowieren, rappende Schauspieler oder schauspielernde Rapper, die einen Klamottenladen aufmachen und dann sozusagen zusätzlich zur Gesangs- und Schauspielkarriere noch Bekleidungslabel-Inhaber sind. Klingt anstrengend? Nicht doch! Dass man ganz vieles gleichzeitig ist, hat seinen Vorteil. So hat man nämlich gleich mehrere Eisen im Feuer! Bei dem einen mag das lustige Beruferaten ein Gefühl der Befremdlichkeit auslösen, wenn er beispielsweise davon hört, dass Sido einen Tattoo-Laden in Mitte eröffnet hat, aber ich persönlich finde die Tatsache, dass der Rapper Bushido jetzt auch in Mode macht, schlichtweg genial. In seinem Klamottenladen in den S-Bahn-Arkaden am Alexanderplatz ist es zwar ungefähr so gemütlich wie beim Fleischer, aber das hat ja erst mal nichts zu bedeuten. Der Laden ist weiß gefliest und bietet auf 350 Quadratmetern vom Rapper selbst entworfene Klamotten: Pullover, Jogginghosen, T-Shirts und andere Kinkerlitzchen. Untermalt wird der Shoppingspaß natürlich mit der Mucke des Meisters persönlich, logo. Wen das Ganze jetzt noch nicht so richtig inspiriert, der braucht sich im Laden bloß ein bisschen umzugucken. An den Wänden hängen Bushidos Auszeichnungen: Goldene Schallplatten und so.

Vielleicht strahlt vom Erfolgsrezept des Rappers ja ein bisschen was ab, wenn man sich ein Paar Bushido-Socken kauft und den Star sozusagen hautnah und unten drunter trägt. Ganz groß sind, im wahrsten Sinne des Wortes, Bushidos Buxen! Allem Anschein nach ist das auch das Credo des Designers: »Think big!« Seine selbst entworfenen Klamotten sind riesig, ein Pullover der Größe S sieht angezogen wie eine XL aus. Der Meister vergibt sozusagen die Lizenz zum Schlabberlook und während man sich im viel zu großen Jogginganzug so vor dem Spiegel betrachtet, wird einem klar, was der Rapper mit den XXL-Klamotten ausdrücken will: Freiheit. Als kreativer Mensch braucht man Platz und das Gefühl von Weite. Da darf nichts zwicken oder kneifen! Zu enge Unterhosen beispielsweise engen nicht nur untenrum alles ein, sondern auch oben, im Kopf. Und mit eingeengter Sichtweise kann man auch nicht kreativ sein. So einfach ist das. Unkreative Menschen sollten daher vielleicht mal drüber nachdenken, ihre Schlüpfer eine Nummer größer zu kaufen. Ich sag's ja nur, so als Tipp ...

Denn wenn das das Motto des Designers ist, find ich es super! Allerdings glaube ich, dass er, als er für den Laden einen Namen auswählte, enge Hosen trug. Der heißt nämlich schlicht wie der Rapper selbst: Bushido. Vielleicht ist aber auch gerade das wieder das Geniale.

(Verena Maria Dittrich)

GRUND NR. 43

Weil wir »The Big Buschkowsky« haben

Mit den richtig coolen Läden in Berlin ist es genauso wie mit den richtig coolen Clubs: Man findet sie in Reiseführern eher selten. Wie man von den heißesten und angesagtesten Clubs oft nur erfährt, wenn man die aktuelle Adresse hinter vorgehaltener Hand zugeflüstert bekommt, haben manche Szeneläden Öffnungszeiten, wie deren Besitzer lustig sind. Auf Shopping-Touren durch die Design-Werkstätten in den verschiedenen Kiezen kann es daher schon mal vorkommen, dass man vor verschlossener Tür steht, obwohl draußen auf dem Schild etwas ganz anderes steht. So geschehen bei meinem ersten Versuch, »JR sewing« in der Hobrechtstraße in Neukölln einen Besuch abzustatten. Mir kam das ein bisschen spanisch vor. Neugierig schaute ich erst durchs Fenster (tote Hose!) und zog dann beleidigt weiter, weil ich meinem Objekt der Begierde (die T-Shirts in dem kleinen Laden – und das ist nicht übertrieben – sind der absolute Knaller!) kein Stückchen näher kam, obwohl sie zum Greifen nah waren. Auf deren Front war nämlich kein Geringerer abgedruckt als Heinz Buschkowsky, seines Zeichens Bezirksbürgermeister von Neukölln und Berliner Urgestein mit Herz und Schnauze.

Ich mag den Heinz und wäre gern mit ihm auf der Brust durch die Gegend spaziert, denn er hat sich nicht nur bundesweit in der Integrationsdebatte einen Namen gemacht, sondern kämpft auch unermüdlich für soziale Gerechtigkeit. Er packt Probleme an und hat mit seiner Berliner Schnauze nicht nur die Leute in seinem Kiez inspiriert, sondern auch den einen oder anderen Designer. Herrn Buschkowsky wird mit einem T-Shirt vielleicht kein Denkmal gesetzt, aber eine Huldigung und ein tolles Kompliment ist es allemal. Der Träger zeigt: Neukölln ist nicht nur Problembezirk, sondern auch – leider wird das oft vergessen – wie Buschkowsky: politisch engagiert, kreativ, weltoffen, unbeugsam und mit dem Herzen auf dem rechten Fleck. Nicht nur der Träger, sondern ganz Berlin zeigt mit den Buschkowsky-T-Shirts politisch Flagge.

Das Schönste daran aber ist, dass Buschkowsky – von einem Freund von Kurt Krömer war es gar nicht anders zu erwarten – Humor besitzt. Er hat nämlich der Designerin auf ihre Anfrage hin sein Einverständnis zum Druck der Shirts gegeben, die nun also ganz offiziell das Antlitz des Politikers zieren. Ich muss sagen, dass der Druck irgendwie ein bisschen Che-Guevara-mäßig aussieht. Ob das Zufall ist? Und noch etwas kommt einem bekannt vor, nämlich der Spruch, der unter dem Druck steht: The Big Buschkowsky. Dieser erinnert bestimmt nicht zufällig an den Film »The Big Lebowski« mit Jeff Bridges als The Dude in der Hauptrolle. Heinz Buschkowskys Losungen klingen nicht nur in den Ohren der Neuköllner fast wie eine Hymne und sind längst Kult: »Wo Neukölln ist, ist vorn – und sollten wir mal hinten sein, ist eben hinten vorn.« Muss man ja auch erst mal drauf kommen.

Die kultigen T-Shirts gibt's, wie gesagt, bei JR sewing in der Hobrechtstraße, aber auch bei icke & friends in der Bergmannstraße. (Einer der beiden Läden wird schon geöffnet haben!)

Tja und eigentlich wollte ich noch viel, viel mehr über den kleinen hübschen, zu Öffnungszeiten geschlossenen Laden schreiben, denn ich hatte schon zweimal das Glück, dass die Tür sperrangelweit offen stand und ich somit ein paar verdammt coole T-Shirts zu passablen Preisen ergattert habe. Heute trage ich eins, auf dem steht: »Is mir egal, ich lass das jetzt so!« Also, kein Wort mehr über den Laden und einfach hin, nach Neukölln.

(Verena Maria Dittrich)

GRUND NR. 44

Weil wir (wie Berlusconi) viele »italienische Freundinnen« gleichzeitig haben können

Wenn ich mir Klamotten kaufe, stelle ich mir immer eine ganz bestimmte Frage: Brauche ich das wirklich? Habe ich nicht schon genügend Jacken, Jeans, Kleider, Röcke und Ohrringe? Wenn man genauer drüber nachdenkt, gibt es aber etwas, wovon eine Frau niemals genug haben kann: Schuhe. Sie sind das Wichtigste und runden jedes Outfit ab. Wenn die Schuhe nicht passen oder nicht gut aussehen, ist auch der Rest – ich sag's jetzt mal so, wie es ist – Käse.

Und wer hat das beste Händchen für die Füße der Frauen? Ganz klar: die Italiener! Die Italiener sind wohl die genialsten Schuhdesigner überhaupt, ihre Schuhe sind außergewöhnlich und von bester Qualität, haben ein extravagantes Design, tragen sich, als würde Frau über dem Boden schweben, und sind nicht nur deshalb: teuer! Um nicht zu sagen: arschteuer. Je nach Laden bleibt einem beim Blick auf den Preis das Herz stehen.

Weil Schuhe aber die besten Freundinnen der Frauen sind, findet sich für diejenigen, die für diese Freundschaft kämpfen, auch immer ein Weg. Meiner ist ganz einfach und besteht aus nur einem einzigen, bescheidenen Wörtchen: Outlet!

Einer der besten italienischen Schuh-Outlets befindet sich in der Schönhauser Allee, schräg gegenüber den Schönhauser Allee Arcaden. Der Laden klingt wie der Name eines italienischen Mafiabosses: Riccardo Cortillone. Cortillone, Berliner mit italienischen Wurzeln und selbst ernannter Schuhfetischist, hat inzwischen elf Schuhläden in der Stadt, unter anderem am Savignyplatz in Charlottenburg, in der Bergmann- und Zossener Straße in Kreuzberg, in der Rosenthaler und Alten Schönhauser

Straße in Mitte, in der Kastanienallee im Prenzlauer Berg und eben den kleinen Outlet-Store in der Schönhauser Allee.

Es ist ein eher unauffälliger Laden, in dem Frau die traumhaftesten Schuhe für jeden Anlass finden kann: Angefangen von der schlichten Stiefelette über mädchenhafte Ballerinas bis hin zu abgefahrenen Westernstiefeln. (Ich mache mir gerade ein bisschen Sorgen um meinen Laden. Nicht, dass er noch überrannt wird, nachdem ich das hier so publik mache, und ich morgen plötzlich das neue Sortiment verpasse, aus dem schlichten Grund: Es ist ausverkauft! Hilfe! Ich muss mir das mit diesem Geheimtipp noch mal durch den Kopf gehen lassen.) Alle dort verkäuflichen Schuhe sind enorm reduziert, oft Ausstellungsstücke oder von Modenschauen, und wen nach dem Kauf von einem Paar neuen, wunderschönen italienischen Schuhen das schlechte Gewissen plagt, dem empfehle ich an dieser Stelle, sich am besten gleich noch ein zweites Paar zuzulegen. Die Preise sind, wie gesagt, erschwinglich, man bekommt sogar schon für 30 Mäuse ein Paar Sandalen aus echtem Leder, innen und außen, versteht sich.

Teils sind die Schuhe aus der letzten oder vorletzten Saison, aber die Italiener verdienten es nicht, als Schuhgötter bezeichnet zu werden, wenn man ihren Schuhen das Alter ansehen würde. Besonders die Stiefel und Pumps sind klassisch, sodass man sie auch in fünf Jahren noch tragen kann, ohne das Gefühl zu haben, nicht im Trend zu sein. Der Aufenthalt in diesem kleinen italienischen Schuhladen gestaltet sich dann meistens wie folgt: Noch einmal hinschauen, obwohl man es schon hundertmal getan hat. Noch einmal über Farben nachdenken und überlegen, welche man am meisten liebt. Mit beiden Händen und geschlossenen Augen versuchen, sie zu fühlen. Schwarz wirkt immer eben, Lila angeraut, Rot zu lackiert, Weiß fühlt man nie. Noch einmal den Kopf zur Seite und die Hand auf die Brust legen und das zu schnelle Pochen darunter bemerken, aber nicht erröten. Tief ein- und weit ausatmen und dabei lächeln. Heimlich, im Spiegel. Die Augenbrauen leicht kritisch nach oben ziehen und sich fest auf die Unterlippe beißen, damit das Nachfragen ernst genommen wird oder wenigstens so aussieht. Sich größer machen und drehen, immer wieder, auf Zehenspitzen. Sich keine Gedanken über Süchte machen. Nicht jetzt! Jetzt nur fühlen, wie Lila wirkt, und alle Zweifel ignorieren. Dem schlechten Gewissen sagen: »Jeder braucht Veränderungen. Man muss Entscheidungen treffen.« Sich einreden, dass diese die beste des Tages ist, obwohl das Beste gerade ein bisschen an der Ferse schuppert und eigentlich eine Nummer größer sein müsste. Aber eine Nummer größer ist nicht da. Macht nichts! Manchmal ist das Beste eben auch einfach eine Nummer zu klein! Und sowieso, man weiß ja, dass man sich an ein, zwei kleine Bläschen an den Fersen morgen fast nicht mehr erinnert. Man sieht zwar ihre Spuren, aber die deckt man sorgfältig ab. Und jetzt noch einmal hinschauen, sich auf Zehenspitzen stellen, drehen und sich wie beim ersten Mal freuen, obwohl man es schon hundertmal getan hat: neue Schuhe kaufen! *(Verena Maria Dittrich)*

GRUND NR. 45

Weil unsere Secondhandshops
Zeitreisen veranstalten

Damals in der Zone, ich weiß nicht, ob ich das schon mal gesagt habe, gab es, was Mode angeht, nicht so viel. Klamottentechnisch gesehen, war die DDR auf dem vorletzten Stand. Hinter der DDR kam nur noch die damalige Sowjetunion. Sogar Polen war modemäßig frisierter als der Osten. Es gab mal einen Sommer, ich war elf oder zwölf Jahre, da bin ich nur ins Ferienlager gefahren, weil man dort die Gelegenheit hatte, mit polnischen Kindern neonfarbene Schnürsenkel oder Hosenträger mit Smileys zu tauschen. Hosenträger mit Smileys waren in den Achtzigern bei Zonenkindern der letzte Schrei und grundsätzlich verliebte ich mich nur in Jungs, die Hosenträger trugen. Eines Tages kam ein Neuer in unsere Schule. Er war strohblond, trug Karottenjeans mit Hosenträgern, Sticker von Wham und Limahl, neonfarbene Schnürsenkel und – jetzt kommt's – Knöchelturnschuhe mit Klettverschluss! Es war um mich geschehen! Nächtelang konnte ich nicht schlafen. Oma wurde daraufhin drangsaliert, in den Westen zu fahren und wenigstens Wham-Sticker mitzubringen oder, falls das Geld reichte, einen coolen blauen Anorak mit Reißverschlüssen und anderem Gedöns. Nichts von dem, was ich mir wünschte, brachte sie mit. Stattdessen bekam ich hautenge 7/8-Jeans mit Reißverschlüssen an den Waden und der Clou: Schleifchen überm Verschluss. Die blöde Hose ging zwar oben nicht richtig zu, aber wenn man große T-Shirts (natürlich mit Kapuze) trug, fiel das gar nicht auf. Bei dem hübschen Jungen konnte ich mit dem Outfit natürlich keine Punktlandung verbuchen. Ich sah scheiße aus!

Warum ich die Geschichte erzähle? Weil mir, als ich vor ein paar Wochen in Kreuzberg unterwegs war, jemand über den Weg gelaufen ist, der genauso aussah wie der Junge, in den ich damals verknallt war. Natürlich ist es nichts Besonderes, auf den Straßen Berlins Leuten zu begegnen, die so aussehen, als hätte man sie aus einer anderen Zeit ins Heute geschleudert, und weil es in der Mode, vor allem in Berlin, sowieso keine Grenzen gibt, sehen Leute, die modisch aussehen, als seien sie von gestern, aus wie die Vorreiter der Mode von morgen. Hat man das jetzt verstanden? Egal, ich erzähl einfach weiter:

Jedenfalls bin ich dem jungen Mann, der gerade aus meiner Vergangenheit in die Gegenwart gehopst zu sein schien, mit sentimentalem Blick auf die Achtziger hinterhergegangen. Ich meine, er hätte es ja schließlich sein können, der Junge meiner schlaflosen Nächte. Er lief die Bergmannstraße hoch, vorbei an Cafés, Lokalen, einer Fahrradwerkstatt und zwei Yogaschulen. Ich hinterher. Natürlich unauffällig, klar! Dann blieb er stehen. Und ich blieb auch stehen. Dann drehte er sich um und ich verschwand, gerade noch unbemerkt, in einem Hauseingang. Einige Sekunden später linste ich hinter der Wand hervor. Er hatte seinen Weg fortgesetzt. Ich hängte mich an seine Fersen. (Ich meine natürlich: Ich hängte mich an seine coolen Achtziger-Jahre-Knöchelturnschuhe mit Klettverschluss!) Plötzlich bog er ab und verschwand blitzschnell auf einem Hinterhof. Da stand ich nun, mitten im Kreuzberger Kiez, und sah den Mann in der Tür verschwinden, über der groß »Colours« stand. Ich folgte ihm die Treppen nach oben bis ins erste Obergeschoss. Dann wurde ich kurz blind und dann sah ich alles nur noch schwarz-weiß. Das hört sich jetzt vielleicht so an, als hätte mich der junge Mann in eine Falle gelockt, um mir eine über den Dez zu haun, nein, so war es nicht, aber eine Falle war es trotzdem, denn ich landete im wohl größten Shopping-Vergnügen in Sachen Vintage und Secondhand, das man sich vorstellen kann. Und ich kann mir 'ne ganze Menge vorstellen! Aber das? Nein, das war zu viel auf einmal! Reizüberflutung, totale Reizüberflutung!

Alles in dem Laden war so bunt und so groß, so bombastisch, knallig, schrill und chaotisch, dass ich dachte, in einem Schlaraffenland für Klamotten zu sein. Und das ist das Colours tatsächlich: ein bonbonfarbenes Paradies für alle und jeden! Für Durchgeknallte und Normalos, für Fashion Victims und Polyester-Fans, für Leute, die mit ihren Klamotten ein Statement setzen wollen und keinen Bock auf modischen Einheitsbrei haben.

Die Geschäftsführer des Colours bezeichnen sich als kompetente Partner rund um angesagte Vintage-Mode, Sechziger-, Siebziger- und Achtziger-Jahre-Klamotten, und können inzwischen sieben Filialen in drei Städten ihr Eigen nennen. In Berlin sind sie, wie gesagt, in der Bergmannstraße in Kreuzberg, in der Neuen Schönhauser Straße, in der Friedrichstraße (beide in Mitte) und in Schöneberg in der Ahornstraße, Nähe Nollendorfplatz, vertreten. Letztgenannter Laden heißt Garage und existiert schon seit mehr als 25 Jahren. Die Garage fährt in Sachen Secondhand alles auf, was man sich vorstellen kann. Der Kilopreis für Klamotten liegt derzeit bei 14,99 Euro, es gibt immer wieder Ermäßigungen und Rabatte.

Doch zurück zu meinem jungen Mann: Es stellte sich heraus, dass er Verkäufer in dem Laden war. Langsam tastete ich mich an ihn heran. Als ich ihn gerade ansprechen wollte, kam er mir zuvor und sagte ein bisschen ruppig: »13 Euro das Kilo, dienstags die Hälfte, Wagen stehn da drüben!« Der Wunsch, meinem heimlichen Schwarm von damals wiederzubegegnen, zerplatzte wie eine Seifenblase. Aber der ruppige Mann mit den Hosenträgern führte mich auch an einen Ort, der wie gemacht dafür war, um sich andere Wünsche zu erfüllen. Herzenswünsche und modische Fehltritte. Es war an der Zeit, meine heimliche Leidenschaft für die Achtziger neu aufleben zu lassen. Als ich die ersten ziemlich gut erhaltenen Knöchelturnschuhe mit Klettverschluss begutachtete, lief im Hintergrund »Forever Young« von Alphaville. Während ich die Schuhe anprobierte, fragte ich mich, ob der Sänger seine Hosenträger heute drunter oder drüber trägt.

(Verena Maria Dittrich)

GRUND NR. 46

Weil der Hackesche Markt Kindheitsträume erfüllt

In der DDR gab es eine Zeit, da wollten alle Mädchen aus meiner Klasse ein Plastekörbchen besitzen (eigentlich Plastik-Körbchen, das hat aber im Osten niemand gesagt!). Das Körbchen war das modische Highlight des Sommers 1987 und wer eines besaß, konnte sich auf dem Schulhof vor neidischen Blicken nicht retten. Die Plastekörbchen gab es sehr selten, und wenn überhaupt, ergatterte man sie nur unter der Hand, unter dem Ladentisch oder mit Beziehungen. Es war ja im Osten nicht so, dass man einfach in ein Geschäft spaziert ist und sich einen Einkaufswagen geschnappt hat, um ihn mit Dingen zu beladen, die man kurz zuvor in der Werbung gesehen hat. Einige DDR-Bürger, die obendrein in der Partei waren und ihre Kinder im Sommer nicht in die FDGB-Ferienlager schickten, hatten das Privileg, mit ihren Steppkes die großen Sommerferien am schönen Balaton in Ungarn zu verbringen. Am Bonzen-Balaton, wie ihn mein Vater nannte, schien fast immer die Sonne und Plastekörbchen bekam man an jeder Ecke. Es gab in meiner Klasse fünf Mädchen, die ein solches Körbchen ihr Eigen nannten, ich war nicht dabei.

Ich habe niemals dieses Mode-Highlight besessen, und es hat mindestens zwei Sommer lang gedauert, bis ich darüber so einigermaßen hinweg war. Das Körbchen war nämlich ziemlich lange ziemlich »in«, aber weil ich ohne Körbchen nicht so »in« war, schlürfte ich eben mit einem beigefarbenen Turnbeutel durch die Gegend, versuchte ihn aber optisch ins rechte Licht zu rücken, indem ich ihn besonders lässig von den Schultern hängen ließ und mir so den schwer zu imitierenden Turnbeutel-Gang angewöhnte. Der kam aus der Hüfte und sollte signalisieren, dass mir alle Plastekörbchen dieser Welt vollkommen schnurz waren (was natürlich nicht stimmte!).

Dann kam die Zeit der Rucksäcke und mein Verdruss war vergessen. Dachte ich jedenfalls! Mehr als zwanzig Jahre lang habe ich nicht mehr über die Plastekörbchen nachgedacht. Bis zu jenem verregneten Aprilwochenende, als ich mit Tom einen Spaziergang am Hackeschen Markt machte. Der Hackesche Markt zählt nicht nur wegen seiner acht Hackeschen Höfe zu den beliebtesten Flaniermeilen der Hauptstadt, sondern ist auch Shopping-Paradies par excellence. Wenn es um feine, teure und hippe Mode in luxuriösem Ambiente geht, dann ist der Hackesche Markt die richtige Adresse. Entlang der Oranienburger Straße über die Alte Schönhauser Straße bis hin zum Rosa-Luxemburg-Platz trifft man auf feine Damen in edler Robe und ebenso elegante Herren in feinem Zwirn, die in den teuersten Boutiquen und Designerläden shoppen, bis die Kreditkarte glüht. Der Hackesche Markt ist ein bisschen wie die Champs-Élysées in Paris, ein beliebtes Plätzchen in Mitte mit vielen Geschäften und noch mehr Touristen. Er hat sich in den letzten Jahren verändert, aber eines ist gleich geblieben: sein Flair. Aus einfachen Geschäften können Geschäfte für die gehobene Klientel werden, die deutschen Ladenbeschriftungen können durch englische ersetzt, die Fassaden saniert und aufgehübscht werden, aber all das wird nichts daran ändern, dass der Hackesche Markt in seiner Ursprünglichkeit noch immer hinter der neuen Noblesse hervorschimmert. Es kommt eben auf die richtige Mischung an und die ist an diesem Plätzchen bunt zusammengewürfelt.

Es gibt viele Läden, in denen junge Berliner Designer ihre Kollektionen anpreisen, wie beispielsweise den witzigen Ampelmann-Galerie-Shop, der nicht nur Ostalgiker-Herzen höher schlagen lässt, sondern für jedermann das passende Souvenir hat. Man findet moderne internationale Galerien (wie die Galerie Lumas an der Ecke zur Oranienburger Straße), exklusive Shops, glamouröse

Secondhandmode, Berlin-Souvenirs, Edelramsch, Nippes, avantgardistische Designhäuser wie das Bless in der Mulackstraße, und vor allem Schuhe, Schuhe, Schuhe! Am Hackeschen Markt reiht sich dicht an dicht, was Rang und Namen hat (siehe auch Grund Nr. 88!). Es sind so viele Läden, kleine wie große, dass, würde man sie alle aufzählen, das gesamte Alphabet fünfmal hoch und runter abgedeckt wäre, angefangen beim Adidas-Store in der Münzstraße, über Bree in der Oranienburger Straße, Comme und Crusz, zwei von unzähligen Designerläden, den Wohnladen Die Rahmenmanufaktur in der Albrechtstraße, bis hin zu modernen und antiken Schmuckläden, Maßschneidern, Friseursalons, Wellness- und Beautyshops, Confiserien und Läden, die sich auf Waxing spezialisiert haben.

Die Liste der Einkaufsmöglichkeiten am Hackeschen Markt ließe sich ewig fortsetzen, wenn da nicht das Schaufenster des »Freudenhauses« wäre, an dem wir vorbeikamen und das den Spaziergang an jenem verregneten Samstag kurzzeitig unterbrach. Denn da war es: *Mein Plastekörbchen!* Es stand im Schaufenster dieses Ladens mit dem etwas komisch anmutenden Namen und lächelte mich an. Mir verschlug es die Stimme, mein Herz pochte, meine Halsschlagader trat hervor, die Hände wurden feucht, die Knie weich. Ich überlegte nicht lange, sprang in den Laden (in dem übrigens keinerlei sexuelle Dienste angeboten werden!), stürmte auf die Verkäuferin zu und kaufte, ohne nach dem Preis zu fragen, das kleine Stückchen PVC. 23 Jahre hat es gebraucht, bis auch ich stolze Besitzerin des einst heiß begehrten Accessoires geworden bin. Und ich musste dafür nicht mal an den Balaton fahren, sondern einfach nur vor die Haustür gehen. Für manche Dinge braucht es eben manchmal ein bisschen länger! Danke, Hackescher Markt! Hallo, Plastekörbchen! ... Schön, dass wir zwei uns mal kennenlernen. *(Verena Maria Dittrich)*

GRUND NR. 47

Weil Berlin dank LPG auch Biolin heißen könnte

Als ich noch studierte, stieß ich in den einzelnen Literatur-Seminaren auf die unterschiedlichsten Leute. Es gab verschiedene Grüppchen und Gruppierungen, von Gattungen will ich jetzt mal nicht sprechen. Jedenfalls gab es unter den vielen Grüppchen eines, über das, besonders in der ersten Reihe, mal mehr, mal weniger getuschelt wurde. Es bestand aus vier Mädchen, die gerne strickten und – sagen wir mal so – mit der Natur im Reinen waren. Wir nannten sie: die Müsli-Clique. Während wir uns vor und nach den Seminaren lauter ungesundes Zeug in den Rachen schoben, konnten wir die Müsli-Clique dabei beobachten, wie sie in kräftige, rote und gesund aussehende Äpfel biss. Bei uns war dieses extrem gesunde Essen ein bisschen verpönt, wir dachten, wer sich ständig nur Mohrrüben, Lauch, Apfelscheiben und anderen Obst- und Gemüse-Kram einverleibt, muss irgendwie verweichlicht sein. Wir trauten der Müsli-Clique nicht mal den Schluck eines klitzekleinen Tequilas zu.

Ja, wir dachten, ein einziges hartes Getränk würde dafür sorgen, dass die Müsli-Clique sich nicht mehr um ihren Bio-Kompost im Uni-Garten kümmern könnte. Mann, waren wir unwissend! Und voller Vorurteile! Wo noch vor ein paar Jahren Bioprodukte, unserer Meinung nach, nur was für »Weichbirnen« und »Müslifresser« waren, sind sie heute Teil einer ganzen Bewegung. Denn: Wer sich gesund ernährt, die Umwelt liebt und auch ein politisches Statement setzen will, isst Bio, kauft Bio, pflanzt Bio und lebt auch Bio. Die Bio-Szene in Berlin boomt so dermaßen, dass es nicht mehr lange dauern kann und sie schwappt über den großen Teich. (Die Amis essen sowieso viel zu viel Weißbrot!)

Berlin kann sich inzwischen damit brüsten, der absolute Bio-Vorreiter – ach, was sag ich: Bio-Pionier – zu sein! Denn, jetzt haltet euch fest: Der größte Biomarkt ganz Europas ist in unserer schönen Stadt! Ich wollte gerade zum lustigen Rätselraten aufrufen und fragen, in welchem Kiez genau sich dieser riesige Bioladen denn wohl befindet, aber es ist wohl klar: Es kann nur einen geben! Prenzlauer Berg. Der LPG (Landwirtschaftliche Produktionsgenossenschaft)-Bioladen mit einer Verkaufsfläche von 1600 Quadratmetern über zwei Etagen und einem Angebot von 18.000 Bioprodukten hat ein so breit gefächertes Sortiment, dass die roten Äpfel den Mädels der Müsli-Clique im Halse stecken geblieben wären, wenn sie das damals, im Jahre 2001, gesehen hätten! Man kann im Landwirtschaftlichen Produktionsgenossenschaftsladen aus Hunderten von Käse- und Weinsorten wählen und wer sich – wie ich – nicht gleich entscheiden kann, für den stehen an den einzelnen Theken kleine Tellerchen mit Geschmacksproben bereit. (Wenn man sich durch die einzelnen Probiertellerchen gefuttert hat, ist man locker satt!) Mit leerem Magen kauft es sich ja auch nicht so gut ein, denn der Biomarkt bietet nicht nur Fressalien, sondern auch schadstofffreie Klamotten und Kosmetik an, ich meine natürlich: Naturkosmetik!

Wer die gesunde Biomarktatmosphäre in Ruhe genießen will, aber gerade einen kleinen Racker im Schlepptau hat, der quengelt, weil er Zähnchen kriegt oder Langeweile hat, kann die Kleinen im Bio-Kinderparadies abgeben. Es gibt im LPG-Markt nämlich für den Nachwuchs extra eingerichtete Krabbel- und Spielecken und für die Mamas, wenn sie vom Einkauf fix und foxi sind, eine spezielle Frauenlounge. Ich für meinen Teil mache mich jetzt erst mal auf den Weg und besorge mir eine schöne, gesunde Bio-Currywurst mit Vollkornbrötchen und Salatgarnitur und dann entschuldige ich mich bei der Müsli-Clique, dass ich damals über ihre gesunde Ernährung gelacht habe. Dank Naturkost könnte Berlin eigentlich auch Biolin heißen, oder?

Ich frage mich gerade, ob Kühemelken eigentlich schwer ist. Im Fernsehen sieht das immer so einfach aus ... *(Verena Maria Dittrich)*

GRUND NR. 48

Weil die Potsdamer Platz Arkaden mehr sind als nur ein Einkaufscenter

Der Potsdamer Platz ist, wie fast alle Plätze Berlins, traditionsreich und historisch. Dutzende Male diente er schon als schicke Kulisse für Hollywood-Filme und spielt, besonders während der Berlinale, selbst die eine oder andere Hauptrolle. Berlins neue Mitte, wie der Potsdamer Platz auch genannt wird, ist aber vor allem eines: Shopping-Paradies, allen voran die Potsdamer Platz Arkaden. Auf drei Etagen und 40.000 Quadratmetern reihen sich Hunderte Geschäfte aneinander, von H&M, Zara, Mexx, Benetton, etlichen Schuh-, Taschen- und Schmuckläden, über Dienstleistungsbetriebe, Restaurants und Cafés bis hin zu Läden für den täglichen Bedarf. Ergänzt wird dieses Angebot durch eine bunte Palette an Snack- und Bagel-Ständen, chinesischem Fastfood sowie dem Caffè e Gelato, einer der beliebtesten italienischen Eisdielen Berlins. Das Eis dort ist wahrlich eine Sensation, es gibt sogar Bio-Eis und Joghurt-Eis sowie die legendären Klassiker wie Spaghetti- und Pizza-Eis. Und ja: Sushi-Eis gibt es auch! (Vorsicht, die Schlange davor ist länger als zu DDR-Zeiten, wenn man vor der Kaufhalle nach Bananen anstand, und beweist definitiv: Das Eis hat Suchtfaktor.)

Tagsüber sind die Arkaden, die übrigens nach den Entwürfen des berühmten Architekten Renzo Piano (wer sich jetzt fragt, wer das ist, hat in der Schule gepennt!) gebaut worden sind, oft überlaufen, aber weil der Shopping-Boulevard erst sehr spät seine Pforten schließt, kann man abends in aller Ruhe durch die Passage flanieren. Die meisten Geschäfte haben dann zwar bereits geschlossen, aber einzelne Restaurants, so auch das amerikanische, können auch nach 21 Uhr nicht über Mangel an Gästen klagen.

Die Arkaden, die das Urban Land Institute Europe im Jahre 2006 als »pulsierendes Herz der neuen Berliner Mitte« ausgezeichnet hat, haben nachts einen ganz eigenen Charme. Wo sich am Tage mehr als 70.000 Besucher auf den einzelnen Etagen tummeln, kann man in dem großen Glastempel abends auf schnieken Ledersofas lümmeln, im Berlinale-Programmheft stöbern oder sich die verschiedenen, stets wechselnden Ausstellungen anschauen. Jedes Jahr im Februar widmet man sich natürlich keinem geringeren Thema als dem des Films. In riesigen Vitrinen kann der Besucher mindestens ein Dutzend Kameras aus den vergangenen Jahrzehnten und ausgewählte Berlinale-Schwarz-Weiß-Fotografien unzähliger Stars und Sternchen bestaunen.

Und das ist genau das, was ich an den Potsdamer Platz Arkaden so mag: dass sie, sobald die Geschäfte schließen, zu einer riesigen Ausstellung werden, zu einer Galerie, in die der Eintritt frei ist und in der man die schönsten Bilder bestaunen kann. Das Gute ist auch, dass man abends, wenn die langen Gänge nicht mit Menschen geflutet sind, in aller Ruhe die Arkaden erforschen kann. Es kann dabei hin und wieder vorkommen, dass man bei so einem Schaufensterbummel auf Läden stößt, an denen man tagsüber vorbeigerannt ist, weil sie einem nicht aufgefallen sind.

Eigentlich kann ich ja so große Einkaufszentren nicht leiden, aber die Potsdamer Platz Arkaden bilden eine rühmliche Ausnahme, machen sie doch so etwas wie eine kleine Metamorphose durch. Tagsüber pulsierende Shopping-Meile, abends fast ein himmlischer Ort der Ruhe und eine riesige Galerie.

Ach so, bevor ich es vergesse, im Februar sind in den Arkaden nicht nur die Berlinale-Ticket-Verkaufsschalter, sondern auch ein endlos lang scheinender roter Teppich. Alle, die schon immer mal wissen wollten, was das für ein Gefühl ist, über den »Red Carpet« zu stolzieren, können es hier erfahren. Der rote Teppich bleibt natürlich nur für die Dauer der Berlinale, aber es ändern sich lediglich die Farben, soll heißen: neue Ausstellung – neuer

Teppich. Vor ein paar Wochen war in den Arkaden die Geschichte des Berliner Fußballclubs Hertha Thema. Auf Blau probt es sich ja genauso gut wie auf Rot, Grün oder Gelb. Und für das Outfit fällt einem bei Dutzenden Klamotten-, Schuh- und Schmuckläden sicher schon was Passendes ein! (Verena Maria Dittrich)

GRUND NR. 49

Weil man sich im größten Kaufhaus Europas in viele Kleinigkeiten verlieben kann

Berlin ist, was die Shopping-Möglichkeiten betrifft, ein richtiges El Dorado, und weil die Stadt das liberalste Ladenschlussgesetz Deutschlands hat und viele Geschäfte erst gegen 21 Uhr oder später schließen, kann man hier einkaufen, bis der Dispo ausgeschöpft ist. Eine der besten Adressen, um hemmungslos den Geldbeutel zu zücken, ist nach wie vor das Kaufhaus des Westens, kurz KaDeWe, das größte Kaufhaus Europas, am oberen Teil des Kurfürstendamms in der sogenannten City West. Die Reaktionen der Leute in meinem Kollegen- und Freundeskreis zu beobachten, wenn einer von ihnen berichtet, dass er wieder mal im KaDeWe war, ist für mich immer wieder faszinierend. Der eine winkt genervt ab und sagt, dass er diesen Konsumtempel blöd findet, der andere bricht in helle Begeisterungsstürme aus und kriegt so leuchtende Augen, dass man Sorge hat, er könnte mit ihnen irgendwas anzünden. Ich muss zugeben, dass ich, was das KaDeWe betrifft, immer eher zwischen den Stühlen saß. Die Geschichten über reiche Tanten, die in ihren dicken Pelzen durch die Parfümabteilung des Kaufhauses scharwenzeln und ihre Nasen dabei so hochhalten, das es reinregnen könnte, schreckten mich zwar ab, andererseits machte mich die Berichterstattung über die »sagenhafte Fressabteilung«, die sich in der sechsten Etage des Luxuskaufhauses befindet, neugierig. Das Wasser lief mir allein vom Zuhören im Mund zusammen, und obwohl die Kollegen mich warnten, dass ein Einkauf im KaDeWe schweineteuer sei, zählte ich die Penunzen in meinen Hosentaschen zusammen und machte mich in Gedanken schon auf den Weg in die Tauentzienstraße nach Schöneberg am Wittenbergplatz. Ich also rein in den Laden: Und was sehe ich? Oder besser, was sehe ich nicht? Keine einzige Frau im Pelzmäntelchen. Entwarnung im Luxustempel. Alles ganz normale Leute, Leute wie du und ich.

Anfangs stand ich einfach nur rum und staunte. Mensch, ist das ein riesiger Schuppen, ging es mir durch den Kopf. Hier wäre Kevin bestimmt gerne mal »allein zu Haus«. Dann mit der Rolltreppe die einzelnen Etagen nach oben und ich bekam den Mund nicht mehr zu. (Es wurde schon ein bisschen frisch am Gaumen!) Wie im Rausch arbeitete ich mich von Etage zu Etage vor.

Während ich durchs Erdgeschoss, in dem hauptsächlich Luxus- und Beauty-Artikel wie Parfüm, Schminke und Schmuck angeboten werden, und durch das erste Stockwerk, das Männermode führt, noch durchkam, ohne auch nur einen Penny auszugeben, war es mit der Zurückhaltung im zweiten, der Damenabteilung, aus und vorbei! Hemmungslos kaufte ich zwei neue Mützen und vergaß bei all dem Glitzern, mir die Standardfrage zu stellen, nämlich: ob ich die Mützen überhaupt brauche. (Selbstverständlich brauche ich sie!) Ich verlief mich in der Wäscheabteilung in der dritten Etage und probierte drei Badeanzüge an (komisch, am Kleiderbügel sahen die irgendwie anders aus als an mir!) und beschloss, die vierte Etage, in der es Geschirr, Tafelsilber und tolles Porzellan zu kaufen gibt, niemals meiner Mutter zu zeigen.

Auf der fünften Etage, die auf Kultur und Entertainment ausgerichtet ist, verknallte ich mich in einen Ohrensessel in der Buchoase. Zu diesem Zeitpunkt wusste ich noch nicht, dass es von nun an nur noch zwanzig Minuten dauern sollte, bis der Knopf meiner Jeans in hohem Bogen durch die ganze Feinschmeckerabteilung in der sechsten Etage fliegen sollte und vermutlich in einer Auster landete. Ich verabschiedete mich vom Ohrensessel und peilte die Rolltreppe an. Mein bittersüßes Verhängnis nahm seinen Lauf.

Und da war er: der Publikumsmagnet des KaDeWe, bestehend aus über dreißig Gourmetständen, 3400 unterschiedlichen Weinen, einer riesigen Fisch- und Wurstabteilung mit 1200 besonderen Schinkenspezialitäten (das wäre doch mal eine Idee für eine neue

TV-Kochsendung: »Frau Meier, erklären Sie mir bitte den Unterschied zwischen Schinken Nr. 489 und 751!«) und einer Obst- und Gemüseabteilung, von der ich mir allerdings ein bisschen mehr erwartet hätte! Da bieten die doch tatsächlich Nashi-Birnen an! Also, die sind doch nichts Besonderes! ... Und Pitahayas, Ugli, Kaki, Guaven und Manioka: Täglich verputze ich dieses exotische Zeug, täglich! Ich frage auch Tom, wenn wir gemeinsam frühstücken: »Und auch ein paar Ugli und Pitahayas in dein Müsli?« und er sagt dann immer: »Och nee, nich' schon wieder, war doch erst gestern dran!« Ja, ja, ja! Ich gebe es zu: Ich stand vor diesen Früchten wie 1985, als Oma aus dem Westen das erste Mal Kiwis mitgebracht hat und wir Kinder nicht wussten, ob das jetzt eine leckere Frucht oder eine Bestrafung sein soll.

KaDeWe, das bedeutet feinste Spezialitäten, wohin das Auge blickt. Ich entschied mich für die Käseabteilung, und weil ich den Hals nicht voll bekam, verdrückte ich auch noch die Petits-Fours von Lenôtre. Dann war Schluss, mich drohte der Tod durch Platzen zu ereilen. Anfangs, also vor meinem ersten Besuch im KaDeWe, machte ich mir Gedanken, dass ich, hungrig, wie ich immer bin, von dem tollen Luxuskaufhaus gar nicht so viel mitbekomme, weil ich meinen Hintern schnurstracks in den sechsten Stock schwinge und mich ohne Sinn und Verstand für meine horrenden finanziellen Verluste durch die Feinkostabteilung schlemme, mir dafür aber mit riesigem Appetit eine französische Käsesorte nach der nächsten genehmige. Denn Käsesorten, so hatte ich gehört, sollte es im KaDeWe reichlich geben. Ich meine, vielleicht nicht so viele wie in meinem Kühlschrank, aber doch immerhin 1300 verschiedene. (Das sind aber auch nur ganz knapp 1296 Käsesorten mehr als bei mir! Die sollen mal nicht so angeben!)

Das Restaurant in der siebenten Etage musste ich umständehalber auslassen, denn ich war wirklich unheimlich damit beschäftigt, mich und meine Einkaufstüten irgendwie nach Hause zu rollen. *(Verena Maria Dittrich)*

GRUND NR. 50

Weil die Stadt wie ein großer Flohmarkt ist

Jeder, der Berlin kennt, weiß, dass unsere Flohmärkte nicht nur Anziehungspunkt und heiß begehrtes Shopping-Areal sind, sondern Tradition haben. Neben vielen bekannten wie dem Mauerpark, dem Flohmarkt in der Hasenheide oder dem Kunstmarkt am Zeughaus kann fast jeder Berliner Bezirk mit einem eigenen Flohmarkt aufwarten. Der riesige Trödelmarkt in der Straße des 17. Juni ist wohl der Vater aller Flohmärkte und fast schon so etwas wie eine Instanz (siehe auch Grund Nr. 106). Als Oldtimer unter den Märkten ist er bis weit über die Grenzen Berlins bekannt und hat sich vor allem durch seinen Ort und die Möbel-Antiquitäten, die es dort zu kaufen gibt, einen Namen gemacht. Die gut erhaltenen Standuhren aus der Jahrhundertwende haben allerdings ihren Preis, der einem beim ersten Erfragen zunächst so horrend vorkommt, dass man glaubt, irgendwas an den Ohren zu haben. Und obwohl jeder Flohmarktverkäufer selbst festlegt, was seine guten Stücke kosten, was sich sicher auch immer nach Angebot und Nachfrage richtet, hat man manchmal das Gefühl, als zahle man wegen des berühmten Standortes des Flohmarktes noch mal ordentlich drauf.

Ich will jetzt nicht behaupten, dass der Flohmarkt an der Straße des 17. Juni übertuert ist, aber eine Kaffeemaschine der Marke Alessi kostet eben auch einiges mehr als eine Kaffeemaschine vom Wühltisch bei Saturn. Einige Zeit war dieser Flohmarkt, der immer samstags und sonntags von 10 bis 17 Uhr geöffnet ist, ein bisschen verschrien: Zu teuer sei es dort, zu voll, zu wenige Schnäppchen. Aber weil es sich hier eben um einen Berliner Flohmarkt handelt, ist auch das nicht in Stein gemeißelt und ändert sich ständig und so sind die schlechten Kritiken von heute schon morgen Schnee von gestern. Mittlerweile kann man auch wieder mit dem Standuhren-Verkäufer handeln, was natürlich nicht heißt, dass man zwei Uhren zum Preis von einer bekommt.

Berlin wäre aber nicht Berlin, wenn es keine Ausweichmöglichkeiten zu bieten hätte. Wem der Flohmarkt in Tiergarten zu überlaufen, immer noch zu teuer oder zu weit weg ist, geht eben einfach sonntags ab zehn Uhr auf den Trödelmarkt am Boxhagener Platz in Friedrichshain und klönt dort zwischen dicken Bücherkisten und dem mobilen Kleiderschrank junger Studentinnen. Die Flohmärkte sind so wie Berlin: Es gibt nichts, was es nicht gibt. Durch den ganzen Hype um diese Stadt ist es inzwischen aber nicht mehr so, dass nur Raritäten wie antikes Besteck oder Jugendstillampen, sondern auch unscheinbarer Berlin-Nippes saftige Preise haben. Natürlich kann man am Boxi noch immer Schnäppchen machen, insbesondere bei Platten, CDs und Büchern, vor allem wissenschaftliche (Studentenhochburg!), aber den Berlin-Bonus zahlt man inzwischen auf jeden Fall!

Wem der Flohmarkt, der von allen nur liebevoll »Boxi« genannt wird, an Sommersonntagen zu überlaufen ist, geht einfach auf den RAW-Flohmarkt in die Revaler Straße. Unabhängig von diesem Flohmarkt, das muss ich in diesem Zusammenhang unbedingt loswerden, gibt es für Besucher, die mit dem Auto kommen – trara – Parkplätze! Natürlich nicht für lau, aber immerhin sind welche vorhanden!

Der RAW-Flohmarkt, eigentlich Reichsbahnausbesserungswerkstatt-Flohmarkt, findet auf dem Gelände des ältesten Betriebs in Friedrichshain statt, der sich seit Mitte des 19. Jahrhunderts mit der Instandsetzung defekter Lokomotiven beschäftigte. Auf dem Gelände befinden sich vor feinster Berliner Street-Art- und Graffiti-Kulisse außerdem Clubs wie das Cassiopeia oder der Suicide Circus, eine Skatehalle und Biergärten. Der Flohmarkt findet nach der Winterpause ab Mitte April von 6 bis 19 Uhr statt. Diejenigen, die Lust haben, die Seiten zu wechseln, können

Tische und überdachte Stände im Voraus buchen. Die Internetseite der Macher zeigt sogar das Wetter an!

Ein weiterer beliebter Berliner Flohmarkt ist der Hallentrödel Treptow am Flutgraben. Wenn draußen die Sonnenstrahlen auf den Nasen der Flohmarkt-Shopper tanzen und die sich genüsslich den ersten milden Temperaturen hingeben, hat man nämlich in den zwei riesigen Fabrikhallen in Treptow so was wie sturmfrei. Dann kann man in aller Ruhe mit den Händlern feilschen, bis der orientalische Bazar rockt. Ist ja keiner da, der Konkurrenz machen könnte! (Ich überlege gerade, ob ich mir diesen Geheimtipp patentieren lassen sollte!) Auf dem Hallenflohmarkt in Treptow, der am Wochenende immer von 11 bis 16 Uhr geöffnet ist, findet man alles, was das Herz begehrt: Waschbecken, Autositze, Kühler, ja sogar Dunstabzugshauben. Ich weiß natürlich, dass jedes Herz etwas anderes begehrt, aber es gibt eben auch Herzen, die beim Anblick einer nigelnagelneuen Dunstabzugshaube oder eines nostalgisch anmutenden Fönaufsatzes höher schlagen, so viel ist sicher. Der Flohmarkt in Treptow ist ein Riesenerlebnis! Da fällt mir ein: Ich könnte ein neues Handwaschbecken gebrauchen. Meins hat einen Sprung.

Auch nur einen Sprung von dem Ort entfernt, an dem ich gerade sitze und diese Zeilen schreibe, ist übrigens der Arkonaplatz in Mitte, dessen Flohmarkt (sonntags 10 bis 17 Uhr) ein Sammelsurium kleiner, hübscher Dinge aus der alten DDR ist. Man kann dort Schallplatten aus den Siebzigern von Aurora Lacasa und Frank Schöbel kaufen, und wer ein bisschen länger stöbert, findet sogar welche von Manfred Krug oder Andreas Holm! »Wer sind die denn?«, werden jetzt einige fragen. Und da kann ich nur sagen: »Siehste, wenn de schon mal auf dem Flohmarkt am Arkonaplatz gewesen wärst, wüssteste, wer die sind.« So oder so, Berlin ist das Mekka der Flohmärkte, deren Inspektion des Berliners liebste Sonntagsbeschäftigung ist.

(Verena Maria Dittrich)

KAPITEL 6

»Ihr Völker der Welt, schaut auf diese Stadt«*

Vom Alexanderplatz in Mitte zur Zitadelle in Spandau

* Ernst Reuter, Politiker

GRUND NR. 51

Weil wir das höchste Bauwerk Deutschlands haben

Die Spitze sieht man kilometerweit, an schönen Tagen reflektiert seine Kugel das Licht der Sonne, manchmal wird er für Ereignisse hübsch gemacht – zur Fußball-WM wurde aus der Kugel plötzlich ein großer Ball –, und er ist das Lieblingsobjekt sämtlicher Touristen, ein Muss für jeden Berlin-Besucher: der Fernsehturm am Alex, millionenfach fotografiert, auf T-Shirts getragen und auf Bürotassen abgebildet. Der Turm, von dem die wenigsten wissen, wie hoch er eigentlich ist, wurde schnell zu einem Wahrzeichen der Stadt, das schon zu DDR-Zeiten – im Gegensatz zum Palast der Republik – beliebt war. Wenn man einen Berliner nach dem Fernsehturm fragt, sagt er: »Kenn ick, weeß ick, war ick schon.«

Ich muss gestehen, dass ich immer dachte, der Turm sei so hoch, wie ein Jahr Tage hat. Dabei ist er noch drei Meter höher und misst, sage und schreibe, 368,03 Meter. Damit ist er das höchste Bauwerk Deutschlands. Doch das allein ist es nicht, was ihn so einzigartig macht: Er ist der einzige Funk- und Fernsehturm von solcher Größe, der mitten in einer Stadt steht. In der DDR besuchte jede Schulkasse den Fernsehturm mindestens einmal: Wandertag nannte man das dann. Es war ein großes Ereignis! Schon nächtelang vorher konnte man nicht einschlafen, und wenn es dann endlich so weit war und man sich mit der Lehrerin und einem Begleiter vom Elternbeirat auf den Weg nach Berlin machte, musste man auf der Fahrt vor Aufregung mindesten fünfmal pullern. Viele Kinder waren davon so geschwächt, dass sie, während sie in langen Warteschlangen vor den Fahrstühlen standen, um in Sekundenschnelle zur Panoramaetage hinaufgeschossen zu werden, ihre mitgebrachten Stullen verdrücken mussten.

Oben in der Kugel angekommen, die übrigens damals wie heute Aussichtsplattform und Restaurant zugleich ist, konnte man einen endlosen Blick über Berlin genießen, während im Hintergrund ein wichtig aussehender Genosse eine Führung machte und den Kindern Fakten zur Geschichte des Fernsehturms erzählte, die man, spätestens wenn man wieder unten war, natürlich sofort vergessen hatte. Das Aufregendste aber war, dass sich das Telecafé, während man am Tisch saß und von oben auf alles herabschaute, um die eigene Achse drehte!

Ich erinnere mich, dass meine Klassenlehrerin den Turm einmal als architektonische Raffinesse bezeichnet hat, mein Vater hingegen nannte ihn schlicht »sozialistischen Scheiß«. Der Fernsehturm hat inzwischen schon mehr als vierzig Jahre auf dem Buckel und er hat sich angesichts dessen anders als andere DDR-Bauten recht gut gehalten. Wenn ich heute auf dem Weg zur Arbeit am Fernsehturm vorbeiradle und ihn dort auf dem Alexanderplatz so ruhig, fast anmutig stehen sehe, kann ich mir nur schwer vorstellen, was es 1964 für Diskussionen um seinen Standort gab. Da kam nicht einfach der Walter Ulbricht und hat gesagt: »So, der Fernsehturm kommt jetzt hierhin und gut is'!«

Nein, es wurde geflucht und gestritten und das gesamte Planungskollektiv konnte sich nicht entscheiden, ob der Turm hierhin oder dorthin oder vielleicht doch in Erich Honeckers Vorgarten gebaut werden sollte. Glücklicherweise dauerte der Streit nicht lange, und man war sich schon nach zehn Jahren einig, dass er auf dem Alexanderplatz gebaut wird. Als der Turm am 7. Oktober 1969 von Walter Ulbricht eröffnet wurde, waren die Architekten des gigantischen Bauwerks nicht zugegen, da der Legende nach die kreuzförmige Reflexion der Sonne auf der Außenhülle der silbernen Kugel (auch die »Rache des Papstes« genannt) den atheistischen Ulbricht so wütend gemacht haben soll, dass er ihre Anwesenheit nicht wünschte. Dieser besonderen Reflexion verdankt der Fernsehturm auch einen seiner vielen Spitznamen: »St.

Walter«. Die Bauteile der Außenhülle stammten übrigens aus der damaligen BRD; wer weiß, wer da alles seine Finger mit im Spiel hatte.

Vielleicht lag darin auch der Grund dafür, dass man sich später gar nicht mehr so einig darüber war, wer denn nun ursprünglich der Architekt des Berliner Fernsehturms war, es gab nämlich mehrere. Einer machte den Entwurf, ein anderer überarbeitete ihn und ein dritter überarbeitete den überarbeiteten Entwurf. Alle waren natürlich verheiratet, und als die Turm-Väter eines Tages das Zeitliche segneten, entbrannte zwischen den Witwen ein bitterböser Streit, der bis heute andauert. Ich erinnere mich, wie meine Lehrerin immer schimpfte, weil so viele blöde Witze über den Fernsehturm gemacht wurden. »Wenn das Teil umfällt, sind wir wenigstens im Westen«, war einer davon. Ich konnte nie verstehen, warum sie das nicht lustig fand. *(Verena Maria Dittrich)*

GRUND NR. 52

Weil hier die Grenze zuerst aufging

Wenn bei meinem Bruder Peo im Wedding Pokern auf der Tagesordnung steht, versuche ich immer dabei zu sein. Da ich meist mit dem Rad fahre, führt mein Weg die Bornholmer Straße, Richtung Osloer Straße entlang. Jedesmal fahre ich dabei über eine Brücke, deren Name vor 21 Jahren um die Welt ging: Bornholmer Brücke. Der Ort, an dem der erste Grenzübergang geöffnet wurde, an dem der Fall der Mauer seinen Anfang nahm und der erste Schlagbaum geöffnet wurde. Auf meiner Pokertour überquere ich die Brücke, die den alten Wedding (heute Gesundbrunnen) und den Prenzlauer Berg miteinander verbindet, stets zweimal, einmal in den frühen Abendstunden, wenn die Sonne gerade untergeht, und spät in der Nacht, wenn ich entweder mit Gewinn oder aber, was nur selten passiert, mit Verlust in den Taschen auf dem Heimweg bin.

Ich mag die Bornholmer Brücke bei Nacht, wenn ich in ihrer Mitte der einzige Mensch bin, unten im S-Bahnhof Bornholmer Straße der Betrieb eingestellt ist und weit und breit kein einziges Auto zu hören ist. In sternenklaren Nächten hat man einen wundervollen Blick über Berlin. Fast schon kitschig schöne Sonnenauf- oder Sonnenuntergänge lassen sich von der Brücke aus beobachten, die die Stadt jedes Mal in ein glitzerndes, goldenes Farbenmeer tauchen. Liegt der Wedding hinter einem, sieht man rechts den Fernsehturm, der mit seiner nicht enden wollenden Spitze kleine Kratzer in den Himmel zu reißen scheint. Die Brücke ist kein viel umschwärmter Ort, nur selten verirrt sich ein Tourist dorthin. Voll ist sie im Berufsverkehr, wenn die Ex-Ost-Berliner in den Osten ihrer Stadt und die Ex-West-Berliner in den Westen düsen. Die Bornholmer Brücke ist ein verlassener Ort. Für viele gibt es heute keinen Grund mehr, sie zu besuchen. Das war nicht immer so.

Als in der Nacht vom 9. auf den 10. November 1989 die Grenze der DDR geöffnet wurde, war das genau an diesem Ort. Hier, wo heute nur noch Spatzen auf den Geländern sitzen, strömten damals Tausende zur Brücke, die nicht mehr einfach nur eine Brücke, sondern das Tor der Zukunft war. Menschen über Menschen, alle wollten dabei sein. Die einen kamen, weil sie das andere, freie Berlin sehen wollten, die anderen, um die DDR-Bürger zu begrüßen. Nachdem Günter Schabowski am 9. November 1989 in einer Live-Übertragung im Fernsehen mitgeteilt hatte, dass jeder DDR-Bürger nun uneingeschränkt reisen könne, kamen immer mehr zum Grenzübergang am Ende der Bornholmer Straße und bedrängten die noch unschlüssigen Wachposten. Gegen 23:30 Uhr gaben die den Massen nach und stellten die Ausweiskontrollen ein. Tausende strömten in den Wedding, in einer Mischung aus Angst, Zuversicht und Träumerei. Über Nacht war die Bornholmer Brücke zu einem historischen Ort geworden und Reporter aus aller Welt kamen nach Berlin, um von einer Brücke zu berichten, die sich ein paar Tage zuvor noch im Niemandsland zwischen Ost und West befunden hatte.

Ich war da in diesen Tagen, ich war da, als Hunderte von fremden Menschen sich in den Armen lagen. Für mich als 16-Jährigen begann das Abenteuer der Wiedervereinigung als Aufgabe unseres Lehrers, Herrn Krienitz, der uns schulfrei gab, um an der Geschichte teilzuhaben. Zusammen mit meinem Kumpel Enrico, der in der DDR geboren ist, aber Anfang der Achtziger mit seinen Eltern in den Westen »rübergemacht« hat, fuhr ich zum U-Bahnhof Osloer Straße. Schon dort sahen wir die ersten hupenden Trabis. Wir liefen der Bornholmer Brücke entgegen. Das Gedränge wurde immer enger, lauter und euphorischer. Menschen tanzten und sangen auf der Straße. Es lag ein Gefühl in der Luft, als könne man die ganze Welt aus den Angeln heben. Jeder, der dort war, wurde von diesem Freudentaumel ergriffen. Eine fremde Frau kam auf mich zu, beugte sich zu mir vor, legte ihre Arme auf meine Schultern und küsste mich auf die Stirn. »Schön, euch endlich zu sehen«, flüsterte sie mir ins Ohr und tauchte dann wieder in den Strom der anderen ein. Ich stand wie angewurzelt da. »Komm, komm«, rief Enrico und holte mich aus meiner Starre. Er zerrte mich Richtung Straße, wo die Leute heftig an den langsam vorbeifahrenden Trabis schaukelten. Wir machten mit. Das alles übertönende Hupkonzert der kleinen blassgrünen, blassblauen und beigefarbenen Trabanten und die Freudenschreie der Menschen waren der erste Chor, der das Lied der wiedererlangten deutschen Freiheit anstimmte. Was als Aufgabe unseres Lehrers begonnen hatte, entwickelte sich zu einem gigantischen Spaß.

Heute sieht man der Bornholmer Brücke, die am 11. September 1916 eröffnet wurde und ursprünglich den Namen Hindenburgbrücke trug und 1948 in Erinnerung an den Widerstandskämpfer Wilhelm Böse in Bösebrücke umbenannt wurde, diese geschichtsträchtigen Momente nicht mehr an. Der alte Grenzstreifen ist kaum noch zu erkennen, die Natur hat sich zurückgeholt, was ihr gehört, die Brücke selbst geht im grauen Alltag unter. Berlin fehlt es an Geld, um diesen Ort seiner geschichtlichen Bedeutung angemessen zu würdigen. Nur ein paar Gedenktafeln erinnern an jene Tage im November 1989. In Reiseführern über Berlin findet man sie ebenfalls nicht unter den Sehenswürdigkeiten. Für den, der die jüngere deutsche Geschichte ungestört erleben will, ist das gar nicht so schlecht. *(Thomas Stechert)*

GRUND NR. 53

Weil man hier durch »Klein-Istanbul« spazieren kann

Als ich mit drei oder vier Jahren meine ersten Spielkameraden auf dem Hinterhof der Spenerstraße in Moabit fand, hießen die Maria, Jusuf und Melek. Meine erste heimliche Liebe hieß Tülay und der größte Tischtennis-Gegner meiner Kindertage hörte auf den Namen Ümit. Türkische Kinder und Jugendliche waren immer schon ein Teil meines Umfelds und gehören zu meinem Bild von Berlin. Für mich waren sie in erster Linie Freunde und Kumpels. Woher ihre Eltern kamen, spielte ebenso wenig eine Rolle wie die Frage, woher meine ursprünglich stammten. Erst als ich älter wurde, versuchte man mir klarzumachen, dass meine ausländischen Freunde anders waren, dass sie Türken wären und ich Deutscher. Aha, dachte ich mir, und nun? Für jemanden, der im Wedding aufwächst, ist die türkische Kultur keine fremde Kultur, sondern eine von vielen. Natürlich habe und hatte ich mit meinen türkischstämmigen Freunden Probleme, aber die habe ich auch mit meinen deutschen Leuten.

Die türkische Gemeinde ist eine der größten der Stadt. Von den circa 3,4 Millionen Berlinern sind ungefähr 120.000 Türken. Es gibt ganze Viertel in Neukölln, Wedding oder Schöneberg, in denen man sich mehr wie in der Türkei fühlt als in Deutschland. Teile von Kreuzberg werden im Volksmund sogar »Klein-Istanbul« genannt. Hier gibt es Dampfbäder, Teestuben und Minarette, die seit Jahrzehnten fest zum Stadtbild gehören. Allwöchentlich gibt es Gemüse-, Fleisch- oder Gewürzmärkte, die einen mitten in Berlin an den Bosporus versetzen. Küçük Istanbul heißt der Teil Kreuzbergs zwischen dem Lausitzer und dem Mariannenplatz. Hier wird fast jedes Geschäft von einem Türken geführt. Wer noch nie ein türkisches Bad besucht hat, dem wird hier in Küçük Istanbul die Gelegenheit geboten, das schleunigst nachzuholen. Jeden Dienstag und Freitag lädt am Maybachufer der Türkische Markt zum Kauf von Stoffen, Schuhen, Kleidung, von frischem Gemüse und Obst, von Fleisch und Käse ein. Gelegentlich geht es laut und hektisch zu, aber danach kann man in eine der zahlreichen Teestuben einkehren.

Vielen Besuchern und auch den meisten Berlinern bleibt diese Welt in Kreuzberg verborgen, da sie sich meist nur für hippe Szenekneipen interessieren und leider viel zu wenig für das eigentliche Gesicht des Kiezes. Man sollte sich die Zeit nehmen und diese Orte abseits ausgetretener Pfade besuchen und dem Dönerverkäufer oder Gemüsehändler ruhig die eine oder andere Frage stellen. Dann wird man sehen, dass nicht alles, was in den Medien berichtet wird, die Wahrheit ist. Denn egal, wie mancher Politiker oder Journalist es drehen und wenden mag, all diese Märkte und Geschäfte, all diese türkischen Kneipen und von türkischen Jugendlichen beanspruchten Plätze, all die Viertel, in denen kaum noch Deutsche wohnen, und all die Menschen, die dort arbeiten und leben, sind Berlin. Viele von ihnen haben ihre Heimat schon seit Jahrzehnten in Berlin, länger schon als viele der Politiker, die heute im Bundestag sitzen und Reden halten.

Ich wohne im Prenzlauer Berg, aber meine Berliner Heimat ist und bleibt der Wedding. Nirgends fühle ich mich so entspannt, vertraut und geborgen wie dort. Viele, die ab und zu im Wedding unterwegs sind, sagen hinterher laut, sie seien froh, wieder in ihrem Kiez zu sein, einige kreieren so, ohne es zu wollen, neue Vorurteile. Ich für meinen Teil kann und will mir kein Berlin vorstellen, in dem alles einheitlich ist und das nur auf starren, alten Werten beruht.

(Thomas Stechert)

GRUND NR. 54

Weil hier Autos durch eine Kirche fahren

Als ich vor einiger Zeit eine Freundin zum Axel-Springer-Haus in der Nähe des U-Bahnhofs Kochstraße in Kreuzberg begleitete, entschied ich mich, einen Rundgang um das Gebäude zu machen, statt in der Lobby zu warten. Ich blickte die ehemalige Lindenstraße hinunter, die seit 1996 den Namen Axel Springers trägt, und hatte einen klaren Blick auf den Fernsehturm. Ende des 19. Jahrhunderts siedelten sich in diesem Viertel die Verlagshäuser von August Scherl, Rudolf Mosse und Leopold Ullstein an. Sie waren die Zeitungsmogule ihrer Zeit und druckten – erstmals in Deutschland – Zeitungen für die Masse. Zu Beginn des 20. Jahrhunderts folgten die »Berliner Morgenpost« und die »BZ« als neue Zeitungen für die damals erwachende Weltstadt. Der Axel Springer Verlag, heute einer der größten Verlage Europas, zog 1966 hierher, in das sogenannte Axel-Springer-Haus, das damals direkt an der Berliner Mauer stand. Als Jugendlicher war ich einmal hier gewesen. Wo man heute in der Ferne den Fernsehturm sehen kann, blickte man damals direkt auf die Grenze, das Gelände hinter dem Verlag lag in einem tristen Grau im Schatten der Mauer.

Bei meinem Rundgang stand ich schließlich auf einer Markierung, direkt neben dem Springer-Haus, die den ehemaligen Standort der Mauer anzeigte, und war erstaunt, wie sich die unterschiedlichen Strukturen der geteilten Stadt langsam ineinander verschränkten und man den Bruch, den die Mauer hinterlassen hat, kaum noch sieht. Aber die schönste Entdeckung, die ich an diesem Tag machte, war eine ganz andere Markierung. Auf den ersten Blick war sie so unscheinbar, dass sie mir gar nicht auffiel. Erst als ich schon fast eine Stunde durch das Viertel gelaufen war, sah ich diese andere Markierung vor mir auf dem Boden. Zuerst war mir nicht so recht klar, welchem Zweck sie diente, denn sie verlief ohne ersichtlichen Grund quer über den Bürgersteig.

Sie bestand aus einer doppelten Reihe von Pflastersteinen. Ich folgte ihr über die Gehwege, Straßen und Ampeln wie Hänsel seinen Brotkrumen. Sie fügte sich nicht in das existierende Straßenbild ein, lag schräg und teilweise entgegengesetzt zu den Straßen, schlug Winkel, bildete Rundungen und fügte sich langsam zu einer Form zusammen. Als ich schließlich auf der anderen Straßenseite eine Gedenktafel sah, dämmerte mir, was die Markierung bedeutete. An der Kreuzung Rudi-Dutschke-Straße, ehemals Kochstraße, stand vor vielen Jahren eine Kirche!

Die Steine bildeten ihren Umriss ab. Wie ein Muster lagen diese Markierungen über den Straßen und Bürgersteigen. Ich sah Busse und Autos auf der einen Seite der Kirche, die sich jetzt vor meinem geistigen Auge bildete, hinein- und auf der anderen Seite wieder herausfahren.

Die Tafel erklärte, dass es sich um die Jerusalemkirche handelte, eine der ältesten Kirchen Berlins. Karl Friedrich Schinkel hatte einige ihrer Umbauten und Erweiterungen beaufsichtigt, aber den letzten Schliff bekam sie 1879 von Edmund Knoblauch. Gegen Ende des Zweiten Weltkrieges wurde sie im Bombenhagel der Alliierten fast bis auf ihre Grundmauern zerstört. Als Axel Springer Anfang der sechziger Jahre Interesse an einem Grundstück im alten Zeitungsviertel bekundete und sich für dieses Gelände entschied, wurde die Ruine der Jerusalemkirche gesprengt. Heute findet man an der Front des Springer-Verlages zwei aus ihren Trümmern gezogene Steinplatten, die eine kleine Hommage an das zerstörte Gebäude darstellen. Im gleichen Jahrzehnt, als Springer nach Berlin kam, hat die Gemeinde der Jerusalemkirche in der Nähe eine neue Kirche erbaut, jedoch hat diese mit der ursprünglichen nichts mehr gemein.

Das Zeitungsviertel hat sich seit der Maueröffnung wieder zu einem interessanten Ort für die unterschiedlichsten Medienunternehmen entwickelt, und ist gewiss schon für sich allein einen Besuch wert. Doch sollte dabei auf keinen Fall die Geschichte des Viertels vergessen werden. Als ich wieder zu meiner Freundin zurückkam, saß sie bereits wartend im Auto und fragte mich genervt, wo ich gewesen sei. Fast hätte ich geantwortet, dass ich eine Zeitreise in die Vergangenheit gemacht und dabei Autos beobachtet habe, die durch eine Kirche fuhren, aber ich sagte nur knapp: »Spazieren.« *(Thomas Stechert)*

GRUND NR. 55

Weil hier jeder Tourist das Bett findet, das er bezahlen kann, oder: Weil der Gästeboom das schönste Kompliment ist

Dass Berlin rockt, weiß jedes Kind: Deshalb lockt es auch immer mehr Touristen aus aller Herren Länder an. Berlin gilt längst als eines der beliebtesten Reiseziele und muss sich hinter keiner anderen europäischen Großstadt verstecken. Dass die Tourismusbranche boomt, beweisen nicht nur die Statistiken. Das Jahr 2011 hatte gerade erst begonnen, als die Besuchermillion schon gemacht war, und dass ein Ende der Reisewelle nicht in Sicht ist, ist ja wohl klar, oder? Da fragt man sich als Einheimischer doch: Wo pennen die bloß alle? Schließlich kamen allein im Jahr 2010 summa summarum neun Millionen Menschen nach Berlin, das sind ein paar mehr, als Österreich insgesamt Einwohner hat, nur mal so zum Vergleich, um es all jenen mal zu verdeutlichen, die es mit der Vorstellungskraft von Zahlenmengen nicht so haben. Der Tourismus-Chef Burkhard Kieker hatte recht, als er für 2010 mit 20 Millionen Übernachtungen rechnete. Mein lieber Herr Tourismus-Chef: Gibt es in dieser Stadt tatsächlich so viele Kapazitäten? Ich meine, Berlin ist schließlich nicht Rio de Janeiro!

Natürlich freut man sich über so viele Gäste, schließlich ist es ein tolles Kompliment, und dass die Stadt inzwischen auf Platz drei, gleich hinter Paris und London, gerückt ist, erfüllt einen, man kann es ruhig laut sagen, schon ein bisschen mit Stolz. Jeder Tourist findet in Berlin das Bett, das er bezahlen kann. Die Stadt hat von Jugendherbergen mit Dorm Rooms und Doppelstockbetten über einfache Hostels, Pensionen Marke Erika und Gabi, bis hin zu absoluten Hochkarätern wie dem geschichtsträchtigen Hotel Adlon oder dem Design Hotel Q alles zu bieten. Als besonderes Highlight sollte ich hier noch die Rock'n'Roll Herberge am Lausitzer Platz in Kreuzberg erwähnen, sie ist zwar eine kleine Pension, aber mit ihrem Kreuzberg-Flair und ihrer Mischung aus Rock'n'Roll-Style und Street Art ist sie ein passendes Sinnbild für einen kurzweiligen und interessanten Aufenthalt in Berlin.

Für Kost und Logie ist gesorgt. Kommen müssen Sie schon selbst! *(Verena Maria Dittrich)*

GRUND NR. 56

Weil man hier das Band des Bundes begehen kann

Kommt man vom Bahnhof Friedrichstraße und folgt dem Reichstagsufer entlang der Spree, erreicht man geradewegs das Regierungsviertel der deutschen Hauptstadt. Schon am Bahnhof kann man im Hintergrund das Reichstagsgebäude sehen, und wenn einen vereinzelte Kastenbauten in den Uferfassaden aus DDR-Tagen nicht stören, kann man sich hier in angenehmer Atmosphäre der Machtzentrale der Bundesregierung nähern. Auf beiden Seiten des Ufers laden Cafés und Bars zum Feierabenddrink ein, auf der Höhe des Hauptstadt-Studios der ARD kann man im Restaurant Die Eins in Gesellschaft des einen oder anderen bekannten Nachrichtensprechers ein kühles Bier trinken. Hat man die Wilhelmstraße überquert, sieht man auf dem gegenüberliegenden Ufer den Anfang vom Band des Bundes. Ich kann mir denken, dass viele jetzt denken: Was'n ditte? Band des Bundes, nie gehört! Dieses Band ist die Bezeichnung für die Anordnung der Gebäudekomplexe, die im Zentrum Berlins das Regierungsviertel bilden. Das Band des Bundes erstreckt sich in seiner Länge fast 900 Meter und überspannt dabei zweimal den Bogen, den die Spree hier macht. Es liegt als architektonisches Symbol der Wiedervereinigung wie ein Scharnier zwischen Osten und Westen. Zu ihm gehören das links der Spree gelegene Bundeskanzleramt, der ihm gegenüberliegende Kanzlerpark rechts der Spree, das noch freie Gelände unter dem Kanzleramt, an dem noch das Bürgerforum entstehen soll, das Paul-Löbe-Haus mit seinen Ausschussräumen und Büros und zu guter Letzt das Marie-Elisabeth-Lüders-Haus, das die Parlamentsbibliothek und das dazugehörige Archiv beherbergt.

Alle Gebäude bilden eine Einheit. Ihre volle Wirkung entfaltet sich am besten von oben, wenn man aus der Luft auf die Form des Bandes sieht. Ausgedacht haben sich dieses Konzept zwei Berliner Architekten.

Geht man unter der ersten die Spree überspannenden Brücke hindurch und durchquert den sich anschließenden Spreebogenpark, findet man am Scheitelpunkt des Bogens eine Strandbar, in der man während der Sommermonate in einem Liegestuhl bei einem Drink den vorbeifahrenden Schiffen winken oder einem anwesenden Politiker Fragen zur letzten Reform stellen kann, die einem schon lange unter den Nägeln brennen. In den Tagen des alten West-Berlins war einer meiner Lieblingsorte die am Abend vereinsamte Treppe des Reichstags. Außer einer grillenden türkischen Familie und ein paar von zu Hause getürmten Kids war dort damals nicht viel Publikumsverkehr. Als die Regierung hierher zurückkam, war es mit der Harmonie leider vorbei. Aber ich habe vor ein paar Jahren einen neuen Platz gefunden, der von meinem alten Ort gar nicht so weit entfernt liegt, nur dass er diesmal auf einem Gelände ist, das damals zum Sperrgebiet der DDR gehörte. Wieder sind es Treppen, diesmal die des Marie-Elisabeth-Lüders-Hauses am Schiffbauerdamm direkt am Ufer der Spree.

Sitzt man hier in den Abendstunden und blickt auf den Fluss, hat man einen ungestörten Blick auf die Touristen, den Reichstag und den Tiergarten. Das ganze Gebiet rechts und links des Viertels sollte bei einem Besuch erkundet werden, denn auch hier gibt es kleine beschauliche Ecken, die mehr Berlin sind als die großen Plätze und Alleen, die in jedem Reiseführer aufgeführt und angepriesen werden. Hier gilt ebenfalls wieder, was an vielen Orten Berlins gilt: Kommen Sie abends oder nachts! Natürlich können Sie dann nicht das Innere des Reichstages besichtigen und auch alle anderen Häuser sind dann geschlossen, aber Sie werden das Regierungsviertel im schemenhaften Glanz der Straßenlaternen in einem anderen Licht sehen. In diesen Stunden lassen die

menschenleeren Plätze, großzügigen Areale und Gebäude dem Betrachter mehr Raum für die eigenen Gedanken und die Augen und Ohren werden nicht dem erstbesten Gefunkel oder Geräusch folgen.
(Thomas Stechert)

GRUND NR. 57

Weil Berlin sich an Otto Lilienthal erinnert

1996 trat Reinhard Mey, der Berliner Liedermacher, bei »Wetten dass ...?« auf und sang ein Lied mit dem Titel »Lilienthals Traum«. Vom ersten Klang an fesselte mich dieses Lied, auch weil es – für Mey ungewohnt – mit einem ganzen Orchester vorgetragen wurde und nicht mit der für ihn typischen Gitarre. Ich saß also vor dem Fernseher, lauschte der gesungenen Geschichte und erfuhr Details aus dem Leben von Otto Lilienthal, einem Mann, der 1896 in Berlin starb und dessen Namen ich bereits das eine oder andere Mal gehört hatte. In der Woche darauf ging ich in die Amerika-Gedenkbibliothek am U-Bahnhof Hallesches Tor in Kreuzberg und las an einem Nachmittag alles, was ich über Otto Lilienthal in die Finger bekam. Ich erfuhr, dass er 1848 in Anklam geboren wurde, wie er aufwuchs und dass fünf seiner Geschwister schon im Kindesalter starben. Ich las, dass er Agnes Fischer heiratete, viermal Vater wurde und sein Buch »Der Vogelflug als Grundlage der Fliegekunst« als die wichtigste Veröffentlichung im Bereich der Flugtechnik des 19. Jahrhunderts angesehen wird.

Ich las, wie er in Berlin-Lichterfelde einen 15 Meter hohen Hügel errichtete, der im Volksmund als Fliegerberg bezeichnet wurde, und dort seine Flugtechniken immer mehr verbesserte. Zusammen mit seinem Bruder Gustav studierte er den Vogelflug und konnte aus all seinen Erkenntnissen mathematische Gleichungen ableiten, um dem Menschen einen seiner ältesten Träume zu erfüllen: fliegen zu können wie ein Vogel.

Im Sommer 1891 war es so weit. In der Geschichte der Menschheit gab es viele Versuche, die Schwerkraft zu überwinden, ob Otto Lilienthal an diesem Tag am Mühlenberg wirklich der Erste war, wird man nicht mit Gewissheit sagen können, aber unbestritten ist, dass er der erste Flieger war, der das Flugproblem gelöst hat. Somit ist er einer der wichtigsten, wenn nicht sogar der wichtigste Flugpionier überhaupt! Lilienthals Berechnungen und sein Flugprinzip wurde von den Gebrüdern Wright zu dem weiterentwickelt, was wir heute als Flugzeug bezeichnen.

Der 9. August im Jahre 1896 setzte Lilienthals Traum ein Ende, denn einer seiner Flugversuche kostete ihn das Leben, als er aus 14 Metern Höhe abstürzte.

Die Stadt Berlin erinnert sich an den Flugpionier Lilienthal mit zwei schönen Gedenkstätten. Die eine befindet sich am Teltowkanal, Höhe Königsberger Straße. (Dort gibt es eine schmale Parkanlage mit einem Denkmal, auf dem eine Ikarusstatue steht.) Die andere befindet sich in Lichterfelde, dem Ort, an dem Lilienthal seinen Fliegerberg aufschütten ließ. Dort ist auch eine hübsche kleine Parkanlage mit Karpfenteich und direktem Blick auf den Fliegerberg, auf dessen höchstem Punkt das Denkmal steht. Folgt man den Treppen nach oben, steht man vor einer großen Erdkugel, die symbolisch in alle vier Himmelsrichtungen zeigt. Die große eiserne Kugel liegt auf einem dunklen flachen Steinklotz, auf dem der Name Lilienthals, sein Geburts- und Todesjahr eingraviert sind. Umrandet ist die Skulptur von einem großen runden Dach mit einem Loch in der Mitte, damit sich zwischen der Kugel und dem Himmel keine Grenze bildet. Es ist nicht gerade eine der höchsten Erhebungen der Stadt, aber auch hier kann einem der Wind an manchen Tagen ganz schön um die Ohren wehen. Man hat einen schönen Blick auf die unten liegende Parkanlage und steht an einem zwar nicht so bekannten, aber dafür – flughistorisch gesehen – wichtigen Ort. Und wer von uns würde schon das Fliegen missen wollen?

Wenn ich auf dem Hügel stehe, denke ich manchmal über die Zeit nach, in der jeder, der vom Fliegen, von Reisen zum Mond und weltumspannender Kommunikation sprach, mit einem Lächeln bedacht wurde. Und dann stelle ich mir vor, wie Lilien-

thal über mich hinwegsaust. Für mich ist seine Errungenschaft gleichbedeutend mit der Leistung, die den ersten Mann auf den Mond gebracht hat. Und ob nun Otto Lilienthal oder Neil Armstrong: Es sind solche Menschen, die uns anspornen, uns mehr vorzustellen, als wir manchmal für möglich halten.
»Lass den Wind von vorne wehen,
breite die Flügel, du wirst sehen,
du kannst fliegen,
ja du kannst.«
(Reinhard Mey, »Lilienthals Traum«)

(Thomas Stechert)

GRUND NR. 58

Weil das Schloss Charlottenburg einen auf eine Reise durch drei Jahrhunderte führt

Als Kurfürst Friedrich III. 1695 seiner Frau Sophie Charlotte von Hannover ein Grundstück bei Berlin schenkte, konnte niemand ahnen, dass an diesem Ort bald eines der prachtvollsten barocken Bauwerke Berlins stehen würde. Nachdem Sophie Charlotte ein paar Jährchen später zur Königin von Preußen wurde, dann aber plötzlich das Zeitliche segnete, wurden das Schloss und die angrenzenden Siedlungen zu ihren Ehren in Charlottenburg umbenannt. Der Baumeister Eosander von Göthe wurde von König Friedrich I. für den weiteren Ausbau des Schlosses beauftragt. Unter Göthes Feder entstand auch das Wahrzeichen des Schlosses, die imposante Kuppel. Als auch der Gatte von Sophie starb, fand das Schloss unter seinem Nachfolger Friedrich Wilhelm I. keine sonderliche Beachtung mehr und fristete ein trauriges Schattendasein. So machte es erst Friedrich II. wieder zu seiner Residenz, weil er seine Großmutter Sophie Charlotte, mit der er sich im Geiste verbunden fühlte, so verehrte. Diese Faszination endete, als im Jahre 1747 das Schloss Sanssouci in Potsdam seinen Einstand feierte und er dem Schloss bei Potsdam den Vorzug gab, weil es ihm aus Gründen, die nicht näher überliefert sind, mehr zusagte.

Im Jahr 1888, dem »Dreikaiserjahr«, war das Schloss Charlottenburg die Residenz des todkranken »99-Tage-Kaisers« Friedrich III. Durch die Jahrhunderte hindurch zeigten die Herrschenden mal mehr, mal weniger Interesse an dem prachtvollen Bauwerk, je nach persönlicher Vorliebe oder Verwandtschaftsverhältnis. Das Schloss trotzte all diesen Wirren und heute, wo viele der Namen und Titel seiner Bewohner langsam in Vergessenheit geraten, ist sein Name immer noch bekannt.

Nach dreihundert Jahren und zwei Weltkriegen wurde Ende der vierziger Jahre alles dafür getan, das Charlottenburger Schloss wieder in seiner ursprünglichen Schönheit erstrahlen zu lassen. Die damalige Direktorin der West-Berliner Schlösserverwaltung, Margarete Kühn, war maßgeblich für seinen Wiederaufbau verantwortlich. Und seit 1952 hat das von Bildern und Postkarten bekannte und imposante Reiterstandbild des großen Kurfürsten Friedrich Wilhelm von Brandenburg, das von Schlüter gefertigt wurde, seinen Platz direkt vor dem Schloss. Tritt man durch das Eingangstor und lässt seinen Blick durch die riesigen Hallen schweifen, merkt man dem Gebäude sein Alter in keinem Winkel an. Kommt man schließlich in den weitläufigen Schlossgarten, fühlt man sich wirklich wie im Märchen. Dieser Garten allein ist schon einen Besuch wert. Der Glasbau des Schlosses wird in den Sommermonaten für Kunstausstellungen und Konzerte genutzt, der Neue Pavillon beherbergt Gemäldegalerien und Skulpturen und in der Orangerie befindet sich ein hübsches, gediegenes Restaurant. Das Schloss Charlottenburg schickt den Besucher auf eine Reise durch drei Jahrhunderte und lädt dazu ein, Geschichte zu erleben. Hätten einige der Besitzer gewusst, was für eine Sehenswürdigkeit das Schloss einmal sein wird, hätten sicher mehr von ihnen ihre Spuren in den alten Mauern hinterlassen, aber wer von uns kann schon wissen, was in der Geschichte eine Rolle spielen wird und was nicht.

(Thomas Stechert)

GRUND NR. 59

Weil Döblins Alexanderplatz immer noch derselbe ist

Den Berliner Alexanderplatz kennt jeder, auch derjenige, der noch nie persönlich dort war. Alfred Döblin hat ihn mit seinem gleichnamigen Roman weltberühmt gemacht. In dem 1929 entstandenen Werk, das die Geschichte von Franz Biberkopf erzählt, erscheint Berlin als modernes Babylon, als Heimat von Zuhältern, Huren, Gaunern und Kleinkriminellen. Die Handlung spielt inmitten von tiefem Elend und kreist um Verbrechen, Prostitution, Hunger und Krankheit. Döblin beschreibt in dem Buch vor allem die Reizüberflutung des Menschen in der Großstadt. In einer Szene heißt es: »Er lief und irrte durch die Straßen, er sah nicht, dass Tausende und Abertausende so liefen, in diesem Stadtteil, in anderen, in anderen Städten, sie hatten alle keinen Ort, still standen nur die Häuser. Tausende glaubten, sie wären allein, aber das war das Kainszeichen auf der Stirn dieser Zeit, dass keiner sich in dem andern erkannte. Verhinderte Menschen, Vernichtung der Wahrheit!« (Alfred Döblin: Berlin Alexanderplatz, München: dtv, ungekürzte Ausgabe April 1965, 44. Auflage Mai 2005, S. 345)

Man muss kein Philosoph oder Gesellschaftskritiker sein, um die Parallelen zur heutigen Zeit zu erkennen. Döblin hat ja in seinem Roman vor allem über die Schwierigkeit des Einzelnen, sich in den rasant wachsenden Großstädten zurechtzufinden, geschrieben und kritisierte, dass die individuelle Entfaltung und eigene Selbstverwirklichung, sagen wir es überspitzt, in der breiten Masse unterging, untergehen musste. Vieles hat sich seit damals auf dem Alexanderplatz verändert, vieles ist aber auch so geblieben. Im Akkord entstehen neue Geschäfte, neue Parkhäuser und noch mehr Verkehrsinseln, die Leute haben es noch genauso eilig wie 1929, sie rennen zur Straßenbahn und hetzen die Treppen zur U-Bahn hinunter. Im Hintergrund dröhnen die Presslufthämmer der Baustellen. Am Springbrunnen nimmt man sich bei schönem Wetter Zeit und setzt sich, hält einen Moment inne und beneidet die Touristen, Punker und Flaneure, die sich keinem Terminplan unterwerfen müssen. An das Einkaufszentrum Alexa, einen von etlichen neuen Konsumtempeln Berlins, hat man sich inzwischen gewöhnt und auch seine Farbe hat aufgehört, in den Augen zu schmerzen.

Inzwischen zählt der Alexanderplatz, von den Berlinern schlicht »Alex« genannt, wieder zu den meistbesuchten Plätzen der Stadt. Als Kind habe ich mich mal gefragt, warum der Alexanderplatz überhaupt Alexanderplatz heißt. Ich dachte, er könnte schließlich genauso gut auch Robertplatz, Klausplatz oder Renateplatz heißen. Aber meine Lehrerin erzählte uns beim Wandertag, dass er nach Zar Alexander I. benannt wurde, woraufhin sich die halbe Klasse wunderte, dass auf dem Alexanderplatz nicht ein einziges Zwiebeltürmchen stand. Wir machten am Brunnen der Völkerfreundschaft, der auch heute noch so heißt, eine Verschnaufpause und die Lehrerin ermahnte uns, dass wir das Einpackpapier unserer mitgebrachten Stullen ja nicht hineinwerfen sollen, was aber auch keiner vorhatte. Der Brunnen mit dem ziemlich sozialistisch klingenden Namen ist auch heute noch Dreh- und Angelpunkt des Alexanderplatzes. Noch immer tummeln sich um ihn tagtäglich Touristen, Punks, Schulklassen und Liebespaare.

Nach dem Mauerfall 1989 wurde es um den Alex ein bisschen ruhig, sein Aussehen war den meisten zu sozialistisch, deshalb entschloss man sich für eine Generalüberholung des ehemaligen Aushängeschildes der Deutschen Demokratischen Republik. Es wurden ein paar berühmte Architekten angerufen und beauftragt, den Platz wieder flottzumachen, und so wurde dem Alex nach und nach ein neues Kleidchen verpasst. Für schlappe neun Millionen Euro bekam er eine neue Pflasterung aus gelbem Granit und

Mosaiken, ein paar neue Kaufhaus-Kolosse und modernisierte Toilettenhäuschen.

In den Goldenen Zwanzigern war der Alex Inbegriff der Berliner Moderne, in den Vierzigern Schauplatz der letzten Kriegshandlungen und anschließend Angriffsziel für Bombardements durch die Alliierten. In der DDR war er einer der Lieblingsplätze von Erich Honecker und seinen Genossen aus dem Zentralkomitee der SED und beliebter Treffpunkt für Tausende Berliner und Berlin-Besucher, Mittelpunkt politischer Umwälzungen und Demonstrationen und nach der Wende ein Umschlag-Ort für Kleinkriminelle und Drogendealer. Er war und ist oft Filmkulisse für Hollywood-Blockbuster und Agenten-Thriller und wird auch in Zukunft gewiss noch das eine oder andere Mal aufgehübscht, umstrukturiert und neu gestaltet.

Doch nach wie vor, ob hübsch anzuschauen oder in grauem Gewand: Der Alex ist und bleibt einer der zentralen Plätze Berlins und ist nicht nur wegen seiner Geschichte auch einer der bekanntesten und beliebtesten. Wenn ich heute über den Platz husche, sehe ich oft Touristen vor der Weltzeituhr Faxen machen, sie lassen sich vor dem Fernsehturm ablichten oder hören den Punks beim Musizieren zu. Manche schauen zum Bundesumweltministerium hinüber, an dem in riesigen Buchstaben ein Zitat aus Döblins »Alexanderplatz« prangt. Darauf ist zu lesen: »Die Elektrischen fahren über den Platz, die Alexanderstraße herauf durch die Münzstraße zum Rosenthaler Platz ... Wiedersehen auf dem Alex, Hundekälte. Nächstes Jahr, 1929, wird es noch kälter.«

Döblin selbst würde bei einem Besuch auf dem Alexanderplatz vermutlich sagen: Er sieht anders aus, der Rest ist gleich geblieben.

(Verena Maria Dittrich)

GRUND NR. 60

Weil der Kurfürstendamm wieder erblüht

Das erste Mal, als ich vom Kurfürstendamm mehr sah als ein paar Bilder im Fernsehen, war Mitte November 1989. Die Mauer war erst seit ein paar Tagen offen und natürlich Thema Nummer eins. In den Nachrichten sah man Menschen, die sich in den Armen lagen und auf der Mauer tanzten. In einer von unzähligen Berichterstattungen wurden auch DDR-Bürger gezeigt, die nachts auf den Ku'damm strömten und dem Reporter auf die Frage, was sie denn um diese Uhrzeit dort wollen, schließlich seien die Geschäfte geschlossen, antworteten: »West-Luft schnuppern.« Der Ku'damm war für uns Ossis nämlich der Inbegriff dessen, wie eine richtig echte West-Konsummeile auszusehen hat, mit schicken Geschäften, bunten Reklameschildern und ganz viel pompöser Dekadenz. Nachts kannte man den Ku'damm ja nur aus irgendwelchen Serien, die man natürlich auch im Osten sah, etwa »Praxis Bülowbogen« mit Günter Pfitzmann in der Hauptrolle, für den Oma in den Achtzigern heimlich geschwärmt hat. Aber dass man plötzlich die Möglichkeit zum persönlichen Schaufensterbummel hatte, das war natürlich genial!

Ich sah die vielen Leute, die mitten in der Nacht auf den Ku'damm strömten, sich ein bisschen umsahen und anschließend wieder in ihre Wohnungen in den Osten fuhren, ohne sich darüber Gedanken machen zu müssen, ob das vielleicht alles nur ein Traum und die Grenze morgen schon wieder zu sein könnte. »West-Luft schnuppern«, diese Worte hörte ich damals oft und ich habe mich gefragt, ob es im Westen wohl tatsächlich anders riecht als bei uns im Osten oder ob es nur das Flair des Ku'damms ist, das die Geruchsnerven der Flaneure ein bisschen benebelt. Mein erster Ku'damm-Besuch war heimlich und unerlaubt, mit einer ziemlich frechen Freundin, die zwei Jahre älter als ich und – wie meine Mutter zu sagen pflegte – ein schlechter Umgang war. Kurz nach dem Fall der Mauer flunkerten wir unsere Eltern an, gaben vor, beim jeweils anderen zu übernachten, und fuhren schnurstracks nach Berlin, um endlich auch in den Genuss zu kommen, West-Luft zu schnuppern. Damals war alles neu und ungewohnt, fremde Menschen fielen sich in die Arme, und obwohl es mitten in der Nacht war und ich von diesem Prachtboulevard gar nicht viel zu sehen bekam, tauchten ihn die Geschichten, die wir schon gehört hatten, in ein glänzendes Licht. Das Wort »Kurfürstendamm« war ein anderes Wort für Abenteuer, das leider schon nach einem Besuch ausgeträumt war, als Mutter spitzkriegte, wo ich mich nachts rumtrieb, während sie mich, wohl behütet, bei Freunden wähnte. Es gab damals so viele neue Eindrücke, so viele neue Erfahrungen, dass ich den Ku'damm schnell vergaß.

Erst zehn Jahre später bin ich noch einmal dort gewesen und konnte nicht nachvollziehen, was es gewesen war, das diese Begeisterungsstürme in mir ausgelöst hatte. Der Ku'damm kam mir einsam vor, alt, verlassen, ein bisschen schäbig und heruntergekommen. Es schien, als hatte er sich nicht nur für mich, sondern auch für ganz Berlin erledigt. Und die, die um den Ku'damm wohnten und in Berlins City-West mit ihren Läden und Geschäften ansässig waren, machen irgendwie auf mich den Eindruck, als würden sie ihr eigenes Süppchen kochen und wären lieber unter sich. Es schien, als wäre der Boulevard in einen tiefen Dornröschenschlaf gefallen, und auch die Glocken der Gedächtnis-Kirche konnten nichts daran ändern. Die Gedächtnis-Kirche – auch Lippenstift genannt –, eine Ruine noch aus Kriegstagen, ist damals wie heute das Aushängeschild des Ku'damms und zählt zweifellos zu den bekanntesten Wahrzeichen der Stadt.

Unabhängig davon, welchen Eindruck der Ku'damm in den Neunzigern oberflächlich vermittelte: Tot war er nie, im Gegenteil! Das Leben pulsierte in den Theatern, Shows, Kinos, Discotheken,

Kneipen und Puffs nach wie vor. Es war nur so, dass zu anderen Zeiten auch schon einmal laut gesungen, länger gefeiert und auf den Tischen getanzt wurde. Ich frage mich allerdings: Was ist so schlimm daran, wenn es ab und zu ein bisschen ruhiger zur Sache geht? Das muss doch noch lange nicht bedeuten, dass das einstige Flair in Nebenstraßen ausgewichen ist! Die Einkaufsmeile, die liebevoll auch Bazar des 20. Jahrhunderts genannt wird, hat einen ganz eigenen Charme und lässt sich nicht mit anderen Boulevards, wie etwa der Straße Unter den Linden oder der Schlossstraße in Steglitz, vergleichen. Fast hätte ich es vergessen: Die Straße Unter den Linden ist schon allein deshalb nicht mit dem Ku'damm vergleichbar, weil sie sich nicht mit einem Grand Senior wie Rolf Eden schmücken kann! Der Name des stadtbekannten Playboys steht wie kein anderer für den Kurfürstendamm und ist legendär. Legendär sind auch seine Discothek Big Eden und die Geschichten, die sich darum ranken und die man sich über Eden erzählt: So soll er mit Mick Jagger einst den kompletten Ku'damm – und der Ku'damm ist lang! – unsicher gemacht haben. Die Straße ist sein Revier, aber nicht nur seins, denn auch Showgrößen wie Harald Juhnke oder Schauspieler wie Horst Buchholz gingen in den Lokalen ein und aus, pfiffen in ihren Cabrios den Mädels hinterher und verliehen dieser Straße schon damals so etwas wie Promistatus.

Das Showgeschäft wurde aber nicht nur von Machern wie Eden oder Beaus wie Buchholz angekurbelt, sondern vor allem durch die Berlinale, die in ihren Anfangsjahren, wie soll es anders sein, am Ku'damm stattfand. Jubilieren heute die Massen, wenn eine Angelina Jolie über den roten Teppich läuft, so rasteten sie damals eben aus, wenn Gina Lollobrigida Autogramme und Luftküsse verteilte. Die Anfangsjahre der Berlinale waren auch die, in denen sich der Ku'damm mit, sage und schreibe, 17 Kinos schmücken konnte und somit unbestritten als Kinomeile Deutschlands bezeichnet werden kann. Ebenfalls unvergessen sind die vielen bekannten und legendären Kaffeehäuser, wie zum Beispiel, das

Kaffee Kranzler oder das Café Möhring, deren Schließung für die Kaffeehausszene des Kurfürstendamms garantiert mehr war als nur ein Schlag ins Gesicht. Aber Berlin wäre nicht Berlin, wenn in den vielen Seitenstraßen nicht Dutzende neue Cafés ihre Pforten geöffnet hätten. In dieser Stadt werden die Nebenschauplätze schnell zu Favoriten, allen voran die Knesebeck- oder die Fasanenstraße.

Im Grunde kann man den Ku'damm mit Gina Lollobrigida vergleichen, dieser unheimlich schönen italienischen Filmlegende, um die sich in den Fünfzigern jeder gerissen hat und die so schön war, dass man sich an ihr nicht sattsehen konnte. Dann wurde es still, sie verschwand aus der Öffentlichkeit und diejenigen, die prophezeiten, dass sie ihre besten Jahre hinter sich habe, strafte sie Lügen, indem sie bei Auftritten noch schöner war als jemals zuvor. Mit dem Alter kamen die Falten und je mehr Falten sie bekam, desto schöner wurde sie, desto mehr gewann sie an Ausstrahlung. Und genauso ist das auch mit dem Ku'damm! Wenn einer behauptet: »Ach, der Ku'damm rockt doch schon lange nicht mehr!«, kann man die Uhr danach stellen, bis ein Artikel in der Zeitung steht, der das genaue Gegenteil beweist. Das Kalenderblatt zeigt gerade den 20. Februar 2011, der Ku'damm wird 125 Jahre alt. Eine der Schlagzeilen dieser Tage lautet: »Westalgie, ick hör dir trapsen: Totgesagter Ku'damm hat sich aufgerappelt.«

... Und wie er sich aufgerappelt hat! Ein Glück, dass es sich nur um einen Boulevard und nicht um ein Tier handelt. Sonst käme vielleicht noch einer in Versuchung zu sagen, »wie Phoenix aus der Asche«. Was macht Filmlegende Gina Lollobrigida eigentlich dieser Tage? Die wird ja wohl hoffentlich zum Geburtstag eingeladen worden sein, oder? *(Verena Maria Dittrich)*

KAPITEL 7

»Guten Morgen, Berlin, du kannst so hässlich sein«*

Von Hundescheiße und anderen Berliner Eigenheiten

* Peter Fox, »Schwarz zu Blau«

GRUND NR. 61

Weil Peter Fox »es« verstanden hat

Der Bass knallt mir um die Ohren, ich spüre, wie mir der eigene Schweiß den Rücken runterläuft und wie mir der des Mädels vor mir ins Gesicht klatscht, als sie ihren Kopf nach hinten wirft. Meine Füße schmerzen, mir ist ein wenig übel, ich tanze. Guido, mein Kumpel, steht an der Bar, links und rechts 'ne Puppe im Arm, und brüllt irgendwas in meine Richtung, ich verstehe kein Wort, die Luft ist dick und erfüllt von wummernden Klängen. Ich bin vielleicht seit vier Stunden in dem Club, es kommt mir vor wie tausend Jahre, mein Körper bewegt sich rhythmisch zur Musik, etwas krabbelt durch mein Blut, ich freu mich und weiß nicht warum, meine Lunge schreit nach frischer Luft. Ich lache Guido entgegen und hebe meine Bierflasche zum Gruß, während meine Augen den Ausgang suchen. Ich tanze und schiebe mich durch die schwitzenden und zuckenden Leiber und sehe durch den bunt leuchtenden Dunst zwei finstere Gestalten – da muss der Ausgang sein. Mein Magen rebelliert, mein Körper kämpft gegen Substanzen. Ich erreiche den Ausgang und frage mich selbst, wo zum Teufel ich mich eigentlich befinde.

Ich versuche, der drängenden Luft zu entkommen, deren Kälte sich in meine Lungen bohrt. Mein Herz pocht, ich habe einen schlechten Geschmack im Mund. Ich muss mich übergeben und erreiche im letzten Moment einen Busch, hinter dem ich mich wie ein nasser Sack in den Schnee fallen lasse. Eine Gruppe Mädchen schreit im Chor: »Iiihh!«

Der Schnee tut meiner Haut gut, mein Magen leert sich, ich lache. Die Bauchkrämpfe lassen nach, ich schabe den Schnee über die Sache und versuche, mich zu erinnern, warum ich an diesem Ort bin. Ein Gedanke zuckt auf: Ja, Guido wollte mir diesen neuen Club zeigen, der sich irgendwo unter einem alten S-Bahngleis befindet. Ich liebe Berlin, stelle ich fest, während mich ein junger Mann fragt, ob er mir helfen kann. »Danke, aber mir geht's gut«, antworte ich und suche den Eingang zum Club. Guido? Wer ist Guido? Ach ja, mein Kumpel. Ich überlege, in den Club zurückzugehen, aber entscheide mich dagegen. Ich will nach Hause, mein Magen startet neue Krämpfe. Ich suche ein Taxi, aber meine Füße laufen los. Mein Körper steuert eine Döner-Bude an, viel los, so früh am Morgen, alle haben Hunger. Ich warte auf mein Essen und versuche, cool zu sein, weil mich sechs Augen, die zu drei gruseligen Typen gehören, beobachten. Am Tisch neben mir hat es jemanden schlimmer erwischt als mich, er ist weggeknackt und liegt mit seinem Kopf in seinem eigenen Sabber. Ich nehme mein Brot und ziehe weiter, die sechs Augen lassen von mir ab. Essend torkle ich die Straße entlang, eine Asphaltschwalbe landet auf meiner Schulter und säuselt in mein Ohr: »Hey, Süßer, ist dir auch so kalt?«

Verkaufsförderung wie bei einer Fast-Food-Kette, denke ich und wimmle sie ab. Im rechten Hauseingang sitzen zwei Punker, brüllen sich an und teilen eine Flasche Fusel. Im linken Hauseingang kriegt jemand aufs Maul. Würde ihm ja gern helfen, aber erstens hab ich Hunger und zweitens vergessen, wo meine Hände sind. Ich sehe ein Taxi, während mir Knoblauchsauce auf meinen Handrücken tropft, aber das Schild leuchtet nicht. Ich sehe ein großes weißes U auf blauem Grund. U-Bahn, denke ich, bald zu Hause, vergesse das Ticket und steige über Red, Flat oder Brad drüber oder wie auch immer der Penner heißt, der zwischen mir und meinem Weg liegt. Der gelbe Zug sammelt mich mit all den anderen Alk-Leichen und Nachtschwärmern ein, die Berlins Nacht an seine Gleise spült. Ich will mich setzen, aber es ist zu voll. Am Ende des Abteils wieder lautes Geschrei, zwei oder drei Hoodies streiten sich mit zwei Lackmänteln. Ich schwitze, der Döner hat meine Übelkeit vertrieben, aber meine Augen brennen.

Das Gebrülle und die klirrenden Bierflaschen, die bei An- und Abfahrt des Zuges über den Boden scheppern, zerren an meinen Nerven. Berlin schreit wieder und ich muss zuhören. Das Gesicht von Peter Fox und sein Song »Schwarz zu Blau« drängen sich in mein Gehirn. Fox hat's kapiert, ein Teil in uns braucht diesen Moloch. Warum? Keine Ahnung. Der Zug hält. Die Tür öffnet sich. Ein Typ tritt eine von den nervigen Bierflaschen auf den Bahnsteig. Die Flasche zerbricht an einer blauen Kachel. Mir wird wieder übel. Die Frau ohne Gesicht, die in vielen Zügen spricht, sagt »Hallesches Tor«. Zu Hause, denke ich.

Die Tür der U-Bahn öffnet sich, Heimweg, Wohnungstür schließt sich, Filmriss. Im Bad überlege ich, aufs Land zu ziehen oder wenigstens in eine Kleinstadt. Ich sehe aus dem Fenster, der Gedanke von eben ist verschwunden. Ich denke ans nächste Wochenende. Berlin ist geil, auch wenn die Stadt einen gelegentlich mit dem Gesicht in den eigenen Mist drückt. Mit Klamotten falle ich ins Bett und muss an Guido denken und daran, welche der beiden Puppen ihn wohl in diesen Morgenstunden in den Schlaf wiegt.

Mein Kopf tut weh, die Stadt erwacht. *(Thomas Stechert)*

GRUND NR. 62

Weil sich die Berliner Verkehrsinseln zum Sportmachen eignen

Hundertmal am Tag passiert es, egal, in welchem Berliner Bezirk man sich gerade befindet: Man möchte einfach nur irgendeine Hauptstraße überqueren und wird merken, dass das nicht in einem Rutsch zu schaffen ist. Karl-Marx-Straße, Kurfürstendamm, Landsberger Allee, Müller- oder Torstraße, es spielt keine Rolle. Will man aber von der einen Seite auf die andere, sollte man als Fußgänger Zeit haben und sich im Zen-Buddhismus üben. Die sogenannte Verkehrsinsel oder der Mittelstreifen, also diese Dinger, die eine Fahrbahn unterteilen, sind die Orte, an denen der Berliner Fußgänger die meiste Zeit des Tages verbringt. Wenn die erste Ampel auf Grün springt und man gemütlich losläuft, wird man auf der Verkehrsinsel stranden, denn die zweite Ampel ist schon längst wieder auf Rot, noch ehe man überhaupt in ihrer Nähe ist. Hat man diese Erfahrung schon öfter gemacht, hält sich für einen schlauen Fuchs und ist auch noch fit in den Hüften, versucht man, das Problem mittels eines kleinen Spurts zu lösen.

Erste Ampel grün, der Läufer kommt gut aus dem Startblock, er ist schnell, sehr schnell, aber die Verkehrsinsel wird in den nächsten Minuten wieder seine Heimat sein, denn die zweite Ampel springt schon auf Rot, noch ehe der Sprinter die erste Straße überqueren kann. Die Erkenntnis, die einem die Berliner Verkehrsinseln mit ihren rot und grün leuchtenden Handlangern, auch Ampeln genannt, schenken, ist die, dass nicht einmal Clark Kent alias Superman oder Albert Einstein die körperlichen oder geistigen Voraussetzungen gehabt hätten, um sie in einem Schwung zu bezwingen. Aber der clevere Berliner Fußgänger macht auch aus dieser Not eine Tugend und trainiert an diesen Dingern seinen Willen, sich zu beherrschen, denn die alltägliche Begegnung mit diesen teuflischen Inseln ist immer aufs Neue eine Herausforderung, die bezwungen werden will.

Die Betrüger unter den Fußgängern gehen einfach bei Rot, aber der waschechte Berliner, der die Straßen seiner Stadt liebt, stählt seinen Körper und seine Nerven und begegnet den Inseln mit dem Vorsatz, heute, ganz sicher heute über die Physik zu triumphieren und die andere Seite der Straße zu erreichen, während das Licht noch grün leuchtet. Schaka! *(Thomas Stechert)*

GRUND NR. 63

Weil hier die gescheiterten Lehman Brothers leben

Macht es dir gar nichts aus, dass du kein richtiges Zuhause hast, ich meine eine Wohnung, einen Ort, an dem du dich abends zurückziehen kannst?«, frag ich Eule, der mir, nachdem er mich gerade um einen Euro angebettelt hat, seine Lebensphilosophie erklären will.

»Nee, Alter, dit broch ick nich. Außerdem hab ick ja noch meene Atze und der kennt den Jupe und Jupe hat 'ne Bude. Und wenn wa ma echt keen Bock mehr uff Straße ham, dann reiten wa alle bei Jupe ein.«

Der wird sich freuen, euch auf der Pelle zu haben, denke ich mir und ertappe mich bei dem Gedanken, ob ich diesem gebrochenen, aber cool wirkenden Typen, der wahrscheinlich älter aussieht, als er ist, einen Euro geben soll. Wir stehen im Schatten der Kaiser-Wilhelm-Gedächtnis-Kirche auf dem Breitscheidplatz in Charlottenburg-Wilmersdorf, Eule wirft die roten langen Haarfetzen, die auf seiner rechten Schädelhälfte hängen, mit einem Ruck in seinen Nacken und kiekt mich mit listigen, aber freundlichen Augen an. Berlin ist vielerorts bevölkert mit diesen sonderbaren Gestalten, die manchmal vergangenen Zeiten hinterhertrauern, im Leben gescheitert sind oder aber, wie viele sagen, »einfach keen Bock auf richtig arbeiten haben«. Ein Großteil dieser auf den Straßen Berlins Gestrandeten sind noch halbe Kinder, von zu Hause ausgerissen, den Traum von grenzenloser Freiheit suchend und zeitweise sogar lebend.

Im Sommer begegnen sie einem im Tiergarten, nahe dem Regierungsviertel, oder im Monbijoupark an der Oranienburger Straße in Mitte, wo sie mit ihren unzähligen Hunden, ihren mit Ketten und Kokolores behängten Lederjacken und ihren blau, grün und rot leuchtenden Haaren feucht-fröhliche Grillpartys bis in die frühen Morgenstunden veranstalten. In diesen Monaten sind sie ihrer Philosophie wahrscheinlich am nächsten. Die Luft ist warm, über ihnen der freie Himmel und kein Gedanke an den morgigen Tag. Im Winter trifft man sie bibbernd und blass vor Kälte im Bahnhof Friedrichstraße, am Alexanderplatz oder am Zoologischen Garten, sie raunen einen um Geld, Essen oder Kippen an und wirken hilflos und allein. In diesen Stunden wünschten sie sich sicher ein festes und aus meiner Sicht normales Heim. Wenn ich an meine schrillen, schmuddeligen und anarchischen Mitbürger denke, fällt mir immer eine Begegnung ein, die ich am Rosenthaler Platz hatte.

Ich lief die Torstraße hinunter und sah zwei Punker, die mit gespielt hängender Miene und traurig grinsenden Augen auf mich zu schlenderten. Als sie auf meiner Höhe waren, grinste mich der eine an und hob langsam seinen Kopf. Er stellte sich mir leicht zögerlich in den Weg. Ich blieb stehen. Mit lustiger Stimme sagte er: »Entschuldige bitte, dass ick da störe«, rieb sich die Augen und fuhr fort: »Ick und der da«, wobei er auf seinen Kumpel zeigte, »wir beede sind die gescheiterten Lehman Brothers aus New York, und wie de ja vielleicht jehört hast, jeht et uns finanziell zurzeit nich so jut, weeßt ja, wegen der Bankenpleite und der Finanzkrise und dem janzen Zeuch. Wenn de also so nett wärst und uns een oder zwee Euro jeben könntest, dann hätten wa wieder etwas Startkapital und könnten uns wieder uffrappeln.«

Noch während er sprach, musste ich grinsen, und als er fertig war und ich mir die beiden Typen in ihren ausgefransten, zerrissenen Klamotten ansah, brach ich in schallendes Gelächter aus und die Lehman Brothers lachten mit. Ich gab ihnen etwas Kleingeld und hoffte für sie auf einen neuen Start in ein neues Finanzimperium.

Man kann nicht jedem Punker, Straßenmusiker oder Obdachlosen, der einem in Berlin begegnet, Geld geben, dafür sind es einfach zu viele, aber ich versuche auch, nicht leichtfertig über sie zu urteilen, denn nicht jeder Weg geht immer geradeaus und nicht alle Wege führen nach Rom, sondern viele eben auch nach Berlin. Warum sich ein Mensch für den einen oder anderen Weg entscheidet, kann er oft selbst nicht sagen.

Ich sehe in Eules blitzende Augen, die das einzig Klare und Saubere an seinem Körper sind, und gebe ihm einen Euro. Eule verneigt sich vor mir und tanzt tippelnd den Breitscheidplatz hinunter, zum nächsten Menschen, den er mit seiner Ausstrahlung und Lebensweise finanziell bezirzen will.

Ich blicke ihm hinterher und bin froh, nicht in seiner Haut zu stecken, aber ein Teil von mir freut sich auch darüber, dass es Eule und seine bunten Brüder und Schwestern gibt. Zum einen wäre eine Stadt keine Großstadt, wenn es nicht Typen wie Eule und die Lehman Brothers gäbe, zum anderen beneidet ein Teil von mir sie um ihre grenzenlose Freiheit, wenn auch nicht in allen damit verbundenen Konsequenzen. *(Thomas Stechert)*

GRUND NR. 64

Weil es hier keinen interessiert, ob du ein Promi bist

Ich weiß nicht, ob Sie's schon wissen, aber der Berliner hat es, was das Finanzielle betrifft, nicht so dicke! Ich will jetzt nicht behaupten, dass alle Berliner klamm sind und sich mit Ach und Krach über Wasser halten, aber große Sprünge bedeuteten in dieser Stadt manchmal schon, wenn man kleine Schritte nach vorne macht. Offiziell gelten in Berlin mehr als eine halbe Million Menschen als arm und hierbei wird nicht zwischen Künstlern, Akademikern und Arbeitern unterschieden. Künstler in Berlin haben zwar immer irgendein Projekt am Start, aber trotzdem ganz schön zu knapsen. Dennoch sieht man es den wenigsten an, dass sie für den Rest der Woche nur noch einen knappen Zwanni im Portemonnaie haben. Sie sind stets gut gekleidet, denn dass der Berliner Bohemien keine Piepen hat, ist zwar eine Tatsache, aber das muss man ihm ja nicht gleich ansehen. Auf der anderen Seite gibt es einen kleinen Kreis Reicher, die immer mehr werden, denn Berlin fährt ein Luxus-Repertoire auf, dass nicht nur Otto Normalverbraucher die Ohren schlackern. Es gibt hier für die reiche Klientel nichts, was es nicht gibt, angefangen von Massagen für Frauchens verspanntes Schoßhündchen bis hin zu Golfplätzen auf den Dächern der Häuser. Auch dass man hier Tür an Tür mit den Stars wohnt, ist vollkommen normal. An die hohe Stardichte haben sich alle gewöhnt und es ist durchaus möglich, dass man einen Prominenten bei Kaiser's an der Weintheke oder beim Bäcker trifft. Schließlich müssen die ja auch mal was essen und trinken und sind meistens ganz gewöhnliche Leute. Berührungsangst war gestern. Es ist allen Vorurteilen zum Trotz auch nicht so, dass sich Promis, wenn sie gesichtet werden, schnell aus dem Staub machen. Im

Gegenteil. Wolfgang Joop stellt auch schon mal seinen Hund vor, wenn man ihm beim Gassigehen am Monbijouplatz zufällig über den Weg läuft. Und es ist auch vollkommen normal, dass man im Anna Blume sitzt und mitbekommt, wie Frau Maischberger zwei Tische weiter den guten Kuchen lobt. Wenn Freunde berichten, dass sie Renate Künast an der Kasse bei H&M oder Alexandra Neldel auf dem Flohmarkt gesichtet haben, fangen gleich alle an zu gähnen. Und als Robbie Williams im vergangenen Jahr ein spontanes Konzert im Mauerpark gegeben hat, habe ich vergessen, wie die Berühmtheiten hießen, die links neben mir und rechts vor mir aus tiefster Kehle »Angels« mitgegrölt haben. Wenn ich am Helmi im Wohnzimmer ein Stück Würfelzucker zu heftig in meine Mitropa-Tasse plumpsen lasse, kann es vorkommen, dass mich Benno Fürmann mahnend anschaut, weil gerade ein paar Kaffee-Spritzer auf seiner Sport-Seite gelandet sind, natürlich unbeabsichtigt, klar!

Wenn aber – und auch das ist keine Seltenheit – in dieser Stadt Großkaliber wie Brad Pitt oder Matt Damon auftauchen, finde ich es immer wieder unheimlich schön und schmeichelhaft für Berlin, aber auch zuvorkommend, wie man mit dieser Situation umgeht. Nämlich gar nicht! Man gibt sich einfach ganz locker und tut so, als sei es vollkommen normal, dass am Nebentisch Brad Pitt sitzt und sich seine Nudeln schmecken lässt. Und im Grunde ist es das auch: normal! Ich stelle mir gerade vor, wie es wohl wäre, wenn ich Brad Pitt treffen würde oder Robbie Williams und ich würde dann total rumkreischen wie die Mädels damals bei den Beatles, nur eben, dass die Stars nicht gerade auf der Bühne stehen, sondern beim Bäcker in der Schlange. Oh Gott, das wäre so unendlich peinlich! Nein, so etwas passiert hier nicht! Diese Blöße gibt sich keiner. Der Berliner ist dezent, der Berliner ignoriert, wenn er einen Star sieht, allerhöchstens lächelt er ihn an, aber auch das nur sehr reserviert. Der Berliner rückt keinem auf die Pelle! Hier können die Stars das sein, was sie sind: Menschen!

Eine kleine Anekdote zum Schluss. Vor ein paar Jahren, es war im Sommer 2004, habe ich mal neben Nick Nolte in der U-Bahn gesessen. Er trug einen marineblauen Jogginganzug und Adiletten. Ich erkannte ihn sofort, aber natürlich habe ich mir nichts anmerken lassen. Als die Station kam, an der ich raus musste, stieg ich aus, ohne Nick Nolte auch nur eines Blickes zu würdigen. Ein paar Tage später schlenderte ich in Mitte auf einem kleinen Wochenmarkt rum – ich probierte gerade eine Kette an so einem Aborigines-Stand –, als ich auf dem Boden Nick Noltes Adiletten erblickte. Verzwickte Situation! Ich meine, wir kannten uns ja jetzt sozusagen vom Sehen, der Nick und ich! Aber weil der Nick ein Star ist, hatte ich trotzdem ein paar ganz kleine, kaum erwähnenswerte Berührungsängste und grüßte nicht. Und dann, ich wollte gerade meine Kette bezahlen, da stand der Nick plötzlich neben mir und sagte »Beautiful«. Ich war ein bisschen verunsichert. Meint der jetzt mich oder die Kette?, fragte ich mich. Er meinte natürlich die Kette! Daraufhin murmelte ich so was wie: »Mmh!« Und er kaufte daraufhin auch eine Kette und dann lächelte er ganz breit und ich lächelte auch ganz breit und dann ging ich weiter. Hiermit sage ich: Er hat angefangen! Er hat zuerst gelächelt, er hat zuerst gelächelt! *(Verena Maria Dittrich)*

GRUND NR. 65

Weil hier auch hässliche Stadtteile ihre Reize haben

Niemals zieh ick hier weg«, sagt Alex und schmeißt seinen Körper bei dem Wort »niemals« in eine Kampfhaltung, als hätte ich mit meiner Frage, warum er nicht aus Marzahn weiter in die Innenstadt ziehen will, sein Leben bedroht. »Hier bin ick jeboren, hier sind meene Kumpels und hier will ick ooch begraben werden«, fügt er, meine Abwehrbewegung belächelnd, hinzu. Die riesigen Neubaugebiete mit ihren Plattenbauten sind für den Auswärtigen ein Anblick, der einem nicht gerade ein Lächeln ins Gesicht zaubert. In Stadtgebieten wie Marzahn oder Hellersdorf am östlichen Rand von Berlin gibt es Wohnblöcke, die sich einem wie Giganten aus Stahl, Stein und Glas in den Weg stellen. Sie wirken nicht freundlich und die Straßen, in denen sie stehen, scheinen alle denselben Namen zu haben: Hauptstraße. Jede Ecke gleicht der anderen. Als Besucher kann man leicht in die Situation geraten, ständig im Kreis zu laufen. Es hat etwas von einer Wüste, nur dass man sich nicht nach der Sonne richten kann, weil eines der Hochhäuser immer die Sicht versperrt.

Als ich meinen Freund Alex das erste Mal in seinem geliebten Marzahn besuchte, brauchte ich von der Bushaltestelle, die eigentlich nur fünf Minuten von seiner Wohnung entfernt ist, eine halbe Stunde. »Was gefällt dir an dieser Gegend denn so gut, mal abgesehen davon, dass die Mieten günstiger sind als im Zentrum?«, fragte ich ihn. Alex schaute nach draußen, die Fenster des Nachbargebäudes wirkten, als wären sie nur drei Meter von seinem eigenen entfernt. »Ick bin Berliner«, fing er an, »aber meene Heimat ist dit hier«, hob seine Arme und drehte sich im Kreis. »Ick denke, man muss in Marzahn uffjewachsen sein, um zu verstehen, dat et uns hier jefällt. Ick meen, ick bin jern inne Innenstadt, aber richtig wohl fühl ick ma nur hier! Ick hab hier allet, wat ick broche. Ick meen, wirklich allet: Kino, Einkoofen, Friseur, Sporthalle, Bank, Döner-Bude und Kieztreff. Und dit allet in einem Block.«

Er machte eine Pause, so als habe er seinen wichtigsten Grund bis zum Schluss aufgehoben. »Und außerdem«, fuhr er fort, sagte aber den Satz nicht zu Ende. Er ging aus dem Zimmer und kam mit unseren Jacken zurück. »Komm, ick zeig's dir«, sagte er und forderte mich auf, ihm zu folgen. Wir spazierten durch Marzahn und ich versuchte zu begreifen, was einen Menschen hier halten kann. Als wir um den letzten 16-Geschosser bogen und die grauen Giganten hinter unseren Rücken verschwanden, bekam ich zumindest eine Ahnung. Noch immer waren wir in Berlin, doch plötzlich blickten wir auf ein riesiges grünes Feld. Weit und breit nur sattes Grün und kein Ende in Sicht. Mir klappte die Kinnlade runter. Mitten im grauen Marzahn hat man auf einmal das Gefühl, im grünen Niemandsland zu stehen, atmet saubere, frische Waldluft und möchte am liebsten sofort anfangen, am Feldweg eine Blockhütte zu bauen. Die Zeit scheint stillzustehen, alles ist ruhig und gediegen, fast verschlafen. Ich begann, einige meiner Vorurteile zur Seite zu schieben. Nicht, dass ich jetzt nach Marzahn ziehen würde, aber das war definitiv nicht, was ich von einem angeblich so hässlichen Stadtbezirk erwartet hatte. *(Thomas Stechert)*

GRUND NR. 66

**Weil hier manchmal
auch Steine ein Argument sind**

Meine Schläfen pochen, etwas läuft mir am Kinn entlang. Ich denke, es ist Blut. Ich renne, ich werde verfolgt. Meine Augen suchen nach Rike und Steffen, aber es ist zu voll. Etwas trifft mich am Kopf, ich falle stolpernd auf den Asphalt. Ich spüre, wie mein Wangenknochen durch die Haut die Straße trifft. Ich schließe die Augen, mein Körper verkrampft sich zu einem einzigen Muskel, er versucht, den Aufprall abzufedern, es gelingt ihm nicht. Mein Körper trifft die Straße und das Knie eines Polizisten bohrt sich in meinen Rücken. Lautes Schreien, Menschen in Uniformen, Menschen ohne Uniformen. Ein Unbekannter reißt das Knie von meiner Wirbelsäule, ein anderer hilft mir auf die Beine. Warum bin ich hier? Was habe ich mir dabei gedacht? Ja, dabei, das ist es doch! Ich wollte dabei sein. Steffen und Rike waren schon öfter dabei. »Man muss denen mal die Meinung geigen«, sagen sie immer, »man kann doch nicht immer klein beigeben.«

Meine Wirbelsäule will aus meinem Körper, ich folge der rennenden Masse. Eine Frau stürzt zu meiner Linken, ich will ihr helfen, aber das Knie ist schon bei ihr. Die Rennenden teilen sich, ich laufe in eine Gasse. Mülltonnen blockieren meinen Weg, ich springe. Ein Hund bellt, Metallgeschmack auf meiner Zunge. Mein Blut schmeckt. Mir ist warm, ich sehe Rike. Sie kreuzt meinen Lauf, ich rufe ihren Namen, sie hört mich nicht. »Morgen ist der 1. Mai«, höre ich Rike gestern noch sagen. »Kommst du mit?« »Ja, warum nicht, hab bis jetzt immer nur davon gelesen«, war meine Antwort. Ich höre Steffen lachen. Ich will nicht randalieren, ich wollte meine Stimme einreihen, rechtfertige ich mich in Gedanken und spüre nassen Stein, ein Schuh fehlt. Jemand ruft meinen Namen. Rikes Mund versucht ein Lachen, aber ihre Augen haben Angst. Ich packe ihre Hand. Ich kenne Rike seit Jahren. Man muss politisch aktiv sein, so ihr Credo. Mittendrin, statt nur dabei sein. Dabei sein reicht also nicht. Das ist Berlin, hier muss man mittendrin sein: in der Scheiße, im eigenen Blut, im Lärm der Sirenen, im Strahl des Wasserwerfers, dabei sein reicht nicht, dabei sein bewegt nichts. Meine Nerven senden Schmerz, mein Gehirn versucht, die Nachricht zu ignorieren. »Steffen?«, fragt Rike. »Nein«, sage ich leise. Was wird hier bewegt, frage ich mich. Menschen gegen Menschen, Steine gegen Köpfe, Wut auf beiden Seiten.

Die Oberen schicken die Polizei. Die Unteren schicken sich selbst oder schlucken ihren Zorn. Beides tut weh, eins am Kopf, das andere im Bauch. Wer hat recht? Ich denke nicht. Ich sehe eine Tür, sie ist grün und schwer. Ich zerre meine Revolutionärin in den Hauseingang. Heute wird sie keine Lieder mehr singen, heute leckt sie ihre Wunden. Wir schmeißen uns in eine Ecke, der Tumult bleibt vor der Tür. Augen, die uns sahen, hatten kein Interesse. Zu viele Ziele. Viele Jäger, wenig Beute. Ich lege meinen Arm um Rike. Zeit vergeht, wir warten. Später in der Nacht treffen wir Steffen. Er lacht nicht mehr. Rote Haut.

»War es das wert?«, fragt er in Rikes Richtung. Sie dreht ihren Kopf weg. »Ja«, sagt sie. Wir sind müde. Das Knie wird auch müde sein und froh darüber, dass es für heute zu Ende ist, aber ich spüre es noch Tage in meinem Rücken. Manchmal spüre ich es in meinem ganzen Leben. Unsere Meinung zu sagen ist eines unserer Grundrechte. Doch oft redet man und redet und nichts passiert. Die Mehrheit von unten will Veränderung. Die Minderheit von oben will, dass alles beim Alten bleibt. Verkehrte Welt.

Berlin ist Brennpunkt. Berlin ist Bundesregierung. Berlin ist Widerstand. Berlin ist Demokratie. Ich denke an die vergangenen Stunden. Mein Körper tut weh. Ein Gedanke legt sich wie ein Pflaster über die Schmerzen: Es war richtig, dabei zu sein.

Manchmal muss man sich wehren. Berlin unterstützt einen dabei. »Steine sind kein Argument«, höre ich Reinhard Mey singen. In Berlin schon, höre ich wiederum die wütende Masse schreien. In Berlin sind Steine manchmal ein Argument. Aber hoffentlich nicht das einzige, versuche ich mich zu rechtfertigen.   *(Thomas Stechert)*

GRUND NR. 67

Weil die Berliner Mauer mehr ist als nur Geschichte

Diesen Grund würde ich gern einer Berliner Sehenswürdigkeit widmen, die heute in ihrer ursprünglichen Form nirgends mehr zu finden ist: der Berliner Mauer. Sie war über 28 Jahre lang Teil eines Grenzbefestigungssystems, das West-Berlin von Ost-Berlin trennte. Kein anderes Bauwerk hat das Gesicht der Stadt mehr geprägt als sie. Sicher fragt man sich jetzt: Ist die Berliner Mauer ein Grund, Berlin zu lieben? Meine Antwort lautet: Ja. Heute, im Jahr 2011, ist die Wunde, die sie der Stadt zugefügt hat, vielerorts kaum noch zu sehen. Aber es gibt immer noch genügend Plätze, Straßen und andere Orte, die nicht verbergen können, was hier einmal stand. Eine für mich in dieser Hinsicht ganz besondere Stelle ist die Kreuzung Chausseestraße, Ecke Liesenstraße in Mitte. Hier fahre ich manchmal mit Freunden oder Bekannten, die nicht aus Berlin stammen, hin, um sie die Zeit der Berliner Mauer durch meine Augen sehen zu lassen, wie damals, als ich sieben Jahre alt war.

Es war der Sommer 1980. In den frühen Morgenstunden wurde ich durch einen lauten Knall aufgeschreckt. Ich riss die Decke hoch, blickte in die Richtung, aus der das Geräusch gekommen sein musste, und rannte ans Fenster. Der Rahmen meines Kinderzimmerfensters wurde zur Widescreen-Kinoleinwand, denn direkt vor meinen Augen offenbarte sich ein Kino-Action-Szenario. Ein Auto schien in voller Fahrt frontal in die lange Mauer vor meinem Zimmer gerast zu sein, der Fahrer blickte benommen und blutüberströmt aus der Autotür, der vordere Teil seines Wagens hatte sich links, rechts und nach oben die Mauer entlang verteilt. Passanten liefen aufgeregt hin und her. Warum der Fahrer in die Berliner Mauer gekracht war, habe ich nie erfahren. War er betrunken und hat die Kontrolle über sein Auto verloren? Oder wollte er gar durch den »antifaschistischen Schutzwall« brechen, um einen Freund oder seine große Liebe auf der anderen Seite zu sehen?

Geht man heute die Liesenstraße, Richtung Volkspark Humboldthain entlang, kann man auf der rechten Seite das freie Gelände sehen, auf dem sich bis Ende der achtziger Jahre der Todesstreifen befand. In meinen Kindertagen war der Grenzübergang an der Chausseestraße ein gewohnter Anblick. Links und rechts von ihm entblätterte sich für uns Kinder, die direkt an der Mauer lebten, ein riesiges Abenteuerland. An einigen Stellen war es eine richtige Mauer, an anderen bestand sie nur aus bröckelnden, mit Einschusslöchern übersäten Häuserfassaden. Hier gab es die verrücktesten und wildesten Büsche und Sträucher, es war für uns das reinste Paradies, dort Verstecken zu spielen.

Die Mauer zeigte mir durch ihre vielen verschiedenen Steine und Formen immer ein anderes Gesicht und machte die seltsamsten Biegungen und Kurven, sie verschwand hinter oder auch direkt in einem Haus und kam, Straßen weiter, an einem anderen Ort wieder hervor. Sie tauchte in die Spree ein und krabbelte am anderen Ufer wieder die Böschung empor.

Ist man als Besucher in Berlin, dann kann man sicher all die bekannten und herkömmlichen Sehenswürdigkeiten besuchen und sagen: Ja, ich war in Berlin. Möchte man sich aber überraschen lassen und auf ungewöhnliche Entdeckungstour durch Berlin gehen, sollte man die Route an der ehemaligen Berliner Mauer entlanglaufen und die einst geteilte Stadt dabei beobachten, wie sie wieder zusammenwächst. Der geübte Beobachter wird erkennen, wie sich einerseits die Architektur aus Notwendigkeit zusammenrauft und anderen Orts harmonisch ineinander übergeht. In vielen Straßen – wie zum Beispiel in der Zimmerstraße, Ecke Axel-Springer-Straße – sind kleine Gedenktafeln und Pflastersteine eingelassen, die den Verlauf der Berliner Mauer nachbilden. Diese Markierungen bilden eine hervorragende Ausgangsposition für die moderne Erkundung der Berliner Mauer.

Als Kind freute ich mich auf jeden Tag, an dem ich ein weiteres Stück dieser faszinierenden Umgebung erkunden konnte. Gelegentlich schnappte ich mir das Fernglas meines Vaters und ging auf einen der vielen Aussichtstürme, die wir auf der Westseite hatten. Mein Kumpel Micha und ich waren mit Getränken und Broten ausgerüstet und beobachteten Männer in seltsamen Türmen, die hinter der Mauer im – wie Vater es nannte – Grenzstreifen standen, dabei, wie sie uns beobachteten.

Ich mochte meine Mauer, weil ich als Kind nicht verstand, welchem Zweck sie diente. Der Blick aus meinem Kinderzimmer in der Neuen Hochstraße fiel direkt auf die Mauer, mit seitlicher Sicht auf den Grenzübergang, und in der Nacht hörte ich auch den einen oder anderen Laut, der seinen Ursprung hinter diesem mystischen Gebilde hatte. Dann kam der Tag, an dem wir umzogen. Als ich neun Jahre später hörte, dass die Grenze geöffnet wurde und die Mauer wahrscheinlich verschwinden würde, dachte ich wieder an mein altes Abenteuerland, in dem ich meine ersten Safaris, Insekten- und Pflanzenbegegnungen hatte. Ich laufe auch heute noch gern die alte Grenze ab und liebe es, meinen Freunden, die das geteilte Berlin nur von Bildern kennen, davon zu erzählen, wie meine Kindheit an der Berliner Mauer war: eine spannende Entdeckungsreise und große Expedition. *(Thomas Stechert)*

GRUND NR. 68

Weil man in Berlin fast überall wohnen kann

Meine erste eigene Wohnung war im Friedrichshain. Zusammen mit meinem Bruder wohnte ich in einer Zwei-Zimmer-Altbauwohnung mit vier Meter hohen Decken, einem zehn Meter langen, schlauchartigen Flur und einer riesigen Küche. Dafür verfügten wir nur über ein sehr schmales, mickriges Bad. Das Klo stand gleich ganz vorn, denn dahinter kam nichts, bis auf eine winzige Duschkabine und ein kleines Fenster. Es handelte sich dabei, wie ich später lernte, um ein typisches Berliner Schlauchbad. An jedem unserer Zimmer gab es einen französischen Balkon. Wir wussten damals nicht, dass es sich hierbei lediglich um ein kleines, gusseisernes, hübsch geschwungenes Gitter handelt, und rasteten bei der Bestätigung des Wohnbesichtigungstermins durch die Hausverwaltung erst mal aus. Dann kam die Besichtigung der Balkone, die keine waren. Egal! Gemietet!

Die einen wohnen in Berlin in dekadenten Gründerzeit-Villen in Steglitz-Dahlem, die anderen bevorzugen den guten alten Plattenbau, Marke P2, weil die Mieten dort so schön billig sind und man – gerade am Alexanderplatz – einen phänomenalen Blick auf die Stadt hat. Mein Freund Oliver scheint am verrücktesten zu wohnen. Bei genauerer Betrachtung ist aber auch das wieder vollkommen normal für Berlin. Als Fotograf braucht er viel Platz, und weil er sein Studio schon immer gern in seinen eigenen vier Wänden unterbringen wollte, ist er einfach in ein ehemaliges Gewerbegiet gezogen und wohnt jetzt in der wundervoll klingenden Schneeglöckchenstraße, in einer alten – Leute, haltet euch fest – Kaufhalle! Der 400 Quadratmeter große alte Ostsupermarkt mit fünf Metern Deckenhöhe ist alles in einem: Aufenthaltsraum,

Wohnzimmer, Set und Lounge. Die Fläche ist so riesig, dass man in der Mitte ein Netz spannen und Tennis spielen könnte.

In dieser Stadt ist es normal, dass Künstler und Kreative Wohnung, Büro, Atelier und Arbeitsraum miteinander verbinden. Man wohnt auch gern mal in ehemaligen Imbissbuden, neben Autowerkstätten oder in alten, heruntergekommenen Fabrikgebäuden. Die einen bevorzugen das raue Leben am Kotti in Kreuzberg und leben in ausgebauten Kellerwohnungen, die anderen lieben die Natur und wohnen in unmittelbarer Nähe zum Volkspark Friedrichshain in sanierten Plattenbauten. Wie die Leute in Berlin wohnen, ist für Außenstehende manchmal schwer verständlich. Die stecken eben in der Materie einfach nicht drin und können nicht nachvollziehen, dass hier zu wohnen nicht zwangsläufig bedeutet, dass man seine Bude über das Treppenhaus erreicht. Ich erklär das mal kurz: Es war Weihnachten, ich besuchte meine Eltern in Cottbus. Weihnachten wird ja so viel in sich reingeschaufelt, dass der gute alte Schnaps auch nichts mehr hilft. Wir also raus und 'ne Runde um den Block. Da stand so eine alte Kaufhalle am Wegesrand und gammelte traurig vor sich hin. Während meine Mutter über Abriss nachdachte, schlug ich ihr vor, dort einzuziehen. Sie ist fast aus den Latschen gekippt, so wahnwitzig fand sie meine Idee. Für meine Mutter bleibt ein Ladenfenster ein Ladenfenster. Denn ein Ladenfenster kann unmöglich ein Wohnzimmerfenster sein und am allerwenigsten gilt das für Ladenfenster ehemaliger Fleischereien, auch wenn meine Mutter mittlerweile weiß, dass in Berlin einstige Fleischereien gut gehende Restaurants sind. Aber in einem Laden mit riesigem Ladenfenster wohnen? Unvorstellbar!

Genauso unvorstellbar ist es für meine Mutter, in einer Wohnung zu wohnen, in der man, wenn man mal aufs Klo will, erst die Wohnung verlassen und drei Treppen nach unten laufen muss. Und wenn man Pech hat, sitzt vielleicht auch noch Frau Müller von nebenan gerade auf dem Pott! In Berlin werden die Wohnungen mit dem guten alten Außenklo natürlich auch langsam weniger, aber in den alten Gründerzeit-Bauten rund um die Warschauer Straße sind noch etliche davon zu finden. Mittlerweile sind aber auch die längst nicht mehr so günstig, gelten sie doch als Rarität!

Windige Immobilienmakler haben längst das schnelle Geld gewittert und preisen in ihren Online-Auftritten sogar Ofenwohnungen mit Lockrufen an wie: »Echte Berliner Wohnung mit tollem Altbau-Charme und urigem Kachelofen« oder »Diese gemütliche Heinrich-Zille-Wohnung könnte Ihr neues Zuhause sein!«. Dass es sich bei der Heinrich-Zille-Traumwohnung um eine heruntergekommene Kellerwohnung in der Torstraße handelt, muss man ja nicht gleich jedem auf die Nase binden. Frei nach dem Motto »Wohnst du noch oder lebst du schon?« würde ich sowieso antworten: In Berlin wohnt man nicht, in Berlin lebt man!

Und das kann eben in alten Kaufhallen, auf heruntergekommenen Fabrikgeländen, Hinterhöfen, in Lofts, verwaisten Stadtbädern, Kellerwohnungen, Plattenbauten oder Bruchbuden mit Außenklo sein! Dafür zahlt man Miete oder lässt es – wie die Berliner Hausbesetzer-Szene zeigt. Die meisten, die hier wohnen – ob Mieter, Eigentumsbesitzer oder Hausbesetzer –, eint, was sie spüren, wenn sie die Tür hinter sich schließen: das gute Gefühl, nach Hause zu kommen. *(Verena Maria Dittrich)*

GRUND NR. 69

Weil man sich hier so schön mit den Taxifahrern streiten kann

Da, jetzt in die Thulestraße rechts rein!«, rufe ich. Mein Fahrer schweigt. Meine Hand krampft sich ins schwarze Leder meines Sitzes. Die Thulestraße kommt und geht. Mein Fahrer schweigt. Meine Finger bohren sich tief in das Leder. »Hallo, ich wollte zur Warschauer Straße im Friedrichshain!« Mein Fahrer bewegt den Kopf, sein Mund zuckt, aber mein Fahrer schweigt. Ich überlege, ob ich die Tür aufreiße und aus dem Wagen heraus eine Stuntman-Rolle zwischen zwei parkende Autos mache, wie ich es neulich in einem Film von Tom Cruise gesehen habe. Es ist meine erste Taxifahrt in diesem Jahr und ich erhalte gleich wieder eine Lektion in Berliner Ortskenntnis oder: Wie man am einfachsten vom Wedding nach Friedrichshain kommt, mit exklusiver Sightseeing-Tour durch London und Moskau.

»Da wird jebaut!« Endlich, mein Fahrer spricht.

»Sie können ja reden!«, stelle ich euphorisch fest.

Mein Fahrer stöhnt.

»Wenn da gebaut wird, dann hätten Sie doch die Wisbyer Straße weiter geradeaus fahren können?«

Mein Fahrer schweigt. »Oder wird da auch gebaut?«, hake ich nach. »Nee, da is um diese Zeit allet dicht, Stau, vastehnse?«

Ja, ich verstehe, denke ich. »Nein, das verstehe ich nicht«, sage ich. »Doch wenn wir jetzt dort lang weiterfahren, stehen wir auch im Stau!« Mein Taxifahrer schweigt. Meine Hand greift von allein nach der Türöffnung, mein Gerechtigkeitssinn berechnet die Überlebenschance für einen Sprung. Mein Verstand schaltet sich ein, Ableben oder Knochenbrüche sind gute Gegenargumente.

»Da unsere Kommunikation sehr einseitig verläuft, bitte ich Sie, jetzt rechts ranzufahren und mich hier aussteigen zu lassen«, höre ich mich selbst sagen.

Mein Fahrer spricht wieder: »Okay, okay, is ja jut. Hörn Se, ick stop dit Taxameter bei 15 Euro und fahr Sie dann trotzdem zur Warschauer Straße, ja?« Er weiß, dass ich weiß, dass er mich bescheißen wollte. Er fängt an zu pfeifen, was soll er auch machen?

Mein Gerechtigkeitssinn rebelliert, mein Verstand sagt: In Ordnung. Wir fahren weiter und schweigen nun beide. Kurz vorm Ziel frage ich meinen Fahrer: »Wie lange leben Sie schon in Berlin?«

»Mein janzet Leben, und Sie?«, antwortet er und fragt mich zurück.

»Ick ooch, ick ooch«, sage ich.

Er zwinkert mich durch den Rückspiegel an und zwingt mich damit zu einem Lächeln. Er spricht über die Gegend, in der er aufgewachsen ist. Mein Gerechtigkeitssinn schweigt.

Nicht, dass man mich jetzt falsch versteht, ich mag die Berliner Taxifahrer und sie tauchen ja schließlich auch in diesem Buch auf. Um das Bild wieder etwas geradezurücken, kann ich auch die andere Seite beleuchten. Als ich zum Beispiel eines Nachts am Leopoldplatz in ein Missverständnis geriet und mich nichts ahnend plötzlich in einer Prügelei befand, waren es drei Taxifahrer, die Schlimmeres verhinderten und mich dort unverzüglich rausholten.

Und vor einigen Jahren hatte ich mein Portemonnaie verloren und nur noch fünf Euro lose in den Taschen, was mir aber erst während der Fahrt auffiel. Der Taxifahrer blickte mich zwar etwas schräg an, fuhr mich aber trotzdem an mein Ziel, was weit über meinen finanziellen Mitteln lag. Wenn Sie also in Berlin unterwegs sind und sich eins von diesen elfenbeinfarbenen Gefährten heranwinken, seien Sie nicht erstaunt, wenn man Ihnen gelegentlich Berlin und die Welt neu erklären will, denn im Kern seines Wesens ist der Berliner Taxifahrer ein feiner Kerl. *(Thomas Stechert)*

GRUND NR. 70

Weil der Geruch von Hundescheiße auch Heimat bedeuten kann

Der Zug, in dem ich sitze, rast am späten Abend über die Gleise. Ich habe die letzten drei Wochen in einem kleinen Nest in Niedersachsen verbracht. Der Schaffner steht gelangweilt am Fenster, ich lausche dem Vibrieren der Räder auf den Schienen. Auf der Anzeigetafel sehe ich einen Namen aufblitzen, Berlin-Alexanderplatz, mein Reiseziel. Ich strecke meinen Rücken durch und hebe meine Arme weit über meinen Kopf. Zu Hause, denke ich, endlich zu Hause. Draußen tanzen die Lichter am Fenster vorbei. Ich lehne mich in meinen Sitz und stelle wieder einmal fest, was für ein schönes Gefühl es ist, heimzukommen in die gewohnte Umgebung, vertraute Licht-Nuancen, bekannte Geräusche. Als ich Berlin vor ein paar Wochen verließ, konnte ich es kaum erwarten, dieses graue, stinkende, ständig maulende Miststück zu verlassen. Ich war froh, ihrer Hektik entkommen zu sein. Aber dieses Gefühl verflog schnell. Sehr schnell. Drei Tage in der ländlichen Idylle Niedersachsens und ich vermisste Berlin.

Ich lag nachts im Bett, die Milch dampfte auf meinem Nachttisch und ich konnte einfach nicht einschlafen, denn es war so verdammt still. Kein einziges Geräusch, kein Knarren in den Dielen über mir, weil Frau Bandit nachts wieder durch ihre Wohnung flitzt, keine bebenden Bässe des Mieters unter mir, der schon seine dritte Party diese Woche zelebriert, und das Schlimmste: kein Verkehrslärm, kein Hupen und keine Straßenbahn, die jede halbe Stunde an meinem Wohnzimmer vorbeidonnert. Kurz: Es war ruhig. Zu ruhig zum Schlafen!

Ich wälzte mich die ganze Nacht. Das Urlaubsdörfchen, in dem ich verweilte, war schön, aber auch zu ordentlich und zu sortiert.

Mir fehlte morgens der grimmige Zeitungsverkäufer an der Ecke, mir fehlte der übertrieben auf Mitleid machende Penner vor dem Netto, mir fehlten die Menschen, die dich schon anpöbeln, wenn du es nur wagst, aus ihrer Richtung Luft zu atmen. Mir fehlte Berlin. Ich begann, die Tage zu zählen, bis ich wieder in meinen verdreckten, lauten und unfreundlichen Moloch zurück konnte.

Die Wolkendecke über Berlin hängt tief und die Reflexion der Stadtlichter liegt wie ein sanftes Leuchten über den Dächern der Häuser. Der Zug wird langsamer und kommt quietschend zum Stillstand. Ich stopfe meinen Laptop in den Rucksack, nehme meine Taschen und trete auf den Bahnsteig hinaus. Wenn man nach einer Reise in seine vertraute Umgebung zurückkommt, nimmt man diese in den ersten Minuten immer etwas bewusster als im gewohnten Alltag wahr. Kleine Veränderungen an einem Haus, die frisch gestrichene Parkbank oder eine neue Baustelle fallen einem sofort ins Auge. Ich gehe die Treppen hinunter und betrete den Platz, zu meiner Linken McDonald's, vor dem sich eine Horde Punks pöbelnd zu einem nächtlichen Saufgelage trifft, zu meiner Rechten das Kino Cubix, vor dem zwei Typen wegen Pfandflaschen in Streit geraten. Ich grüße die Punks, ernte verdutzte Gesichter, gefolgt von einem lauten, lallenden: »Verpiss dich!«

Noch bevor ich die Haltestelle der Straßenbahn erreiche, stapfe ich auch schon in den ersten Hundehaufen. Die Tram kommt, zum Abwischen bleibt keine Zeit. Ich flitze hektisch zu der sich schnell schließenden Tür und bleibe mit einer meiner Tasche in ihr hängen. Der Straßenbahnfahrer öffnet sie noch einmal, aber nicht ohne dabei lautstark aus den Lautsprechern zu brabbeln. Ich lasse mich in einen Sitz fallen und spüre, wie sich unfreundliche Blicke in meinen Nacken bohren. Der Geruch von Hundescheiße breitet sich schnell aus und mit ihm das gute Gefühl, endlich wieder zu Hause zu sein.

(Thomas Stechert)

KAPITEL 8

»Nischt wie raus nach Wannsee«*

Ausflüge, Freizeit, Erholung

* Conny Froboess, »Pack die Badehose ein«

GRUND NR. 71

Weil Berlin eine grüne Stadt ist

Berlin ist eine grüne Stadt, mit Gräsern, Blättern, Chlorophyll und diesem ganzen Zeug, das gut für die Lungen ist. Berlin gehört zu den grünsten Metropolen Europas. In Berlins Straßen stehen über 400.000 Bäume der unterschiedlichsten Arten. Das ist eine beachtliche Zahl. Auf einen Kilometer Straße kommen ungefähr achtzig Bäume. Die Bäume, die man hier am häufigsten findet, sind Linde, Ahorn, Eiche, Platane und die bei Kindern sehr beliebte Kastanie. Uns Großstädtern wird ja gern vorgeworfen, wir hätten keine Ahnung von der Natur und würden nur zwischen Betonklötzen und mit dem Gesicht vor dem Computer oder der Glotze aufwachsen. Obwohl ich – wie schon ungefähr hundertmal erwähnt – im Wedding aufgewachsen bin, war der Weg ins Grüne für mich kein weiter. Gleich bei mir um die Ecke an der Seestraße hatten wir die Rehberge. Im Sommer tobten wir auf den Wiesen, im Herbst formten wir Wohnungen aus Blättern, im Winter bauten wir hier unsere leider nicht für die Ewigkeit gemachten Iglus. Nach der Schule ging es zum Basketballspielen in den Schillerpark an der Barfusstraße. Hier wurden mir zwar ab und zu meine T-Shirts der Los Angeles Lakers abgezogen, aber das passierte zumindest alles im Grünen und darum geht es ja in diesem Grund.

Berlin verfügt über 2500 öffentliche Grünanlagen mit einer Gesamtfläche von fast 6400 Hektar. So wie fast jeder Berliner Stadtteil mit einem See aufwarten kann (davon mehr in Grund 78), hat auch fast jeder einen Park. Mein persönlicher Favorit unter den Parks ist der Volkspark Prenzlauer Berg, in den sich kaum einer verirrt und der im Volksmund nur stiefmütterlich Oderbruchkippe genannt wird. Diesen Namen verdankt die Grünanlage ihrem kleinen Berg und der wiederum war nach dem Krieg eine der vielen Trümmerkippen für die zerstörten Häuser Berlins. Wer es dicht bewaldet und urig mag, sollte sich natürlich einfach in den Grunewald stürzen. Sollte aber jemand nach dem Motto »Der Wald ist nicht genug« leben, findet er im Tiergarten den wohl schönsten, kulturreichsten und eigentlich auch größten Park der Stadt, wenn man mal vom Umbau des Tempelhofer Flugfeldes in eine Parkanlage absieht. Wer einen Wasserfall sehen möchte, sollte sich einen Besuch im Viktoriapark in Kreuzberg vormerken, denn hier, direkt auf dem Kreuzberg, erwartet den Besucher eine Szenerie, die man in dieser Stadt gar nicht für möglich gehalten hätte. Der Wasserfall wird zu einem reißenden Strom, in dem riesige Felsen liegen, alles ist umrandet von Bäumen und Blättern. Ein kleines Stück Amazonas inmitten Berlins. Es sind eben doch alles nur Klischees.

Der Botanische Garten in Lichterfelde – der größte in ganz Deutschland mit 43 Hektar und über 22.000 Pflanzenarten – sowie die Pfaueninsel in Wannsee, Teil des Weltkulturerbes, die wie eine Märchenlandschaft ein Parade-Beispiel dafür ist, dass Natur und Kultur in Perfektion miteinander harmonieren können, sind für Berlin-Touristen Pflichtbesuche. Zwei Parks noch zum Schluss. Da ist zum einen der Volkspark Friedrichshain im gleichnamigen Stadtteil, der eine sehr alte Parkanlage ist, die zum Teil noch aus den 1840er Jahren stammt. In diesem Park findet man eine der schönsten Sehenswürdigkeiten der Stadt, den Märchenbrunnen (siehe Grund Nr. 72). Die Anlage ist elegant angelegt, hat einen großen Teich mit Sitzmöglichkeiten, einen öffentlichen Grillplatz, mehrere Spielfelder für Basketball und Fußball, einen Inline-Skater-Rundkurs, einen Kletterfelsen und eine Freilichtbühne, wo in den warmen Monaten Konzerte und Filmvorführungen stattfinden. Klar, dass dieser Park im Sommer Anlaufpunkt Nummer eins für die Friedrichshainer ist.

Zum zweiten ist da der Volkspark Humboldthain in Gesundbrunnen. Er ist kein besonders schöner Park, symbolisiert aber auf seltsame Art und Weise für mich persönlich das alte West-Berlin. Außerdem habe ich in diesem Park das erste Mal die Welt auf eigene Faust erkundet. Ein Bunker aus dem Zweiten Weltkrieg, der sich auf der Humboldthöhe befindet, ist mit seiner Aussichtsplattform der perfekte Ort, den Wedding aus einer anderen Perspektive zu sehen.

Berlin hat in puncto Natur viel zu bieten. Selbst wenn man einfach nur richtungslos durch die Straßen spaziert, erwartet einen bald garantiert die nächste kleine Parkanlage. Berlin eine graue Stadt? Fehlanzeige. Berlin ist grün! *(Thomas Stechert)*

GRUND NR. 72

Weil wir einen märchenhaften Brunnen haben

Das Kind weint, es ist auf die Pflastersteine gestürzt. Reflexartig spannen sich meine Muskeln an, ich will loslaufen, aber da sehe ich die Mutter schon herbeieilen. Das Wasser im Brunnen rauscht, übertönt durch die Gespräche der Menschen auf den Bänken um mich herum. Das Kind hat aufgehört zu weinen. Neben mir sitzt eine alte Dame, sie streichelt ihren Hund. Das Sonnenlicht funkelt durch die Baumkronen. Inmitten dieser Szenerie steht ein Brunnen, wie es in dieser Stadt keinen anderen gibt. Die Gesichter der steinernen Märchenskulpturen, die auf der kleinen Mauer am Wasserbecken stehen, starren zeitlos. Hänsel und Gretel blicken einander nicht an, Rotkäppchen trotzt der Welt mit mutigem Blick, Dornröschen schläft. Der Brunnen mit seiner ganz eigenen Magie wurde 1913 eingeweiht. Der damalige Berliner Stadtbaurat Ludwig Hoffmann legte viel Wert darauf, dass die Figuren, die den Märchenbrunnen schmücken, plastisch sind. Diese Entscheidung gibt dem Brunnen auch seine spezifische Ausstrahlung, denn die Figuren wirken, als würden sie sich gleich vom Sockel losreißen und in die Welt marschieren. Einer der Zwerge, der Teil der Schneewittchen-Skulptur ist, trägt die Gesichtszüge des Malers Adolph Menzel, der einer der bedeutendsten deutschen Realisten des 19. Jahrhunderts war. Weil dem Künstler nach seinem Tode ein Denkmal verweigert wurde, haben die Bildhauer als Hommage sein Gesicht mit in die Skulpturen der Brunnenanlage einfließen lassen.

Mir gegenüber sitzt ein Mann, er klirrt mit den Flaschen in seinen Tüten, ihn streichelt niemand. Ich strecke meine Beine aus und schließe die Augen. Leise Stimmen, Vögel, aneinanderschlagende Flaschen und das Geräusch des Wassers sorgen für innere Ausgeglichenheit. Es war ein anstrengender Tag. Früher, als ich noch in der Greifswalder Straße gewohnt habe, war ich öfter an diesem Brunnen.

Das Klirren der Flaschen verstummt, ich öffne die Augen. Der Sammler blickt auf den Boden, seine Miene versteinert. Er sieht plötzlich aus wie die Statuen auf den Mauern. Die alte Dame redet mit ihrem Hund wie die junge Mutter mit ihrem Kind, ich schmunzle in mich hinein. Die Skulpturen des Märchenbrunnens am westlichen Rand des Volksparks in Friedrichshain schenken ihrer Umgebung keine Aufmerksamkeit, sie haben ihre eigene Geschichte. Ein schmutziger, zerlumpter Typ betritt den Platz. In der ersten Minute blicken viele fragende Gesichter in seine Richtung, in der zweiten nur noch ich. Ein Fehler? Vielleicht, denn er kommt auf mich zu. Ich kann ihn riechen, bevor er in meiner Nähe ist, und sehe, dass er noch jung sein muss, obwohl er alt aussieht. Er fragt mich nach Kleingeld.

Draußen in der Stadt würde ich ihm nichts geben, aber hier am Märchenbrunnen, an diesem lauen Sommerabend und im Angesicht der Helden meiner Kinderbettgeschichten, hat er mit mir genau den Richtigen angesprochen. Ich gebe ihm mehr, als er es gewohnt zu sein scheint, denn sein braunes Gesicht lacht herzlich. Seine Augen strahlen im Kontrast zu seinen Zähnen. Die Sonne geht langsam unter. Schneewittchen und Aschenputtel stehen schon im Schatten, Mutter und Kind sind bereits gegangen. Neben mir sitzt ein Pärchen. Sie tuschelt, er küsst. Eine Gruppe Jugendlicher hat es sich auf zwei Bänken gemütlich gemacht, etwas lauter, aber nicht störend. Als sich der Zahnlose eine Bank am Ende des Brunnens sucht, passiert er im Vorbeigehen die Statue des versteinerten Hans im Glück, sein genaues Gegenteil. Die alte Dame verabschiedet sich. Ich nicke ihr zu. Die Dämmerung breitet sich auf dem Platz aus. Die Vögel verstummen, die Stadt wird lauter.

Bevor ich gehe, muss ich daran denken, dass der Märchenbrunnen in drei Jahren hundert Jahre alt wird. Wie alles in Berlin hat er Zerstörung und Wiederaufbau erlebt und nichts von seiner Schönheit eingebüßt. Ich blicke noch einmal in die Runde. Jeder dieser Menschen hat sicher einen anderen Grund, warum er heute an diesem Brunnen gestrandet ist, aber alle fanden hier das Gleiche: ein Stück Harmonie und Entspannung, in dieser oft unharmonischen Stadt. *(Thomas Stechert)*

GRUND NR. 73

Weil wir zwei Zoos haben

Der Tatsache, dass Berlin jahrzehntelang eine geteilte Stadt war und niemand wusste, wie lange dieser Zustand anhalten würde, ist es geschuldet, dass es hier viele Dinge doppelt gibt. Bei einigen Angelegenheiten konnte man sich nach der Wiedervereinigung darauf verständigen, dass man eine Seite abschafft oder aber wenigstens aus zwei eins macht, wie im Fall der BVB (öffentliche Verkehrsbetriebe Ost-Berlins) und der BVG (öffentliche Verkehrsbetriebe West-Berlins). Ob nun der damalige Slogan BVG + BVB = BVG korrekt ist, darüber würde ich mich streiten wollen. Aber in Bezug auf die beiden Zoos, den im Westen Berlins liegenden Zoologischen Garten mit dem Berliner Aquarium und den im Osten der Stadt ansässigen Tierpark in Friedrichsfelde, konnte es keine schnelle Einigung geben.

Beide Zoos hatten ihre historische Existenzberechtigung, der eine, weil er seit 1844 Berlins erster Zoo war, der andere, weil er aufgrund der Teilung Berlins im Jahre 1955 eröffnet wurde, um auch den Bürgern der DDR einen Tierpark zu bieten. Hätte man nun einen der beiden Zoos dem anderen vorgezogen, wäre das so gewesen, als hätte man die eine Hälfte der Stadt über die andere gestellt. Also setzte man sich in der Politik dafür ein, dass beide Zoos erhalten wurden. Seit dem 31. Januar 2007 haben beide sogar eine gemeinsame Verwaltung und werden unter dem Sammelnamen Hauptstadtzoo geführt. Der Tierpark als größter Landschaftstiergarten Europas, das Berliner Aquarium am Olof-Palme-Platz und der Zoologische Garten, der als artenreichster Zoo der Welt gilt und der in den vergangenen Jahren durch die Geburt des Eisbären Knut weltweit in den Medien vertreten war, bilden eine Achse quer durch Berlin, die mit einer Tier- und Pflanzenwelt aufwarten kann, die nicht nur den Tierliebhaber oder Kinderaugen in Staunen versetzen. Als Ex-West-Berliner ziehe ich den Zoo am Hardenbergplatz seinem östlichen Pendant vor, sage aber auch jedem, dass er unbedingt den Tierpark im Osten besuchen soll, denn dort ist alles etwas weitläufiger und großzügiger gestaltet.

(Thomas Stechert)

GRUND NR. 74

Weil die Oberbaumbrücke unser »Pont Neuf« ist

Anfang der neunziger Jahre stieg ich in Kreuzberg am U-Bahnhof Schlesisches Tor, einem der ersten Bahnhöfe der Berliner U-Bahn und damaliger Endbahnhof für die U1, aus, um eine Freundin in Ost-Berlin zu besuchen. Vorbei an den Punks, die ihre Hunde in dem Müll, der sich an den steinernen Mauern des Bahnhofs angesammelt hatte, spielen ließen, und mit Blick auf die Schlesische Straße mit all ihren Gemüsehändlern und dem Kreuzberger Kiezgetöse sah ich zum ersten Mal die Oberbaumbrücke oder zumindest das, was von ihr übrig geblieben war. Zu diesem Zeitpunkt konnte man der Brücke nur mit sehr viel Phantasie abringen, dass sie früher mal ganz gut ausgesehen hat. Denn sie war in diesen Tagen eine mehr oder weniger zurechtgezimmerte Kriegsruine. Nicht, dass ihr maroder Charme nicht seine Reize gehabt hätte, aber der Lack war definitiv ab. Sie war ein der Witterung überlassenes, abgewracktes Bauwerk.

Im ausgehenden neunzehnten Jahrhundert wurde die Oberbaumbrücke als Überführung für den Straßenverkehr und für die gerade in Betrieb genommene U1 gebaut. Damit wurde die weiter spreeaufwärts gelegene alte Holzbrücke abgelöst, die noch Teil des Zollbetriebes des 18. Jahrhunderts war. Am Anfang diente ein einfacher dicker Baumstamm, der mit großen Eisennägeln bespickt war, als Barriere, um in der Nacht den Durchgang der Spree zu blockieren, damit kein Schiff ungehindert an den Zollbeamten vorbeikam und unkontrolliert Waren nach Berlin einführen konnte. Diese Art von Sperrbaum wurde im Westen der Stadt Unterbaum genannt, im östlichen Teil Oberbaum. Als sich die Stadtgrenzen ausdehnten, wurde der Oberbaum aufgegeben und statt seiner eine hölzerne Brücke gebaut, die mit integrierten

Klappen den Schiffs- und Zollbetrieb auf Höhe des Stralauer Tors regelte. Ihr Name: Oberbaumbrücke.

Als Verbindungsglied zwischen Friedrichshain und Kreuzberg wurde sie 1945 durch Hitlers Nerobefehl teilweise gesprengt, um den Russen den Vormarsch zu erschweren, und diente später, nach der Teilung Berlins, als notdürftige Überquerung zwischen dem amerikanischen und dem sowjetischen Sektor. Im Sommer 1961 fand das rege Treiben auf und um die Oberbaumbrücke herum mit all den Wechselstuben, die Ost- in Westmark tauschten, ein jähes Ende, denn der 13. August brachte der Stadt bekanntlich die Berliner Mauer. Über zehn Jahre lang durfte kein Mensch auch nur einen Fuß auf die Brücke setzen, da sie nun nicht mehr war als ein Grenzgebiet zwischen zwei verfeindeten politischen Systemen. In diesen Tagen waren die einzigen wagemutigen Gäste unter ihren verfallenden Bögen entlaufene Hauskatzen und Kaninchen. 1972 wurde sie als kleiner Grenzposten für den Fußgängerverkehr wieder geöffnet. Als die Wende kam, interessierte sich für die Oberbaumbrücke, die zwar nun wieder ihrem eigentlichen Zweck diente, aber unter der Geschichte Berlins optisch ziemlich gelitten hatte, zunächst kein Mensch.

In dieser Zeit habe ich auf der verwaisten Ruine einen der sagenhaftesten Sonnenuntergänge überhaupt erlebt. Klingt kitschig? War auch so. Richtung Alexanderplatz blickend, sah ich hinter dem Hauptbahnhof (Vorsicht: heute Ostbahnhof) den Fernsehturm, der seine unangefochtene Krone forderte und sich über der Skyline Berlins erhob. Ich stand in einem Grenzland, an einem Ort, der als Verbindung und nicht als Trennung gebaut wurde, und sah die Sonne zwischen den zerstörten Bögen untergehen. Die Szenerie hatte ein bisschen was von »Die Liebenden von Pont-Neuf«, einem französischen Kinomärchen, das die Liebesgeschichte eines Pärchens erzählt, das auf der ältesten noch erhaltenen Brücke über die Seine in Paris lebt, liebt, streitet und eben auch Sonnenuntergänge anschaut.

1995 wurde die Oberbaumbrücke nach Entwürfen des Architekten Calatrava restauriert und im Mittelteil neu gestaltet. Die Bögen und Klinkersteine strahlen seitdem in voller Pracht. Der Blick Richtung East Side Gallery bietet feinstes Panorama auf Berlins Mitte. Mit ihrem mittelalterlichen Durchgang, eigens für Fußgänger, der zweiseitigen Fahrspur für Autos und ihrer seitlich erhöhten Struktur für die Gleise der U1 ist ihre Konstruktion in ganz Berlin einmalig. Die Brücke ist seit 1998 auch Austragungsort der Gemüseschlacht, bei der sich die Friedrichshainer und Kreuzberger eine symbolische Schlacht darum liefern, wer denn nun eigentlich von wem okkupiert wurde, als die Berliner Bezirke zusammengelegt wurden und Kreuzberg wie auch Friedrichshain ihren Status als eigenständige Bezirke verloren.

Ihre heutige imposante Optik kann es durchaus mit ihrer ursprünglichen aufnehmen, doch es gibt einen Punkt, der mir damals besser gefiel: dass sie für den Autoverkehr gesperrt war. Ein bisschen mehr Pont-Neuf, dafür ein bisschen weniger Stau und Feierabendverkehr: Das wäre die perfekte Brücke für mich. Für Anhänger kitschiger Sonnenuntergänge natürlich auch!

(Thomas Stechert)

GRUND NR. 75

Weil der Teufelsberg der perfekte Ort ist, um sich zu verknallen

»Wie viele Treppen noch?«, fragt Angelika mit flehenden Augen. »Ich weiß nicht so genau, vielleicht eine Million?«

Angelika kneift die Augen zusammen. Sie ist neu in Berlin und weiß nicht, was sie erwartet.

»Okay, kleine Pause«, lenke ich ein und reiche ihr eine Flasche Wasser. Wir drehen uns um und sehen den Grunewald unter uns, links die Heerstraße, rechts, in der Ferne, die verlassene Ruine des US-amerikanischen Radargebäudes, das in der Zeit des Kalten Krieges der NSA als Teil des weltweiten Spionagenetzes diente.

»Hier ist es doch auch ganz nett!«, versucht sie, unsere Kletterpartie abzuwenden.

»Nix da«, unterbreche ich, »wir gehen weiter, du sollst Berlin von oben sehen und nicht nur vom Rand des Grunewalds.« Stufe für Stufe schiebe ich sie auf der hölzernen Treppe nach oben. Es ist eine verwinkelte und verdammt lange Treppe, als Kind habe ich öfter versucht, ihre Stufen zu zählen, wurde aber immer wieder von der Aussicht abgelenkt und hörte bei zweihundert Stufen und etlichen Podesten auf zu zählen.

Angelika fügt sich ihrem Los. Wir haben Glück, es ist ein sonniger Tag, weit und breit keine Wolken in Sicht. Der Himmel thront über den Dächern Berlins. Als wir endlich oben sind, setzt sich Angelika auf die erste Bank, die sie mit ihrer Schnappatmung erreichen kann. Sie greift nach der Wasserflasche, will etwas sagen, schweigt aber, als sie die Stadt plötzlich in ihrer ganzen Größe sieht. Wir stehen am westlichen Rand Berlins, in Grunewald, auf dem Teufelsberg, der, neben den Müggelbergen in Treptow-Köpenick, mit seinen 114 Metern die höchste Erhebung der Stadt ist. Der

Teufelsberg ist ein Trümmerberg. In den vierziger Jahren stand an diesem Ort der Rohbau der Wehrtechnischen Fakultät, die unter den Nationalsozialisten als ein Teil der Welthauptstadt Germania geplant war. Die Ruine des im Krieg zerstörten Rohbaus lieferte die ersten Trümmer des Berges und bildete somit die Grundlage für den Teufelsberg, der seinen Namen von dem kleinen Teufelssee hat, der ganz in der Nähe liegt.

In den folgenden zwei Jahrzehnten wurde hier etwa ein Drittel der Trümmer der im Krieg zerstörten Berliner Häuser abgeladen, das entspricht in etwa 26 Millionen Kubikmetern Trümmerschutt. So wuchs der Berg allmählich zu seiner heutigen Größe. Als er 1972 seine Aufgabe erfüllt hatte und nicht länger für Trümmer benötigt wurde, füllte man ihn mit Sand und Erde auf, bepflanzte ihn und machte aus dem ganzen Haufen ein Erholungsgebiet. Der Berg bietet jedem, der es schafft, hochzukraxeln, einen Panoramablick, dass einem die Lider flimmern. Eigentlich ist der Teufelsberg ein verdammt guter Ort, um sich sofort in Berlin zu verknallen. Wenn abends die Sonne untergeht und der Himmel über der Stadt ein bisschen so aussieht, als würde er in Flammen stehen, dann wird einem schon ganz warm ums Herz. Ja, hier oben kann man der Stadt an der Spree sehr leicht verfallen. Aber vielleicht fange ich erst einmal mit Angelika an. *(Thomas Stechert)*

GRUND NR. 76

Weil man im Mauerpark Karaoke singen kann

An einem Sonntag im August trafen wir uns mit ein paar Freunden im Mauerpark im Prenzlauer Berg, um ein bisschen auf dem Flohmarkt zu stöbern, als wir plötzlich aus der Ferne lautes Klatschen, Rufen, tobenden Applaus und vereinzelte Zurufe hörten, die wir nicht genau lokalisieren konnten. Die Musik war sehr laut, aber das Klatschen davor, dazwischen und danach um einiges lauter. Wir folgten dem Applaus wie die Maus dem Geruch des Schinkens. Nach einigen hundert Metern stießen wir auf ein kleines Amphitheater mitten im Mauerpark, dessen Sitzreihen bis auf den letzten Platz besetzt waren. Dicht an dicht saßen die Leute nebeneinander wie die Hühner auf der Stange: Berliner, Touristen, Zugezogene, Neugierige, Musikfans und andere Schaulustige lauschten den mal mehr, mal weniger schiefen Tönen, die ihnen dargeboten wurden. Manche hatten es sich auf den Sitzen gemütlich gemacht: mit Decken, Sitzkissen und Sonnenschutz. Neben einigen stand eine bis an den Rand mit Bier gefüllte Tiefkühlbox. Diejenigen, die keine hatten, orderten die kühlen Getränke oder Snacks direkt bei den fliegenden Händlern, die das Publikum von Joe Hatchiban tatkräftig unterstützten.

Joe Hatchiban: So heißt der coole Ire, der das »Bear Pit Karaoke«, also das Karaoke in der Bärengrube, jeden Sonntagnachmittag im Mauerpark veranstaltet. Hatchiban, seit sieben Jahren in Berlin, studierter Germanist und ehemaliger Boxer, hat mit seiner selbst gebauten Karaoke-Maschine nebst integrierten Lautsprecherboxen – Achtung, kleines Wortspiel! – einen Riesenhit gelandet. Auf seiner Fanseite hält Mr Karaoke alle Fans auf dem Laufenden und informiert beispielsweise über neue Termine oder Ausweichmöglichkeiten bei Regen.

Und dann geht's auch schon los: Cassy aus Kanada hat ihren Auftritt und singt »Foundations« von Kate Nash aus tiefster Kehle. Ja klar, ein paar schiefe Töne sind dabei, aber das stört hier keinen und sowieso: Die schiefen Töne hauchen dem Ganzen noch mehr Leben ein, noch mehr Stimmung, und am Ende ihres Auftritts erntet sie nicht nur tosenden Applaus, sondern auch so etwas wie fünf Minuten Ruhm, denn Joe filmt viele der Auftritte mit der Kamera und stellt sie anschließend auf YouTube oder seine Facebook-Seite. So hat nicht nur Cassy etwas, das sie zu Hause zeigen kann, sondern auch Tausende andere, die den Karaoke-Sonntag im Mauerpark verpasst haben. Als Nächster ist Steven aus Boston dran. Er trägt einen beigefarbenen Trenchcoat und einen großen Hut, schnappt sich das Mikro und gibt vollkommen selbstvergessen »My Way« von Frank Sinatra zum Besten. Die Zuhörer sind vom ersten Ton an auf seiner Seite und singen laut mit. Einen Moment sieht es so aus, als hätte das Publikum nichts dagegen, wenn die ganze Welt einen Tag lang eine einzige Karaoke-Party wäre und nur aus singenden Menschen bestehen würde. Zu dieser Vermutung gibt auch die mutige Maike aus dem Ruhrpott Anlass, die »I will survive« von Gloria Gaynor singt und, wie sie später erklärt, aus Liebeskummer den Text nach der ersten Strophe vergessen hat. Und so verbündet sie sich mit dem Publikum, das den Refrain mit ihr gemeinsam trällert und für Maike gesanglich in die Bresche springt, als gebe es kein Morgen. Besonders gut kommen natürlich Songs an, die jeder auswendig kennt und mitsingen kann, Cindy Laupers »Girls just wanna have fun« ist so ein Song, der nicht nur von allen inbrünstig mitgegrölt wird, sondern auch die Stimmung noch einmal um ein Vielfaches nach oben treibt und beim Publikum für spontane Verbrüderungsaktionen untereinander sorgt. Bis zum Sonnenuntergang hat man mindestens drei Dutzend Songs mitgesungen, sich mindestens zweimal fremdgeschämt, wenn die Sänger ihren Oberkörper entblößt oder sich etliche Male vor Lachen gekrümmt haben. Einige haben ihren Song mit lustigen Tanzschritten, selbst choreografierten Tanzeinlagen oder akrobatischen Turnübungen garniert. Aber unabhängig davon, wie individuell die Songs bei Joes Bear Pit Karaoke im Mauerpark interpretiert werden: Das Ganze ist ein Riesengaudi, zu dem statt einer guten Stimme, Entertainment-Qualitäten und der Liebe zur Musik vor allem eines gehört: Mut. *(Verena Maria Dittrich)*

GRUND NR. 77

Weil Tegel mehr ist als nur Flughafen und Knast

Wenn man den Namen Berlin-Tegel hört, wird der eine in erster Linie an den Otto-Lilienthal-Flughafen denken, der voraussichtlich 2012, wenn der Umbau des Flughafens Schönefeld zum Berlin Brandenburg International beendet ist, geschlossen wird und somit ein weiteres Kapitel der Berliner Luftfahrt. Dem anderen kommt vielleicht die Justizvollzugsanstalt Tegel in den Sinn, die, 1896 erbaut, eines der ältesten Gefängnisse Deutschlands ist. Aber Tegel ist mehr, Tegel ist ein Stadtgebiet, das noch Überraschungen zu bieten hat, selbst für den noch so eingefleischten Berliner.

Tegel liegt im Bezirk Reinickendorf und hat nicht nur einen der schönsten Seen Berlins, sondern eine reiche Natur und die eine oder andere nicht so bekannte Sehenswürdigkeit. Ist man am U-Bahnhof Alt-Tegel und verlässt den Endbahnhof der U6 in Fahrtrichtung auf der rechten Seite, steht man auf dem Platz, wo die Straße Alt-Tegel beginnt, deren Verlauf, vorbei an Cafés, Bars und Restaurants, direkt an die Greenwichpromenade des Tegeler Sees, die nach dem Stadtteil Greenwich in London benannt wurde, führt. Greenwich ist Partnerbezirk Reinickendorfs. Von dort aus hat man einen phantastischen Blick auf den See und die Halbinsel Reihenwerder, auf der sich die Villa Borsig befindet, die weiträumig angelegte Promenade lädt zum Spaziergang ein. In den Abendstunden ist sie ein beliebtes Ausflugsziel für Berliner Liebespaare. Von hier, an der Tegeler Hafenbrücke, beginnen auch viele der interessanten Bootsfahrten durch die Gewässer der Stadt. Im Sommer bilden die Schiffe und Dampfer eine romantische Kulisse, in den Wintermonaten lassen Schnee und Eis den See wie eine Märchenlandschaft erscheinen.

Tegel ist nicht laut und Tegel ist nicht reißerisch. Wer hierher kommt, sollte nur eines mitbringen: Zeit. Wer den Kontrast zwischen Stadt und Natur liebt, findet in der Kleinstadtidylle am Ufer des Tegeler Sees, das am oberen Teil des Sees fließend in den Tegeler Forst übergeht, ein Paradies für Lunge und Augen. Auch die Wanderung um den See ist ein Abenteuer für sich. Wer mehr Kultur benötigt, kann sich das Schloss Tegel, in dessen Mauern einst die Gebrüder Humboldt lebten, und die denkmalgeschützte kleine russisch-orthodoxe Kirche in der Wittestraße mit ihrem angeschlossenen Friedhof zu Gemüte führen.

Eine Besonderheit Tegels, mit der es kein anderer Stadtteil Berlins aufnehmen kann, ist, dass am alten Schloss der wahrscheinlich älteste Baum der Stadt steht. Die Eiche mit dem Namen Dicke Marie soll dort bereits seit 1192 stehen und wäre somit sogar älter als Berlin selbst. (Alt-Berlin wurde erstmals 1244 urkundlich erwähnt.) Wer es also nicht eilig hat oder sich im Urlaub Zeit für die weniger bekannten Orte Berlins nehmen will, sollte unbedingt einen Trip nach Alt-Tegel machen. *(Thomas Stechert)*

GRUND NR. 78

Weil Berlin auch eine blaue Stadt ist

Die warmen Monate in Berlin sind mit keinem der Sommer in anderen europäischen Metropolen zu vergleichen. Es gibt weltweit nur wenige Großstädte, die es mit der schier unbegrenzten Anzahl an Gewässern und natürlich Bademöglichkeiten dieser Stadt aufnehmen können. Berlin hat nicht den Luxus, an einer Küste zu liegen, aber es hat für den Badefreund eine stattliche Anzahl Seen und Flüsse in seinen Grenzen und seinem Umland parat. Allein das Stadtgebiet Berlins kann mit fast siebzig Seen aufwarten, von denen über die Hälfte zum Baden freigegeben sind. Wer in den heißen Sommermonaten nicht den Weg ins Wasser findet, ist entweder wasserscheu oder kann nicht schwimmen. Alle Berliner Seen und Badestellen der Havel aufzuzählen würde wie in der Schule wirken, also habe ich mir ein paar Besonderheiten herausgepickt. Es gibt in der Hauptstadt kaum einen Bezirk, der keinen See (oder ein anderes passables Badevergnügen) vorweisen kann.

In Tegel kann man vom Flughafensee aus das Starten und Landen der Maschinen betrachten, während man gemütlich auf der Luftmatratze lümmelt. Wen also der Lärm nicht stört, ist mit Tegel gut bedient. Im Grunewald gibt es auf einem Uferstreifen der Unter-Havel, in der Bucht Große Steinlanke, vereinzelte Sandstrände, die bis zu einem Kilometer lang sind. Hier wird in einem das Gefühl von Urlaub geweckt und man kann sich in aller Ruhe eine geeignete Badestelle suchen, an der man garantiert ungestört ist. Ein Stück weiter runter, kurz vor der Havel-Insel Schwanenwerder, gibt es eine Stelle, an der man über 25 Meter weit ins Wasser laufen kann und das kühle Nass nur knapp über die Knöchel schwappt. Das ist ein irres Gefühl, so weit draußen vom Ufer entfernt und mitten im Wasser zu stehen. Könnte glatt für Wattwanderungen gebucht werden! Komisch, dass es das noch nicht gibt. Vielleicht melde ich geschäftliches Interesse an! Wer einen Hund hat, ist am Grunewaldsee richtig, denn hier hört man das Bellen schon, bevor der See überhaupt zu sehen ist. Das Baden von Hunden ist hier nicht nur erlaubt, sondern vor allem erwünscht. Die Badestelle ist ein reger, stadtbekannter Treff von Hundebesitzern. In der Nähe des S-Bahnhofes Kaulsdorf, im Osten der Stadt, liegt der Habermannsee, der von vielen Berlinern als der Badesee Nummer eins gesehen wird. Zu Recht, denn er hat herrliche Sandstrände, viel Natur und großflächige Liegewiesen. Noch ist er an warmen Tagen selten überfüllt, da man mit dem Auto nicht so leicht an ihn herankommt, aber er spricht sich von Jahr zu Jahr mehr herum. Weil das Baden in der Spree und ihren Kanälen offiziell verboten ist und das Ordnungsamt den unrechtmäßig Badenden und FKK-Aktivisten 15 Euro Strafe abknöpfen kann, muss die nächste Badestelle wohl als illegal bezeichnet werden. In Treptow, in der Oberspree, gibt es in der Nähe des gleichnamigen S-Bahnhofs der Linie S47 eine geheime Badestelle, an der man auf flachem Grund die heißen Tage genießen kann. Zu DDR-Zeiten gab es dort sogar ein offizielles Freibad, aber, wie gesagt, heute ist das Baden dort verboten. (Diese Zeilen sind also kein Aufruf zum Ungehorsam! Und erst recht kein Aufruf zur Freikörperkultur an nicht zum Baden genehmigten Gewässern!) Wer aber in der Spree baden möchte, ohne dabei gegen ein Gesetz zu verstoßen, sollte an der außergewöhnlichsten Badestelle Europas vorbeischauen: dem Berliner Badeschiff, dem schwimmenden Pool auf der Spree. Das Schiff verfügt über eine Open-Air-Bar und ist eine der coolsten Möglichkeiten in Berlin abzutauchen.

Es gibt noch einen See, den ich erwähnen muss, sonst reißen mir einige Berliner den Kopf ab: den Wannsee. Es gibt den Großen und den Kleinen Wannsee, aber (jetzt wird's wissenschaftlich) im hydrologischen Sinne ist dieses Gewässer eigentlich kein See, sondern nur eine Bucht der Havel. Nicht traurig sein, liebe Ortsansässige, hier kommt die Ehrenrettung: Der Große Wannsee in Steglitz-Zehlendorf ist durch Conny Froboess und ihren Schlagerhit »Pack die Badehose ein« seit 1951 sicherlich das bekannteste Gewässer Berlins. Dort gibt es mehr Badestellen, als Berlin Seen hat. Planscher sollten früh kommen, denn vor allem am Wochenende geht's am Wannsee zu wie am Mittelmeer.

Da ich die Fahne meines Heimatbezirks hochhalte, soll auch der Plötzensee im Wedding erwähnt werden, der – man höre und staune – im Jahre 2003 von der EU-Kommission löblich erwähnt wurde, weil er die EU-Normen für Badeseen nicht einfach nur gewährleistet, sondern in einigen Werten sogar übertrifft. Ohnehin ist die Wasserqualität der Berliner Seen beispiellos. Von den über vierzig genehmigten Badestellen haben, abgesehen von ein, zwei Ausnahmen, alle die Bewertung »hervorragend« bekommen. Die Stadt Berlin kümmert sich um ihre Gewässer. Der nächste Sommer kann kommen! Jetzt bräuchte man nur noch jemanden, der dafür sorgt, dass er dieses Mal länger bleibt. *(Thomas Stechert)*

GRUND NR. 79

Weil in Marzahn die Gärten der Welt zu Hause sind

Wenn der durchschnittliche Berliner das Wort »Marzahn« oder »Hellersdorf« hört, ist seine erste Assoziation im Normalfall: Plattenbauten und Betonwüste. Auch ich gehörte zu diesen Skeptikern. Seitdem ich aber vor ein paar Jahren im Erholungspark Marzahn, in den Gärten der Welt, war, habe ich eher den Japanischen Garten als einen Plattenbau vor Augen. Als Berlin 1987 sein 750-jähriges Bestehen feierte, wurde der Erholungspark, der damals noch Berliner Gartenschau hieß, am Rande des Kienberges eröffnet. Die meisten Marzahner nutzen die Anlage zur Entspannung und waren bis zum Jahr 2000 weitestgehend unter sich, das änderte sich aber, als das Projekt Gärten der Welt ins Leben gerufen wurde und den Erholungspark Marzahn weit über die Stadtgrenze hinaus bekannt machte. Die Entwicklung diese Konzeptes ist Teil des Projektes »Land der Ideen«, was seines Zeichens eine Initiative ist, um Deutschland im In- und Ausland attraktiver zu machen. Im Falle der Marzahner Gartenanlage ist dies absolut gelungen, denn nach einem Besuch sieht man Marzahn und die hier vorgestellten Gartenkünste mit anderen Augen.

Das Projekt, das diese Gärten umfasst, besteht aus einem großen Areal im Erholungspark und aus verschiedenen Gartenanlagen aus allen Teilen der Welt. Unter diesen mit viel Liebe gestalteten Anlagen gibt es auch den Chinesischen Garten, der allein schlappe 4,5 Millionen Euro kostete. Drei Jahre lang arbeiteten zwei Landschaftsarchitekten und 18 Gärtner des Pekinger Instituts für Klassische Landschaftsgärtnerei daran. Im Orientalischen Garten, dem Garten der vier Ströme, wurde unter der Aufsicht von Fachleuten genau darauf geachtet, die traditionellen

Gestaltungsvorlagen islamischer Gartenkultur einzuhalten. Man betritt diesen Garten aus »Tausendundeiner Nacht« durch den Saal der Empfänge, der allein schon wegen der detaillierten Decken- und Rahmenkonstruktion der Säulen ein Hingucker ist. Der Japanische Garten mit dem klangvollen Namen Garten des zusammenfließenden Wassers, der für mich seit meinem ersten Besuch untrennbar mit dem Namen Marzahn verbunden ist, ist ein Ort reinster Harmonie. Weil die Japaner in ihren Gartenanlagen die Kraft und Reinheit der Natur optisch darzustellen versuchen, sind ihre Gärten mehr Religion als Grünanlage.

Weiter gibt es den Balinesischen Garten, den Koreanischen Garten, einen Hecken-Irrgarten, den Italienischen Renaissance-Garten, den Karl-Foerster-Staudengarten, den Christlichen Garten und und und ...

Wer sich von Garten als Kunst verzaubern lassen will, wird die Gärten der Welt zu Hause lieben. Es ist ein Ort der Ruhe, es duftet überall fein und man fühlt sich durch die andersartigen Pflanzen und die auf ungewohnte Art klar durchstrukturierte Natur in eine fremde Welt versetzt. Fast könnte man vergessen, dass man sich in einer Großstadt befindet, in der vielleicht gerade die Rushhour startet.

Besonders gern bin ich im Frühjahr in dieser – leider immer noch verkannten – Oase und versuche, mehr Leute darauf aufmerksam zu machen. Denn jeder Berliner sollte diese Gartenanlage besucht haben, damit er bei den Worten »Marzahn« und »Hellersdorf« nicht sofort an graue Wohnblöcke denkt. *(Thomas Stechert)*

GRUND NR. 80

Weil auf dem Gendarmenmarkt eine Violine doppelt so schön klingt

So wie die meisten New Yorker noch nie auf der Freiheitsstatue waren, so waren viele Berliner noch nie auf dem Fernsehturm. Sie kreuzen zwar täglich den Platz und schauen dabei jedes Mal zur Spitze hinauf, aber oben waren sie noch nie. Andere haben noch nie einen Fuß auf die Museumsinsel gesetzt und wenn man sie fragt, wie das sein kann, wissen sie keine Antwort. Ist eben so.

Mein persönliches kulturelles Loch der ersten zehn Jahre nach der Wiedervereinigung war der Gendarmenmarkt im historischen Kern von Mitte. Ich habe von ihm gehört, Bilder gesehen oder über ihn gelesen, aber keiner meiner Wege führte mich jemals direkt dorthin. Diesen Umstand änderte meine Freundin Ulrike, als sie von meinem, nennen wir ihn Fauxpas erfuhr. Schneller als ich Blaubeerkuchen sagen konnte, wurde ein Treffen vereinbart und noch am selben Abend stand ich auf dem Gendarmenmarkt.

Schon in den ersten Minuten hätte ich mich selbst dafür tadeln können, nicht schon eher hierhergekommen zu sein. Den zentralen Punkt des Platzes bildet das Konzerthaus, im klassizistischen Stil 1820 erbaut, natürlich hatte Schinkel wieder mal seine Finger im Spiel, wie bei so vielen Bauwerken Berlins. Säulen, Giebel und Treppen, ein Stück antikes Griechenland zum Anfassen. Dem Konzerthaus zur Rechten (wenn man direkt davor steht) befindet sich der Französische Dom, der zusammen mit dem Deutschen Dom auf der linken Seite den Rahmen für das Konzerthaus bildet. Jedes dieser drei imposanten Gebäude dominiert eine Himmelsrichtung und der Betrachter weiß im ersten Moment gar nicht, auf welches Detail der Architektur er sein Auge zuerst richten soll. Trotz der Dominanz, die von den drei Gebäuden ausgeht, lassen sie sich gegenseitig und dem Platz vor ihnen genug Raum zur Entfaltung. Man fühlt sich nicht erschlagen, sondern von dieser Architektur angezogen.

Als wir unsere kleine Touristentour beendet hatten, machten wir es uns auf einer der Bänke gemütlich. Die Sommernacht war lau. Eine Gruppe Fahrradfahrer fuhr quer über den Platz, der zu dieser Zeit bereits menschenleer war. Es war romantisch und mucksmäuschenstill, nur in der Ferne tönte eine Sirene einsam in die Nacht. Berlin schien zu pennen. Ich fühlte mich gerade wie einer dieser Romanciers aus den alten französischen Schwarz-Weiß-Filmen, die ihre Angebetete erst mit schönen Stadtansichten bezirzen und dann filmreif unter einer Straßenlaterne knutschen, als sich plötzlich ein Straßenmusiker auf den Platz verirrte und auch noch begann, auf seiner Violine zu spielen. Die Töne trafen auf die geschichtsträchtigen Mauern der alten Gebäude und verteilten sich wellenartig über den Markt. Das Instrument lieferte sich ein Duell mit seinem eigenen Echo und die Gebäude des Gendarmenmarkts bildeten für diese Akustik die perfekte Kulisse. Ich stufte die gesamte Situation definitiv als zu romantisch ein, flitzte zum Straßenmusiker rüber und gab ihm eine Münze, bedankte mich bei Ulrike für den Rundgang und machte mich aus dem Staub.

Natürlich war ich nicht der Einzige (aber mit Sicherheit der Letzte), dem aufgefallen war, welch imposante Kulisse dieser Platz sein Eigen nennen kann. Seit 1992 findet hier übrigens einmal im Jahr, immer im Spätsommer, das Classic-Open-Air-Konzert statt.

Auch im Winter ist der Gendarmenmarkt, wenn die Berliner hier ihren beliebtesten und bekanntesten Weihnachtsmarkt veranstalten, eine Klasse für sich. Mit internationalem Kunsthandwerk, Weihnachts-Chören, Akrobaten und allerlei Schleckereien werden einem die kalten Tage vor dem Fest verschönt und Berlin zeigt vor feinster Bilderbuchkulisse, dass es nicht nur im Sommer eine bezaubernde Stadt sein kann. *(Thomas Stechert)*

KAPITEL 9

»Kreuzberger Nächte sind lang«*

Nachtleben, Bars, Kneipen, Clubs

Gebrüder Blattschuss, »Kreuzberger Nächte«

GRUND NR. 81

Weil wir in den besten Clubs der Welt tanzen

In dieser Stadt gibt es, was die Clubszene betrifft, kein Mittelmäßig, hier reiht sich Superlative an Superlative. Hier ist ein Club nicht einfach nur irgendein Club, hier kann ein Club alles sein: Schlaraffenland, Zuhause, Neue Welt, Dark-Room und Inspiration für literarische Ergüsse, die sich später in Buchform in der »Spiegel«-Bestsellerliste auf dem obersten Platz lümmeln wie die Leute an den Bars. Das Berghain beispielsweise diente dem literarischen Fräuleinwunder Helene Hegemann nicht nur als Romanvorlage, sondern rangierte auch als bester Club der Welt ganz oben auf der Liste des britischen Fachmagazins »DJmag«. Berlin ist am Tage ohne jeden Zweifel ein Fest, aber in dieser Stadt hat man auch immer ein bisschen das Gefühl, als gäbe es kein Morgen, als müsse man jeden Tag so feiern, als sei es der letzte, und deswegen macht man hier auch die Nacht zum Tag, während man ins Licht der Discokugeln blickt.

Wer in das pulsierende Nachtleben eintauchen will, der hat es in Berlin nicht einfach. Geht man zur After Work Party ins Adagio und legt sich gegen Mitternacht schon wieder brav ins Bett oder nimmt man das Adagio sozusagen zum Vorglühen, als Appetizer für das richtige, das wahre, heiße, schmutzige, verruchte Nachtleben? Lässt man die Turnschuhe zu Hause und tanzt im Dante am Hackeschen Markt zwischen erfolgreichen Fernsehleuten und erfolgreich aussehenden Jungunternehmern oder setzt man lieber auf Elektro-Pop und geht ins Dorian Gray am Potsdamer Platz, wo Frauen – und das ist ja auch immer ganz gut zu wissen – am Wochenende bis Mitternacht freien Eintritt haben? Diejenigen, die auf Trommeln und Percussion stehen, gehen am besten ins Far Out am Ku'damm, einen der ältesten Clubs Berlins, in dem nicht nur private Tangostunden angeboten werden, sondern die Tanzfläche fernab von Technoklängen bebt. Wer es bunt gemischt und zusammengewürfelt mag, vor allem, was das Alter angeht, kehrt am besten in der Hafenbar in Mitte ein. Im maritimen Flair schieben sich hier Abiturienten neben jung gebliebenen Mittvierzigern übers Parkett. Besonders beliebt sind die Schlagerabende (freitags) und Motto-Partys. Für jede Musikrichtung gibt es mindestens einen Laden: Jazzfans gehen ins Quasimodo in der Kantstraße, Elektro-Freunde zappeln im Sage Club in Mitte und Drum'n' Bass-Fans gehen ins Watergate, einen der heißesten Clubs Berlins gleich neben der Oberbaumbrücke und mit einem Ausblick auf die Spree zum Niederknien.

Es gibt so viele coole Läden wie das Rio, das Weekend, das 40seconds, das Oxymoron, das Cookies oder das SO36, dass man manchmal schon ganz gern mit Gott einen Deal aushandeln würde, so in der Art: »Gott, du sorgst dafür, dass die Nacht nicht vorbeigeht, und ich lass dich dafür morgen länger ausschlafen und belästige dich nicht mit meinen Sünden.« Denn die werden in Berlins Nachtleben definitiv gemacht, spätestens, wenn man seinen Mantel an der Garderobe des KitKatClubs abgegeben und damit gleichzeitig auch die Unschuld vor der Tür gelassen hat. SM, Fetisch, Lack, Leder, Latex, Bizarres und Extremes. Der KitKatClub fährt schwere Geschütze auf, mit denen man dem Objekt seiner Begierde ein bisschen den Hintern versohlen kann. Peitschen, Teppichklopfer, Dildos: alles im KitKatClub so normal wie ein Blowjob mitten auf der Tanzfläche. Berlins Clubs haben viele Gesichter, das des KitKatClubs ist zugegebenermaßen ein bisschen sehr verrucht. Man muss ja bei der Wahrheit bleiben!

(Verena Maria Dittrich)

GRUND NR. 82

Weil man hier auf Brücken feiern kann

Rokko haut in die Seiten, er kann nur drei Griffe auf seiner Gitarre, weil sein Vater zu ihm sagte: »Wenn du die drei Griffe beherrschst, kannst du fast jedes Lied auf diesem Instrument spielen.« Und so konnten Tina, Nikki und ich uns in den letzten zehn Minuten »Blowin' in the Wind« von Bob Dylan, »Westerland« von den Ärzten und »You're my Heart, You're my Soul« von Modern Talking, mit denselben drei Akkorden vorgetragen, anhören. Eine Wucht war das! Rokko ist Vollblut-Musiker, wie er selbst behauptet, und die Admiralbrücke in Berlin-Kreuzberg seine Showbühne. Nikki ist mit der Nachbargruppe, die aus Rom angereist ist und in einem Reiseführer von der Brücke gelesen hat, ins Gespräch gekommen. Rokko öffnet sich eine Flasche Bier und legt eine Kunstpause ein. Die Brücke ist an lauen Berliner Abenden gut besucht, alles hat, wie so vieles in Berlin, ein bisschen was von einem Volksfest. Straßenmusiker geben sich das eiserne Jugendstil-Geländer in die Hand und jeder von ihnen zeigt, was er kann, auch wenn der eine oder andere, wie im Fall von Rokko, nicht grade ein Eric Clapton an seinem Instrument ist. In uriger Atmosphäre unter freiem Himmel feiern: Das ist der Grund, der viele Berliner und Touristen in den Sommermonaten hierher zieht wie das Licht die Motten.

Erbaut wurde die Brücke, die auch die älteste Eisenbrücke Berlins ist, 1882 und sie zählt zu diesen europaweiten Brücken-Phänomenen, für die niemand so recht eine Erklärung hat. Ihr Mittelstreifen ist mit Betonpollern überzogen, die wie steinerne Sitze aus mittelalterlichen Burgen wirken; sie ist keine besonders lange, dafür aber breite Brücke und hat sich in den vergangenen Jahren zu einer beliebten Partylocation entwickelt, leider zum Leidwesen der Anwohner, die nachts in Ruhe schlafen wollen.

Tina breitet ihre Decke über einem der Poller aus und beginnt, ihn wie einen Tisch zu decken. Sie hat Brot dabei, Käse und Wurst. Rokko stellt seine Flasche ab und rückt näher an uns heran. Am Brückenende des Planufers spielen zwei Typen Gitarre, verdammt guter Sound. Das Gemurmel verstummt für einen Moment und auch Rokko schaut mit offenem Mund, in der rechten Hand seine Käsestulle. Die haben Gitarre spielen garantiert nicht bei Rokkos Vater gelernt, überlege ich und muss plötzlich wieder an die Anwohner denken, unter deren Fenster ständig Party ist. Sie tun mir ein bisschen leid, aber manchmal entwickeln die Dinge eben ein Eigenleben. Einige Anwohner gründeten sogar eine Betroffeneninitiative, um sich gegen den immer lauter werdenden Geräuschpegel der selbst ernannten Partylocation zu wehren. Mediatoren sollten schlichten, weitergefeiert wurde trotzdem, ein bisschen leiser zwar, aber die Fronten zwischen den um ihren Schlaf gebrachten Anwohnern und den Vergnügungssüchtigen bleiben trotzdem verhärtet.

Aber weil Berlin nicht nur eine Brücke zu bieten hat, zieht man, wenn es auf der Admiralbrücke zu laut oder zu voll wird, eben einfach weiter. Zum Beispiel auf die Modersohnbrücke. Die Modersohnbrücke in Friedrichshain bietet Großstadtromantik vom Feinsten! Bei schönem Wetter sitzen Hunderte Schaulustige auf der Brücke über den Bahnanlagen und genießen den Sonnenuntergang mit Blick auf die Gleise. Grandioses Berlin-Panorama. Für lau. Oder damit es auch alle verstehen: for free. Fehlt nur noch Rokkos »Blowin' in the Wind« und die Szenerie ist perfekt.

(Thomas Stechert)

GRUND NR. 83

Weil Berlin keine Sperrstunde hat ...

... und in den letzten sechzig Jahren auch keine hatte. Die Begriffe Sperrstunde, Polizeistunde oder Putzstunde waren für mich als Berliner etwas Unbekanntes. Seit ich denken kann, konnte man in dieser Stadt zu jeder Tageszeit alles machen, was einem in den Sinn kam, vorausgesetzt, man kannte die nötigen Adressen. In den letzten Jahren folgten immer mehr Städte in Deutschland dem Berliner Vorbild und senkten ihre Sperrzeit um einige Stunden. Ich weiß nicht, ob in diesem Zusammenhang die Bezeichnung »Vorbild« wirklich angebracht ist, weil einem in Berlin ob des nicht stoppen wollenden Rades schon mal die Puste ausgehen kann. Berlin ist eine 24 Stunden geöffnete Metropole. Das Stadtleben ist wie Arbeit im Schichtbetrieb: Wenn der eine müde heimgeht, streift er im Vorbeigehen denjenigen, der sich gerade auf den Weg macht und wenig später in die Runde fragen wird: »Was kostet die Welt?«

Kultur, Essen, Trinken, Party und Sex. Berlins einschlägige Bezirke haben ihre eigenen Reize, von den Hinterhof-Kaschemmen in Neukölln und Schöneberg, über die Cocktailbars und Strip-Clubs in Mitte, bis hin zu den noch mittags wummernden Bässe der Berliner Clubs und Tanztempel, hier herrscht im wahrsten Sinne Open End. Viele Clubs und Kneipen haben 24 Stunden geöffnet, und wenn sie wirklich mal dichtmachen, dann höchstens für eine Stunde – es muss ja auch mal geputzt werden. Ereilt einen Nachtschwärmer dieses Schicksal, dass er halb sechs in der Früh von einem Besen auf die Straße gekehrt wird, ihn aber das sichere Gefühl beschleicht, die Nacht ist zum Schlafengehen noch viel zu jung, kann er einen Blick in den Trinkteufel oder die Rote Rose in Kreuzberg riskieren. Beide Kneipen bieten in der Tat mehr, als der herkömmliche Berlin-Tourist vielleicht verkraftet, aber sie wollen ja auch nicht jedem gefallen. Dit is Berlin. Dit is Leben ohne Sperrstunde. Irgendwo habe ich mal gelesen, dass diese beiden Lokalitäten nicht einfach nur Bars wären, sondern sich den Vorhof zur Hölle teilen würden. Dieser Kommentar mag etwas übertrieben sein, aber am besten, Sie schauen mal selbst rein, und der Türsteher wird Ihnen schon alles Weitere erklären.

Dass Berlin Party ohne Ende ist, ist schon so lange bekannt, dass es in der Bibel stehen könnte, dabei wissen die wenigsten, wie es überhaupt dazu kam. Dass Berlin seit über sechzig Jahren keine Sperrstunde hat, was die Stadt zum Magneten für den Rest der Republik gemacht hat, ist nur einem zu verdanken: Heinz Zellermayer. Dieser Herr, der dieser Tage (2010) langsam auf die Hundert zugeht, hat dafür gesorgt, dass am 20. Juni 1949 die Berliner Sperrstunde Geschichte war, als er beim damaligen US-General Howley, dem Verantwortlichen der Berliner Sektoren, bei einem Glas Whisky die Bedingungen für eine 14-tägige Probezeit ohne Sperrstunde aushandelte, weil die Kneipen im von der Sowjetunion kontrollierten Ostsektor der Stadt immer eine Stunde länger offen hatten als die in den westlichen Sektoren. Man kann Herrn Zellermayer vorwerfen, dass seine Tat nur ein Produkt des Kalten Krieges gewesen sei, aber trotzdem war er derjenige, der den Anstoß für diese Veränderung gegeben und Berlin jahrzehntelange Partynächte beschert hat. Prost, Herr Zellermayer, auf Sie! *(Thomas Stechert)*

GRUND NR. 84

Weil man hier nachts um halb vier bei Tarek einen Döner kaufen kann

Wenn ich spät in der Nacht heimkomme, weil ich bei Freunden, bei meinem Bruder oder wieder bei einer langen Filmnacht war, und mein Fahrrad auf den Hinterhof schiebe, kommt es schon mal vor, dass ich vor Hunger fast sterbe. In diesem Moment denke ich an Tarek und an einen seiner saftigen, prall mit Salat, Zwiebeln und Tomaten gefüllten Döner. Ich schließe mein Fahrrad an und mache mich zu Fuß auf den Weg zu Tareks Döner-Tempel. Taxis dominieren das Straßenbild, die Gestrandeten der Nacht laufen mit gesenktem Kopf und zu großen Pupillen an mir vorüber. Schon aus der Entfernung kann ich Tareks billige und schlechte Leuchtreklame sehen, die auf den Asphalt leuchtet. Gott, diese Reklame sieht wirklich bescheiden aus, denke ich zum hundertsten Mal, während mir gleichzeitig der Speichel im Mund zusammenläuft. In dem Imbiss ist nichts los. Auf einem der Spielautomaten lachen drei Sonnen, davor sitzt ein wild aussehender Typ mit zerzausten Haaren und gelben Fingern. Er hämmert leise auf die Tasten und hofft auf den Jackpot. An einem der hinteren Tische hängt ein anderer Typ in einem Plastikstuhl, während sein Kopf vornüber auf den Tisch gekippt ist. Er schläft und sabbert ein bisschen. Tarek steht hinter der Theke, schleift sein Döner-Messer und grinst mich schon beim Betreten des Ladens an.

»Döner, wie immer?«, fragt er mit türkischem Akzent.

»Jo, Knoblauchsauce und allet ruff, watte dahast«, antworte ich.

Tarek macht sich ans Werk. Der Typ am Automaten flucht unverständliches Zeug, während er eine neue Münze in den Glückskasten schmeißt. Nummer zwei schläft immer noch sabbernd. Ich frage mich, ob zu Hause wohl jemand auf ihn wartet oder ob er vielleicht gar kein Zuhause hat. Tarek will wissen, wie denn alles so läuft, und ich antworte ehrlich, dass es ruhig ein wenig besser gehen könnte. Er wirft mir einen verstehenden Blick zu. Hinter mir wird geklickt und geschnarcht. Als er das Fleisch in das Fladenbrot legt, erzählt er mir, dass er vor ein paar Tagen zum zweiten Mal Vater geworden ist und eigentlich im Stehen schlafen möchte. Er weist mit seinem Kopf Richtung Imbissecke, meine Augen folgen. Ich sehe Nummer zwei, der seine Schlafposition geändert hat. Wir lachen. Tarek reicht mir meinen Döner. Im Gehen wünsche ich ihm alles Gute. Er bedankt sich und beginnt, die Fritteuse zu schrubben.

Draußen nieselt es. Ich laufe schneller, Richtung Schönhauser Allee, weil ich die U-Bahn-Brücke noch erreichen will. Da hier damals, beim Bau der Strecke, im Prenzlberg nur diejenigen wohnten, die wenig zu melden hatten, wurde die U-Bahn-Strecke über der Erde gebaut. Gut für mich, denn ich kann die ganze Strecke unter der U-Bahn-Brücke gemütlich mit meinem Döner nach Hause spazieren, während es beginnt, wie aus Eimern zu schütten. Der Regen wird heftiger, ich renne. Als ich unter dem Viadukt bin, beginnt ein regelrechter Wolkenbruch. Die Nacht verschwindet in feuchten Fäden.

Ich befreie meinen Döner vom Aluminium und beiße in lauwarmes, leckeres Fleisch und saftige Tomaten. Während der Platzregen auf die Straßen prasselt, denke ich, dass es eigentlich verdammt cool ist, dass man hier nachts um halb vier noch Döner essen kann. *(Thomas Stechert)*

GRUND NR. 85

Weil in Clärchens Ballhaus nicht nur der Bär steppt

Ein Abend in Clärchens Ballhaus, in der Auguststraße in Mitte, ist wie eine Reise ins alte Berlin. Der Charme des Alt-Berliner Tanzlokals ist ungebrochen und bietet dem tanzlustigen Besucher zwei separate Tanzsäle inklusive Restaurant, von dem jeder durch sein ganz eigenes Ambiente besticht. Im unteren Tanzsaal, vor dem man abends im großen Biergarten unter schimmernden Lichterketten sitzen kann, herrscht bei den unterschiedlichsten Tanzveranstaltungen immer ein reges Treiben auf dem altehrwürdigen Parkett. Frei nach dem Motto »Im Ballhaus is Musike« schieben sich hier bis spät in die Nacht die Paare dicht gedrängt übers Parkett, stets von am Rand Schaulustigen beobachtet. Durch die Tanzkulisse flitzen ab und zu fein gekleidete Kellner mit korrekt gebundenem Schlips. Fehlt nur noch die Kapelle! Doch auf dem erhöhten Pult, wo sie in den alten Tagen sicher ihren Platz hatte, steht heute ein kleiner Tisch nebst Notebook, an dem die aus den Boxen schallende Musik zusammengestellt wird. Das tut weder der Stimmung noch der Tanzlust Abbruch. Und wer denkt, hier wird »nur« geschwoft, irrt! Wer nicht tanzen kann, wird schnell in die Mitte der Tanzfläche »verwiesen«, und je länger der Abend, desto erlesener die »Tanzgäste«, unter die sich (zumindest dienstags) auch begnadete Argentinier mischen.

Der Spiegelsaal im oberen Stockwerk ist aus einer Zeit, die man nur von vergilbten Fotos kennt, als Männer noch adrette Hüte trugen, Frauen elegante Abendkleider und Tanzen ein gesellschaftliches, hochkulturelles Ereignis war. Der marode Charme dieses Saals ist eine Seltenheit, die man sicher nicht oft zu Gesicht bekommt. Die dunklen Holzvertäfelungen, die den Raum unten bekleiden, die abplatzende Farbe und das Bröckeln der Wände, der

Deckenstuck aus alter Zeit, die blinden Spiegel und alten Wandgemälde geben dem Saal seine faszinierende Ausstrahlung. Er hat etwas Verbotenes an sich, wie aus einem Stanley-Kubrick-Film. Wenn man hier tanzt, fühlt man fast die Geister der Vergangenheit, die sich durch die Zeit hindurch um einen herum bewegen.

Im Ballhaus ist Vergangenheit gleichzusetzen mit Optik und gerade dieser Zerfall und die Spuren aus vergangenen Epochen geben dem Haus dieses besondere, urige Flair, wie man es kaum in einer anderen deutschen Stadt finden wird. Vor fast hundert Jahren von Fritz Bühler und Clara Habermann eröffnet, ist das Ballhaus Berliner Urgestein und eines der letzten noch betriebenen Ballhäuser aus den zwanziger Jahren.

Wer Lust hat, das Tanzbein zu schwingen, kann gern allein kommen, denn man wird hier immer einen geeigneten Tanzpartner finden. Nur, aus welcher Ecke der Galaxis oder aus welcher Zeit dein Gegenüber kommt, wird dir nicht so schnell klar, denn genauso vielseitig wie die Geschichte dieses alten Ortes sind seine Besucher. Aus allen Winkeln der Stadt, aus allen Schichten und jeder Altersklasse versammeln sich hier Tanzwütige, um bis in den Morgen durchzusteppen. Alt und Jung, Berliner Senioren, junge Frauen aus dem Umland, hippe Swing-Tänzer, rassige Tango-Tänzer und alle, die einfach mal nur ihre Glieder schütteln wollen. In Clärchens Ballhaus braucht sich niemand zu verstecken. Wer denkt, er könne nicht richtig tanzen, kann es hier lernen. Tanzkurse für Neueinsteiger und Fortgeschrittene gibt's jeden Tag. Montag: Salsa, Dienstag: Tango, Mittwoch: Swing, Donnerstag: Cha-Cha-Cha und Walzer, Freitag und Samstag: »Schwoof« und sonntags gibt es den Tanztee und im Spiegelsaal ein Sonntagskonzert. Für wen bei dieser Auswahl nichts dabei ist, dem kann auch nicht mehr geholfen werden.

Ob Clara Habermann, Mitbegründerin und Namens-Patin von Clärchens Ballhaus, damit gerechnet hätte, dass die Berliner in ihrem Tanzhaus bis ins 21. Jahrhundert hinein das Tanzbein schwingen? *(Thomas Stechert)*

GRUND NR. 86

Weil das White Trash
ein magisches Artefakt ist

Ja, ich gebe es zu: Ich bin in den Laden einfach so reingeschlittert, denn ich habe schräg gegenüber gewohnt. Ich bin also nicht wie so viele extra aus Manhattan angereist, um mir den Club in der Schönhauser Allee Nr. 7, von dem man überall schon so viel gehört hat, selbst anzuschauen. Die Stippvisite im White Trash begann wie folgt: Zuerst habe ich mir den Laden mit den vielen Touristen vor der Tür ein paar Tage von meinem Fenster aus angeschaut. Ich meckerte leise in mich hinein, wenn ich sah, dass die Massen, die draußen auf Einlass warteten oder einfach nur eine pafften, sich bis auf die Fahrradwege ausbreiteten und keinen Platz machten, wenn Radfahrer kamen und wie wahnsinnig klingelten, als ginge es beim Passieren des White Trash um die Besteigung des K2. Dann habe ich mich jedes Mal gefragt: Hören die das Klingeln nicht? Sind die Leute besoffen oder zugedröhnt oder wieso gehen die nicht zur Seite? Ich habe Kneipengänger gesehen, die den Laden um Mitternacht betraten und erst vormittags wieder verließen. Von dem Laden, der Club, Kneipe, Bar, Kino, Konzertbühne, Restaurant und Tattoostudio in einem ist, habe ich viel erwartet, aber dass es dort eingerichtet ist wie in einem Hinterhofrestaurant in China, überstieg meine kühnsten Vorstellungen. Dieser Schuppen sieht aus wie eine explodierte Pekingente! Überall steht so chinesischer Nippes rum, Fächer und Kalender und kaum definierbarer China-Tinnef, goldene Katzen, die einem zuwinken, Bilder der Mona Lisa an den Wänden, daneben ein paar asiatisch anmutende Schlangenverzierungen, dazu überall diese Kirschbaumholz-ähnliche Einrichtung, die komischen Lampen an den Decken, die alles in so ein Muschebubu-

Licht tauchen, und die Stühle, die leichten Augenschmerz auslösen. Gütiger Gott, eins hatte das White Trash schon mal nicht: Kohle für einen Innenarchitekten!

Ich musste mich erst mal setzen und bestellte einen Marquis de Fuck Burger. Ich meine, die Menüauswahl ist in dem Laden natürlich vom Feinsten: Es gibt Wiener Schnitzel, Sauerbraten, Kalbs-Ribs mit einer geheimen BBQ-Sauce, Burritos und angeblich die beste Guacomole Berlins, aber diese strange Einrichtung verlangte unverzüglich nach dem Verzehr eines anständigen Fuck Burgers. In der Zwischenzeit sah ich mich um.

Das war es also, das legendäre White Trash, in dem angeblich schon Mick Jagger und Konsorten abgestürzt sein sollen. Was mir neben der extravaganten Innenausstattung sofort ins Auge fiel, waren die Bedienungen, die vielleicht schon einen Tick zu cool waren, aber für diesen Laden nicht cool genug aussehen konnten. Sie waren so eine optische Mischung aus Baby Doll und Fünfziger-Jahre-Pin-up-Girls, also ziemlich scharf. Samstags ist übrigens Party angesagt, »White Noise«-Party, verriet mir mein Tischnachbar, »mit ganz viel Gitarrenmusik«. Ich hatte ein bisschen Angst, dass er damit diese Schrammelmucke meinte, die ziemlich viele harte Jungs cool und ziemlich viele Mädchen beschissen finden. Wäre mein Marquis de Fuck Burger nicht serviert worden, hätte ich nachgefragt, denn ich war an einem schlichten Donnerstag da, erfuhr aber, dass dort am Wochenende im Keller immer »echt coole Undergroundmucke« laufen würde. Innerhalb weniger Minuten war der Laden rappelvoll und ich pappsatt.

Ich beschloss, noch einmal am Wochenende reinzuschnuppern, und verlief mich auf dem Weg zum Ausgang an die Bar, wo ich sage und schreibe bis zum Morgengrauen mit meinem Tischnachbarn über Begriffe wie »Kult«, »Legenden« und »Underground« diskutierte. Als ich wider Willen philosophisch ein bisschen abdriftete und die explodierte Pekingente inklusive der merkwürdigen Türsteher und coolen Bedienungen als magisches Artefakt bezeichnete, wusste ich, dass es Zeit war, für diesen Abend die Geige einzupacken und nach Hause zu gehen.

Wenige Augenblicke später sah ich dem anbrechenden Morgen ins Gesicht. Gemütlich und selbstvergessen latschte ich auf den Radweg, um dort stehend meine Wohnungsschlüssel in der Handtasche zu suchen, als ich plötzlich ein komisches Geräusch vernahm. Ich ignorierte es, schließlich hatte das Finden des Schlüssels gerade oberste Priorität.

»Verdammt noch mal, hörst du schlecht, blöde Kuh?«, schrie mich ein aufgebrachter Fahrradfahrer an, der mich erst fast umgeklingelt und dann beinahe umgefahren hätte.

»Für Sie, bitte schön, immer noch Ente: PEKINGENTE. Ist das klar?«, pöbelte ich zurück, während ich mir vornahm, beim nächsten Besuch früher zu kommen und länger zu bleiben.

(Verena Maria Dittrich)

GRUND NR. 87

Weil die 8MM Bar ganz großes Kino ist

Wer in Berlin lebt, weiß vor lauter Optionen gar nicht wohin, wenn es darum geht, mit Freunden mal wieder so eine richtig schöne lange Partynacht zu machen. Die Auswahl ist so immens, dass man manchmal schon vom Überlegen knülle wird. Geht's heute nach Kreuzberg, Mitte oder Neukölln oder bleiben wir, faul, wie wir wieder sind, in unserem Kiez hängen? Es ist ja nicht so, dass es vor der eigenen Haustür keine Möglichkeiten gäbe! Am wichtigsten ist, dass die Mucke stimmt. Ein bisschen House wäre nicht schlecht, Pixies könnte man auch mal wieder hören oder Lou Reed und Velvet Underground. Getanzt werden darf, muss aber nicht, man ist ja die ganze Woche über so viel auf den Beinen. Chillen ist angesagt. Vielleicht ein bisschen rumzappeln. Eine Bar wäre optimal, eine Bar mit toller Musik. Eine Tanzfläche ist nicht zwingend notwendig, denn wenn der Groove einen packt, tanzt man sowieso dort, wo man gerade steht. Das kann an der Tür, vor dem Klo oder auf der Treppe sein. Man will ja auch meistens nur ein bisschen wippen, zum Takt die Schultern heben und keinen Paartanz veranstalten.

Die Getränke dürften nicht überdimensional teuer sein, 1,50 Euro für 'ne Limo wären gut, 2,50 Euro für ein Bier wären perfekt. Darf es ein bisschen gedämpftes Licht sein? Es darf! Schließlich will man sich ja nicht im grellen Scheinwerferlicht gegenübersitzen und auch mal rumknutschen, ohne dass es gleich jeder sieht! Und gibt's auch eine Empfehlung für eine Bar, die all das bietet und wo man neben genialer Musik auch Filme gucken kann? Ja, so eine Bar gibt es!

In dieser Kneipe kann man in heimischer Wohnzimmeratmosphäre alte Schwarz-Weiß-Schinken kieken und dabei die schönsten Küsse der Filmgeschichte bejubeln. Auf der Leinwand, wie auch davor. Sie trägt den Namen einer Filmrolle und nennt sich schlicht: 8MM. Ort: Gleich schräg gegenüber vom White Trash. Wie praktisch! (Warum praktisch? Musst du lesen Grund Nr. 86.) *(Verena Maria Dittrich)*

GRUND NR. 88

Weil die Sommerabende dem Hackeschen Markt gehören

Am Hackeschen Markt geht die Sonne langsam unter. Mein Bruder und ich haben mit unseren Kumpels diesen warmen Samstagabend mit einem Grillfest im Monbijoupark ausklingen lassen. Ich habe Björn, der etwas zu tief in die Flasche geschaut hat, zur Tram gebracht und mache mich wieder zurück auf den Weg zum Grillplatz.

Der Hackesche Markt bildet auf eine besondere Art und Weise eines der Zentren dieser Stadt. Sein Bahnhof liegt direkt zwischen denen der Friedrichstraße und des Alexanderplatzes. Die Straßen rings um den Markt herum haben sich in den vergangenen Jahren zu einer kulinarischen Landschaft entwickelt, in der jeder dinieren kann, wie's ihm beliebt. Wer es romantisch mag, geht ins Pasta Opera in Clärchens Ballhaus, im Alvis Restaurant in der Albrechtstraße geht es kulinarisch gediegener zu, und wer sich überraschen lassen will, findet in den vielen Restaurants in den Hackeschen Höfen sicher etwas für seinen Gaumen. Diese Höfe, acht an der Zahl, sind durch ihre liebevoll restaurierte Architektur und die vielen kleinen Geschäfte ein besonderes Highlight am Hackeschen Markt, und die kleinen Geschäfte, die sie beherbergen, sind der ideale Platz, um ein kunstvolles Berlin-Souvenir zu erbeuten. Auf den Plätzen, direkt vor dem S-Bahnhof oder in seiner unmittelbaren Nähe, kann man musikalische und künstlerische Höhepunkte entdecken, der Hackesche Markt ist bei Touristen wie Berlinern gleichermaßen beliebt. Man kann mitunter in ein riesiges Getümmel von Menschen aus aller Welt geraten. Alternative? Ab in die Seitengassen!

In dem bunten Treiben der Berliner Sommernächte findet man genau das Abenteuer, das man bereit ist einzugehen. Ob Vernissage,

Besuch in einem der vielen Clubs, gepflegter Rotwein in einer Bar, Grillen mit Freunden im Monbijoupark, das Tanzbein schwingen in der Strandbar oder aber die gekaufte Liebe unter freiem Himmel: alles möglich, alles machbar.

An diesem Ort, der wie kaum ein anderer die Schatten- und Lichtseiten Berlins miteinander verbindet, spielt die Tageszeit übrigens eine entscheidende Rolle. Sucht man Kunst und Kultur, ist man am Tage mit der Neuen Synagoge an der Oranienburger Straße, dem c/o Berlin mit seinen vielbeachteten Fotoausstellungen, dem Monbijoupark mit seinen Liegewiesen, dem Kinderbad, dem angrenzenden Berliner Dom, der Museumsinsel und dem Lustgarten auf der richtigen Seite. Zusätzlich ist der Markt durch seine Kunst-, Design-, Möbel-, und Klamottenläden ein treffsicheres Einkaufsparadies für Leute mit dickem Geldbeutel. Ist man aber auch an dem anderen Hackeschen Markt interessiert, dessen Bild komische Gestalten und Gestrandete prägen, muss man warten, bis die Sonne untergegangen ist.

Zwei Typen streifen mich links und rechts. Die sind auf Krawall gebürstet, schießt es mir durch den Kopf, als sich einer der beiden umdreht und einen Schritt auf mich zukommt.

»Ey, Meister«, haucht er mir mit Bierfahne entgegen, »weißt du vielleicht, wo wir die Oranienburger Straße finden, du weißt schon, die mit den speziellen Mädels?«, fügt er erklärend hinzu und hebt beim letzten Wort die linke Augenbraue. Sein Kumpel, noch immer im Hintergrund, macht auf cool.

»Jep«, sage ich, »da biegt ihr jetzt direkt in die Kleine Präsidentenstraße ein, folgt dieser über den Monbijouplatz bis zum gleichnamigen Park, dann seid ihr mittendrin.« Die Alkoholfahne bedankt sich und schlendert mit seinem Kumpel im Schlepptau einer Nacht mit bezahltem Beischlaf entgegen.

Aus einem kleinen Tunnel unter den S-Bahngleisen, der die Uferpromenade mit dem Monbijoupark verbindet, höre ich den Sound eines Saxofons. Ich setze mich auf eine Bank und lausche seinem Klang, den Blues der Stadt im Hintergrund. Die Bars und Restaurants in den S-Bahnbögen fügen Geschirrgeräusche und Gläserklirren hinzu, das summende Gemurmel der Menschen und das Schnurren der vorbeifahrenden S-Bahn unterstreichen das musikalische Klangpaket. Die Dunkelheit rückt an und mit ihr die ersten Sterne, ich mache mich auf den Rückweg zum Park. Vom Grillplatz höre ich schon meine Kumpels lautstark darüber diskutieren, warum Luke Skywalker in »Die Rückkehr der Jedi-Ritter« ein grünes und kein blaues Lichtschwert hat. Ich schnappe mir noch eines der letzten gegrillten Steaks, die vom Tage übrig geblieben sind, setze mich zwischen die Meute und sage: »Ich weiß es.« *(Thomas Stechert)*

GRUND NR. 89

Weil die Spätis
nie zu schließen scheinen

Wenn ich gewusst hätte, dass du so großen Hunger hast, hätte ich mehr Rührei gemacht«, sagte meine Mutter, als sie neulich mit meinem Vater in Berlin zu Besuch war und ich ziemlich hungrig am Tisch saß und mir ihr leckeres Rührei mit Zwiebeln, Petersilie und Speck habe schmecken lassen. »Die Eier sind alle«, meinte sie, »und sowieso, mein Kind, das war die große Resteverwertung. In deinem Kühlschrank ist jetzt gähnende Leere. Wir müssen morgen früh unbedingt einkaufen gehen! Ach nein, nicht doch, morgen ist ja Sonntag!«

»Aber Mama«, sagte ich daraufhin, »hättest du doch was gesagt! Ich hätte doch noch eine Packung Eier vom Späti mitbringen können. Und dass morgen Sonntag ist, ist auch kein Problem. Der Späti hat nämlich auch Sonntag geöffnet!«

Meine Mutter staunte nicht schlecht, als ich in meine Schuhe schlüpfte und mir die Jacke überwarf, und bestellte, jetzt, wo ich mich schon mal auf den Weg machte, gleich noch die eine oder Kleinigkeit dazu: Oliven, Schafskäse, Milch, eine Flasche Rotwein.

Das Gute an der Möglichkeit, noch schnell in einem von Berlins Spätkaufs ein paar Sachen besorgen zu können, ist, dass man dafür nicht von Pontius zu Pilatus laufen muss, sondern dass es mittlerweile an fast jeder Ecke einen dieser beliebten Tante-Emma-Läden gibt. Die Spätkaufs, im Volksmund Späti oder Tante Emmas Erben genannt, findet man in Berlin fast dreihundert Mal, und es werden stetig mehr. Sie sind fast nicht mehr wegzudenken. Meist werden sie von asiatischen, türkischen oder arabischen Familien geleitet, inzwischen ist es aber auch so, dass selbst Supermarktketten spitzgekriegt haben, dass so ein kleiner Späti nachts den einen oder anderen Taler einnimmt, und darauf reagieren, indem sie nun ebenfalls ihre Öffnungszeiten verlängern.

Was diese Supermärkte aber nicht bieten können, ist das persönliche Flair eines Tante-Emma-Ladens. Ich mag meinen Späti, ich mag die Ruhe in dem kleinen Laden, ich mag den freundlichen und hilfsbereiten Araber, der mich schon erkennt und mich anlächelt, wenn ich dort nachts aufschlage und noch drei frische Brötchen kaufe, ich mag es, dass er keine Hektik verbreitet und mir manchmal ein paar Tipps gibt, wenn ich unschlüssig vor dem Weinregal stehe, ich mag es, dass er auf seiner Theke manchmal einen kleinen Teller mit arabischen Köstlichkeiten zu stehen hat oder auch, dass er ab und an einfach eine Tüte Salzstangen in meinen Beutel steckt, weil er weiß, dass ich die mag. Aber am gemütlichsten ist es, wenn im Fernsehen Fußball läuft! Dann stehen manchmal bis zu zehn Mann im Laden, schauen auf den kleinen Fernseher, der auf der Vitrine mit den gekühlten Bier- und Limonadenflaschen steht, und fiebern für Deutschland. Dann kann es eben auch mal einen Moment dauern, bis man seinen Einkauf gezahlt hat, aber in einer solchen Atmosphäre warte ich gern. Dass ich in meinem Späti vielleicht den einen oder anderen Cent mehr als in einem Discounter zahle, ist mir, ob Sie das jetzt glauben oder nicht, vollkommen schnurz! *(Verena Maria Dittrich)*

GRUND NR. 90

Weil Berlin eine dunkle Seite hat

Die Nacht ist lang. Die Wolkendecke reflektiert spärlich das Licht der Stadt. Ich kann nicht schlafen, ziehe mich an, schließe leise die Wohnungstür und gehe frische Luft schnappen. Kreuzberg. Niemand auf der Straße. Ein menschenleerer Bus fährt an mir vorbei. Das Licht der Ampeln taucht den Kottbusser Damm in sattes Rot. Ich laufe, atme tief durch und biege in die Bürknerstraße, eine kleine Seitenstraße Nähe Maybachufer. Berlin verschluckt mich in der Dunkelheit. Rechts oben in einem Haus ein erleuchtetes Fenster. Sieht aus, als flackern in dem Zimmer Kerzen. Eine schemenhafte Silhouette zeichnet sich an den Vorhängen ab. Ich fühle mich beobachtet. Ein Geräusch im Hausflur. Ich kann nichts erkennen, der Flur verliert sich im Schwarz. Ich kenne Berlin bei Nacht, aber auch das Bekannte birgt Geheimnisse. Vertraute Orte ändern ihre Form. Die Farben der Stadt werden zu Kontrasten. Ich laufe weiter.

»Was passiert hinter den Fenstern?«, frage ich mich. Musik dringt aus einer Bar. Zugeklebte Fenster, die Tür einen Spalt weit geöffnet. Augen, die mich mustern. Ich gehe vorbei. Ein Lachen hinter der Scheibe. Ich laufe weiter. Mein Herz pocht. Ich komme an eine große Kreuzung. Mehr Licht, mehr Autos, mehr Menschen. Ein Pärchen knutscht im Halbschatten, der Junge drückt das Mädchen an eine Werbetafel und fasst ihr direkt an die Brüste. Kreuzberg bei Nacht. Die Gestalten werden unheimlicher, obwohl sie sich hier nicht verstecken. Vielleicht deswegen. Ein Mädchen mit langen Beinen lacht mich an. »Hast du Zeit?«, fragt sie mich. Sie sieht sexy aus, der Trieb in mir sagt: Klar hab ich Zeit, wie viel? »Nein, bin auf dem Weg nach Hause«, murmelt mein Verstand.

»Schade«, flüstert sie mir hinterher. Ich blicke nicht zurück. Ich sehe sie nicht mehr, aber ich kann sie noch riechen.

Auf der anderen Seite das Paul-Lincke-Ufer. Das Gebüsch raschelt. Ich höre jemanden stöhnen, laufe weiter. Am Ende des Weges drehe ich mich um. Ein Mann taucht kurz im Licht einer Laterne auf und schließt seinen Hosenstall. Als er nicht mehr zu sehen ist, kommt eine Frau aus dem Gebüsch. Sie stellt sich ins Licht, holt einen kleinen Spiegel aus ihrem Täschchen, überprüft ihr Make-up, schiebt ihre Brüste in Position und verschwindet in der Nacht. Sex auf den Straßen in Kreuzberg, nichts Neues, nichts Besonderes, man kennt das ja. Ein Mann läuft an mir vorüber. Er sieht aus wie ein Boxer, guckt finster, Lederjacke, Stiernacken, Goldkette. Zuhälter, denke ich, garantiert Zuhälter. Ich könnte zu Boden schauen, aber ich blicke ihm in die Augen. Die Quittung kommt direkt. »Probleme?«, fragt er provokant. »Nein, nur Einschlafprobleme«, antworte ich und versuche, cool zu bleiben. »Kannste vorne in der Ankerklause lösen!«, sagt er und grinst breit. Als der Stiernacken die Seite Richtung Schinkestraße wechselt, macht eine Gruppe Jugendlicher ihm sofort Platz. Wieder am Maybachufer. Wieder allein. Ein Schatten bewegt sich, dann zwei. Füchse! Unglaublich, denke ich, Berlin bei Nacht. Mehr Schatten als Licht. Man will nicht alles wissen, aber es fasziniert. Hundemüde suche ich die nächste U-Bahnstation.

(Thomas Stechert)

KAPITEL 10

»Berlin – mehr Stadt braucht kein Mensch«*

Kulisse, Events, Veranstaltungen, Festivals, Feste, Messen

* Kerstin Kwiatkowski

GRUND NR. 91

Weil hier das größte Publikums-Filmfestival der Welt stattfindet

Als ich sechs Jahre alt war, brachte mein Vater das Medium Film nachhaltig in mein Leben. An einem Sonntagabend spannte er ein großes weißes Bettlaken über unseren Wohnzimmerschrank und baute einen seltsamen Apparat auf. Wir Kinder beobachteten ihn erwartungsvoll. Er nannte das ungewöhnliche Ding Filmprojektor, legte eine Acht-Millimeter-Filmrolle ein, wie er uns erklärte, und verdunkelte den Raum. In der nächsten halben Stunde sah ich im Wohnzimmer meiner Eltern eine geschnittene Kurzfassung von George Lucas' erstem »Star Wars«-Film. In diesen Minuten wurde der Grundstein für zwei Leidenschaften gelegt, die sich durch mein Leben ziehen sollten: Filme und »Star Wars«.

Als Berliner Filmliebhaber habe ich das Glück, in einer Stadt zu leben, die mit der Berlinale eines der bedeutendsten und bekanntesten Filmfestivals der Welt beheimatet. Jedes Jahr kann ich aufs Neue an diesem Festival teilnehmen, das aus einem Programm von fast vierhundert Titeln besteht. Darüber hinaus bietet das Festival die einmalige Gelegenheit, mit den neuen und alten Stars bei den Pressekonferenzen auf Tuchfühlung zu gehen. Dabei ist es immer von Vorteil, wenn man akkreditiert ist, aber manchmal kennt man auch jemanden, der jemanden kennt, und so weiter.

Für zehn Tage im Februar erstrahlt Berlin im Lichte des internationalen Filmgeschäfts, überall gibt es dann nur ein Thema: Internationale Filmfestspiele Berlin. In den Cafés und Bars in Charlottenburg, Friedrichshain oder Prenzlauer Berg begegnet man mehr Filmschaffenden als üblich, nur mit dem kleinen Unterschied, dass es während der Berlinale schon mal passieren kann, dass dir Matt Damon die Tür aufhält oder Kate Winslet am Leopoldplatz vor die Füße läuft. Berlin ist Filmstadt. Schon immer gewesen. Die Spielstätten der Wettbewerbsbeiträge können variieren, aber zum festen Kern gehören der Berlinale Palast am Potsdamer Platz, das Kino International, das Urania sowie die Spielhäuser der Cinemaxx-Kinokette. Der legendäre Zoo Palast, der über vierzig Jahre das zentrale Kino für die Berlinale war, hat seine Pforten seit Dezember 2010 auf unbestimmte Zeit geschlossen. In seiner einstigen Pracht wird er sicher nie wieder erstrahlen.

Die Berlinale ist mehr, als nur ins Kino zu gehen, sie ist eine der wichtigsten und größten kulturellen Veranstaltungen der Hauptstadt, wenn nicht sogar ganz Deutschlands. Es ist die Zeit, in der die Filmwelt auf Berlin blickt. Film ist das Thema aller einschlägigen Lokale und Bars, es wird gezeigt, geschaut und verhandelt. Einige Filmemacher kommen, um wenigstens einmal an so einem Event teilgenommen zu haben, andere mit der Hoffnung, die höchste Auszeichnung zu bekommen, die die internationale Jury der Berlinale zu vergeben hat: den Goldenen Bären. Eine kleine Statue, die dem Wappentier Berlins nachempfunden ist.

Die schrulligste Art, an der man merkt, dass wieder die Berlinale stattfindet, ist, dass allerorts diese Taschen auftauchen. Man sieht sie plötzlich überall: in der Bahn, beim Bäcker in der Schlange, an Bauarbeitern, Studentinnen und Managern. Jeder trägt sie, diese bunten Stoffbeutel mit dem Logo der Berlinale.

Als am 6. Juni 1951 Alfred Hitchcocks Film »Rebecca« im Titania-Palast die erste Vorführung der Berlinale eröffnete, bekam Berlin endlich wieder die Rolle im deutschen und internationalen Filmgeschäft, die es so lange vermissen musste. 430.000 Kinobesucher tummeln sich jährlich auf dem größten Publikums-Filmfestival der Welt. Mein Vater hat die Berlinale leider noch nie besucht, aber vielleicht kann er mir ja nächstes Jahr mal Gesellschaft leisten. Sein alter Projektor steht heute wahrscheinlich im Keller und verstaubt. Ich könnte eigentlich mal fragen, ob er ihn noch braucht. *(Thomas Stechert)*

GRUND NR. 92

Weil die Kulturen hier Karneval feiern

Wunderschöne Frauen in engen T-Shirts mit der Aufschrift »Amistad Salsera« bewegen sich wie schwebende Elfen über dem Asphalt. Sie heben die Arme in die Luft und kreisen mit den Hüften, so, dass Shakira auf der Stelle vor Neid erblassen würde. Manche tragen große Kreolen und Kopfschmuck, andere Gesichtsbemalungen und Blumen im Haar. Die brasilianische Tanzgruppe Afoxe Loni sieht in ihren weißen Kostümen aus, als sei sie einem Märchen entsprungen. Ein ganzer Straßenzug hält bei ihrem Anblick den Atem an. Viele zwinkern, so als müssten sie sich überzeugen, dass sie nicht träumen. Tausende Leute, von der Oma mit dem Enkel bis zum Angestellten mit Krawatte, applaudieren im Akkord. Es ist Pfingsten. Karneval der Kulturen steht auf dem Programm. Im Jahr 2010 fand das bunte Spektakel, an dem sich mehr als 4800 Teilnehmer aus siebzig Nationen beteiligen, schon zum 15. Mal statt.

Vier Tage im Jahr wird in Berlin nicht nur Multikulti gelebt, sondern Multikulti gefeiert. Die Rhythmen haben die Stadt fest im Griff und reißen jeden mit, der an der Straße steht. Kaum vorstellbar, dass mehr als 750.000 Leute in Kreuzberg das Tanzbein schwingen, aber es heißt ja auch nicht umsonst: In Berlin steppt nicht nur der Bär! Der Straßenumzug am Pfingstsonntag ist der Höhepunkt des Festivals, bei dem nicht nur Hunderttausende, sondern sage und schreibe 1,3 Millionen Leute erwartet werden. Mindestens sechzig Wagen rollen vom Hermannplatz bis zur Yorckstraße, manche werfen von oben bunte Blüten in die Zuschauer, andere drehen die Boxen bis zum Anschlag auf. Dahinter werden sie lautstark von Trommlern begleitet, die auf das Fell ihrer Trommeln schlagen, als gäbe es kein Morgen, als sei das Trommeln Lebensaufgabe und Absolution zugleich. Ich muss schlucken. Tut denen denn gar nichts weh?, frage ich mich. Haben diese Trommler nicht ständig furchtbaren Muskelkater? Die Trommler selbst verziehen keine Miene. Die Leute tanzen zu Samba-Rhythmen und Reggae, nicken mit den Köpfen zu HipHop und Techno und machen bei einigen Rap-Versen ein Gesicht, als hätten sie die Botschaft dahinter nicht nur verstanden, sondern unterstützen sie auch. Berlin atmet an einem Pfingstwochenende die ganze Welt und – das ist das Besondere an dieser Stadt – es fühlt sich vertraut und eigentlich wie immer an. »Bleibt alles anders« würde Grönemeyer vielleicht singen. Der Karneval der Kulturen ist ein Spektakel ohne Beispiel. *(Verena Maria Dittrich)*

GRUND NR. 93

Weil die Stadt einen eigenen Sound hat

Berlin ist laut. Berlin ist Lärm. Berlin ist Musik. Von den Straßenmusikern in den U- und S-Bahnen, Plätzen und Unterführungen, über klassische Musik in den Konzerthallen, bis hin zum absoluten Rock- und Popstar im gigantischen Ambiente der Max-Schmeling-Halle oder der O2 Arena, ist diese Stadt eine einzige Musikveranstaltung. Ich war schon auf etlichen Konzerten und Musik-Events in dieser Stadt und es waren viele gute Musiker und Orchester dabei. Am meisten aber mag ich den Klang der Stadt selbst.

Adelabu steht in der Unterführung am S-Bahnhof Schönhauser Allee. Es regnet. Ich habe ihm geholfen, seinen Verstärker und die Gitarre in Sicherheit zu bringen. Wir kennen uns nicht. Er wirkt unsicher, jetzt, wo er nicht mehr singt, grinst mich an, bedankt sich in gebrochenem Deutsch, wirft seine Rasta-Locken über die Schultern und fängt an, seine Gitarre zu stimmen. Ich muss weiter.

Als ich auf meinem Heimweg wieder an der Unterführung entlangkomme, höre ich schon von Weitem Adelabus Sound. Er singt Songs von Marley, sanft und klar, und dominiert die akustische Szenerie. Das Schnurren und Knattern der Autos, das Summen der Stimmen, die knallenden Werkzeuge der Arbeiter auf den U-Bahngleisen: eine Symphonie! Berlin in seinen schönsten Klängen. Ich setze mich vor ein Café, lausche dem Sound der Stadt, schlürfe meinen Kaffee und nicke Adelabu gerade zu, als plötzlich etwas meinen Takt stört: Presslufthämmer. Ob Adelabu gegen die ankommt? Bei Beethoven oder Bach gibt's schließlich auch ganze Stücke, deren Sound kurzfristig für Ohrenschlackern sorgt. Hat also alles seine Richtigkeit. Weitermusizieren! *(Thomas Stechert)*

GRUND NR. 94

Weil auf dem Christopher Street Day jeder er selbst sein kann

Hendrik und Susa stehen halb nackt vor mir und posen in meinem Wohnzimmer vor der Raufasertapete. Ich drücke auf den Auslöser meiner Canon. Susa will, dass ich den Tag explizit für sie festhalte. Es ist ihr erster Christopher Street Day. Hendrik streckt mir seinen in silberne Shorts gepackten Hintern entgegen, Susa schlängelt sich um ihn herum und zwirbelt ihre Brustwarzen. Er ist als Engel verkleidet und sie als Teufel, beide sehen verdammt sexy aus. Ich knipse noch ein paar Bilder, packe zwei Flaschen Wasser in meinen Rucksack und dann brechen wir auf. Je näher wir dem Ku'damm kommen, desto bunter und schriller werden die Leute und ihre Outfits. Es ist der vierte Samstag im Juni und der CSD findet im Sommer 2010 schon zum zweiunddreißigsten Mal in Berlin statt.

Angefangen hatte alles 1969 in der Christopher Street in Greenwich Village, New York. Dort kam es immer wieder zu Übergriffen seitens der Polizei auf die Homosexuellenszene. Der 28. Juni 1969 brachte das Fass zum Überlaufen, die Homosexuellen wehrten sich und in der Bar Stonewall Inn brach ein Aufstand los, der zu einer mehrtägigen Straßenschlacht führte. Die Lesben und Schwulen auf der ganzen Welt zeigten sich solidarisch und in den folgenden Jahren wurden überall die sogenannten Gay Paraden ins Leben gerufen, damit der Aufschrei in der Christopher Street und die Ungerechtigkeit, mit der die Homosexuellen zu kämpfen hatten und haben, nicht in Vergessenheit gerät.

Am 30. Juni 1979 folgte die Homosexuellenszene mit Berlin als erster deutscher Stadt neben Bremen dem Motto »Gay Pride« und rief den Berliner Christopher Street Day ins Leben. Mit gerade mal vierhundert Demonstranten begann der erste CSD in Berlin, an dem viele der Teilnehmer aus Furcht, man könnte sie erkennen, nur vermummt teilnahmen.

Dreißig Jahre später ist von dieser Angst zum Glück nichts geblieben, die Schwulen und Lesben sind fester Bestandteil des Berliner Lebens. Und ob nun Hete oder Homo, hier kann heute jeder sein, was er möchte. Am CSD 2010 nahmen über 600.000 Besucher teil.

Wir haben uns in den Zug aus bunt geschmückten Wagen und Menschen gestürzt, die Haut an Haut tanzen. Susas Augen funkeln ebenso wie ihre Haut und ihre Haare. Ihr Kostüm verbirgt nicht viel von ihrem Körper. Hendrik tanzt über den Nollendorfplatz und zwickt mich in den Po. Ich knipse alles, was ich vor die Linse bekomme, und bin sicher nicht die einzige Hete in diesem Heer aus Liebe, Farben, Partystimmung, bebender Luft, Haut und Lack. Die Massen schieben sich über den Potsdamer Platz der Siegessäule entgegen. Mir ist heiß. Ein hübscher Knabe zwinkert mir zu und leckt sich dabei über die Oberlippe. Ich kralle mich an meiner Kamera fest, hole eine Flasche Wasser aus meinem Rucksack und schütte sie mir ins Gesicht.

Der Aufschrei von vor über vierzig Jahren ist heute vielleicht mehr Party als Demonstration, aber wenigstens wird an ihn gedacht und er hat sehr viel bewegt.

Als die Abschlusskundgebung an der Siegessäule zu Ende ist, sind Susa und Hendrik nicht mehr von dieser Welt. In einem Rausch aus Lust, Drogen und sexueller Freiheit tanzen sie der Party entgegen, die eigentlich erst beginnt, wenn der CSD endet. Ich gebe Susa und Hendrik einen Kuss auf die Wangen und entlasse sie in die Nacht.

(Thomas Stechert)

GRUND NR. 95

Weil auf der IFA die neuste Technik vorgestellt wird

Meinen ersten Besuch auf der Internationalen Funkausstellung habe ich noch genau in Erinnerung: Meine Augen waren weit aufgerissen, meine Hand glitt über glattes, edles Papier und mein Kinderhirn versuchte, die seltsamen Apparate auf den Seiten der Prospekte in seine eigene Welt zu integrieren. Ich flitzte von Stand zu Stand und sammelte alles an Werbematerial ein, was ich in die Finger bekam. Mein Vater fluchte, weil er mich ständig aus den Augen verlor, aber das Hochglanzpapier und all die bunten Prospekte zogen mich magisch an. Es war, als würden die abgebildeten Geräte in mein Eigentum übergehen, auch wenn ich sie nur auf dem Papier besaß, aber dieser Umstand störte mich nicht im Geringsten.

Ich war zehn Jahre alt und hatte auf dem Messegelände unter dem Funkturm für ein paar aufregende Stunden einen technischen Abenteuerspielplatz gefunden. Schon die Fahrt zur IFA war für uns Kinder ein Abenteuer. Jedes Mal, wenn ich das Internationale Congress Centrum Berlin am Messedamm in Charlottenburg auf der linken Fensterseite unseres Autos auftauchen sah, hatte ich das Gefühl, den alten »Kampfstern Galactica« aus der gleichnamigen Serie bei der Landung auf die Erde zu beobachten. Das ICC ist, obwohl es schon 1979 erbaut wurde, noch immer eines der größten Kongresszentren der Welt, des »Kampfsterns Galactica« also mehr als würdig! Als eines der bedeutendsten Bauwerke der Nachkriegszeit gilt es als architektonisches Vorbild für viele Kongresszentren weltweit.

Heute besuche ich die IFA weniger aus Abenteuerlust und mehr aus technischem Interesse. Als sich 2010 die Tore zum fünfzigsten

Mal öffneten, war das Angebot an innovativer Elektronik kaum zu toppen. Vom neusten Flachbildschirm, Fotoapparat, Notebook, Navigationsgerät bis hin zum angesagten Tablet-PC war alles vertreten, was das Interesse erregte. Die Technik hält von Jahr zu Jahr mehr Einzug in unser Leben und dringt in Bereiche vor, die wir uns vor Jahren nicht hätten träumen lassen. Das mag so mancher befremdlich finden, aufzuhalten ist dieser Fortschritt aber nicht. Wer einen Blick in diese Zukunft wagen will, sollte der Internationalen Funkausstellung einen Besuch abstatten, denn hier ist sie zum Greifen nahe. War es vor einigen Jahrzehnten mehr das fachkundige Publikum, das sich auf der IFA tummelte, ist sie mit der Zeit immer mehr zu einem Event geworden. In der Regel findet die IFA sechs Tage lang statt und bietet ein breites Rahmenprogramm mit Musik und Unterhaltung. Da die Ausstellung eine der größten elektronischen Messen für Unterhaltungselektronik ist, ist der Andrang immer enorm. 2010 waren es circa 230.000 Messebesucher. Volksfeststimmung auf der IFA.

Ich stehe in denselben Hallen wie schon vor fast dreißig Jahren und sehe TV-Geräte, die von der Seite so schmal sind wie ein Blatt Papier, aber eine Sichtfläche haben, die so breit ist wie die Fernseher, die damals nach hinten im Wandschrank verschwanden. Die einstigen Klopper haben sich in elegante Geräte verwandelt. Und während ich über die Entwicklung des Fernsehgerätes sinniere, versuche ich, meine kleine Tochter im Sichtfeld zu behalten, weil sie von Stand zu Stand flitzt, um bunt bedruckte Hochglanz-Prospekte zu erhaschen. Wenn das mein Vater sehen könnte!

(Thomas Stechert)

GRUND NR. 96

Weil es hier auch andere Paraden gibt

Die Love Parade, die als kleiner Straßenumzug der Technoszene West-Berlins 1989 begann und bis zu ihrem letzten Berliner Auftritt im Jahre 2006 zu einem riesigen Massen-Event mutiert ist, war sicher die geistige Mutter aller modernen Musikparaden in Berlin. Doch im Zuge ihrer Kommerzialisierung fiel es vielen Anhängern immer schwerer, sich mit ihr zu identifizieren. Man wollte, dass das Sponsoring für eine solche Veranstaltung seine Wurzeln wieder in der Technoszene hat und die Thematik einer musikalischen Demonstration wieder in den Vordergrund rückt. In dieser Stimmung entstanden 1997 die Fuckparade – als direkte Gegenbewegung zur Love Parade – und die Hanfparade, die sich als Vorreiter für die Legalisierung von Cannabis versteht. Beide sind musikalische Demonstrationen, die mich jedes Jahr aufs Neue in ihrer eigentümlichen Art faszinieren. Als sich die damalige Love Parade in den Augen einiger Teilnehmer zu sehr den Kompromissen des Geldes unterwarf und sich ihr finanzieller Vorteil in den Vordergrund schob, gründete man einfach eine neue Parade. So ist Berlin.

Der Verdruss darüber, dass Techno-Stile wie Gabba und Hardcore, die mit dem Mainstream nicht konform liefen, auf der Love Parade langsam ausgegrenzt wurden, schlug sich im Namen der neuen Parade nieder: Fuckparade. Jetzt hatten alle Fans der musikalisch härteren Schiene eine eigene Spielwiese und konnten der Stadt zeigen, was sie für den echten, reinen Techno-Sound hielten. 2010 verlief die Strecke der Fuckparade elf Kilometer durch Berlin, vom Leipziger Platz durch Mitte bis hin zur Abschlusskundgebung in der Nähe vom Ostkreuz. Als die Redner ihre Kundgebungen beendet hatten, wurde in einer Schweigeminute der Opfer der Love Parade 2010 in Duisburg gedacht.

Die Hanfparade hat sich der ältesten Nutzpflanze der Welt verschrieben. Ihre Anhänger wollen Hanf als Medizin, Rohstoff und wenn es denn unbedingt sein muss, auch als Genussmittel vom deutschen Gesetzgeber freigegeben sehen. Dafür demonstrieren sie, dafür tanzen und singen sie. 2010 wurde sie unter dem Motto »Cannabis ist Weltkultur« veranstaltet und begann mit einer Kundgebung am Alexanderplatz. Die Route der Musikwagen und der Demonstranten verlief durchs Regierungsviertel und endete mit einer Abschlussveranstaltung zwischen dem Bundeskanzleramt und dem Reichstag.

Seit 13 Jahren haben die beiden Veranstaltungen ihren Platz in den Straßen Berlins behauptet und laden jedes Jahr aufs Neue dazu ein, mit ihnen zu demonstrieren, zu feiern oder sich mit ihren Themen und Klängen auseinanderzusetzen. Ob man die eine oder andere Parade mag oder nicht, spielt in erster Linie keine Rolle. Nur die Tatsache, dass sie in dieser Stadt die Möglichkeit erhalten, sich zu realisieren, ist der Punkt, um den es hier geht. Seit ihren Gründungen stehen beide Paraden immer wieder in der Kritik. Mal weniger heftig, mal mehr. Aber das macht eben auch Berlin aus, dass jeder hier erst mal das Recht hat, sich Gehör zu verschaffen. Sei es nun mit Worten oder aber nur mit lauter Musik.

(Thomas Stechert)

GRUND NR. 97

Weil das Festival of Lights
nicht nur Hochzeitspaare anzieht

Ein Brautpaar knutscht sich am schönsten Tag des Lebens. Daran ist nichts Ungewöhnliches. Dass sich das Brautpaar, wenn es in Berlin heiratet, vor dem Brandenburger Tor knutscht, auch nicht. Die Kulissen sind hier eben ein bisschen gewaltiger als in Castrop-Rauxel und deswegen machen die Hochzeitsbilder des knutschenden Brautpaares vorm Brandenburger Tor auf jeden Fall mehr her als die vor der Dorfkirche, deren Turm beim nächsten Windzug einzustürzen droht. Dass das Brandenburger Tor aber während des Kusses mal blau, mal rot und dann wieder grün leuchtet, ist schon ein bisschen komisch, denn man fragt sich: Wie viel Asche musste der Bräutigam lockermachen, um die Frau seines Lebens vor einer Kulisse zu küssen, die so farbenprächtig funkelt wie zehn Weihnachtsbäume auf einmal? Welche Beziehungen hat er ausgespielt? Wen musste er für so ein Hochzeits-Highlight bestechen? Die Antwort ist schlicht: nichts und niemanden.

Dass das Brandenburger Tor in einer milden Oktobernacht rot funkelt, der Berliner Dom glitzert wie ein Diamant von Tiffany und der Funkturm grün und blau in die Stadt leuchtet, liegt einzig und allein daran, dass in Berlin vom 13. bis 24. Oktober mal wieder das Festival of Lights angesagt ist. Schon zum sechsten Mal kommen Tausende Leute in den Genuss, Berlins Sehenswürdigkeiten in den schönsten Farben zu bestaunen. Fast jedes bekannte Gebäude, sei es auf dem Alex, dem Pariser, dem Marlene-Dietrich- oder dem Potsdamer Platz, kann sich in ein Lichtkunstwerk verwandeln. Es glitzert und funkelt in die Nacht und zieht nicht nur Hobbyfotografen an. Insgesamt werden mehr als sechzig Gebäude angestrahlt, darunter auch die Oberbaumbrücke in Friedrichshain, der Gendarmenmarkt in Mitte, der Fernsehturm und das Brandenburger Tor sowieso, und zudem noch etliche Botschaften und Hotels, wie die amerikanische Botschaft oder das Hotel Adlon.

Zum Festival of Lights erwartet die Stadt bis zu einer Million Gäste, darunter, so viel ist sicher, mindestens ein Hochzeitspaar und Hunderte frisch Verliebte. *(Verena Maria Dittrich)*

GRUND NR. 98

Weil es hier den Berlin-Marathon gibt

Das Telefon klingelt. Ich drehe mich auf die andere Seite des Bettes. Das Telefon klingelt. Ich ziehe mir das Kissen über den Kopf. Das Telefon klingelt. »Verdammter Mist, es ist früher Morgen am Wochenende«, schreie ich dem schellenden Ding entgegen und schmeiße meinen Wecker in seine Richtung. Bong zum Ersten: Treffer. Bong zum Zweiten: Ja, es ist Wochenende. Mist, Alexander und der Berlin-Marathon, erschrecke ich, noch total im Halbschlaf. Ich stürze ans Telefon: »Alex?« »Pennst du Pfeife etwa noch?«, fragt er mich mit ruhiger Stimme. »Nein, nein, bin schon auf dem Weg«, lüge ich und suche meine Hose. »Treffpunkt eins: Kottbusser Tor.« »Ich bin da, ich bin da«, rufe ich. Zähne geputzt, Augen gerieben, Flaschen eingepackt und raus auf die Straße.

Heute findet der 37. Berlin-Marathon statt. Alex nimmt schon zum vierten Mal daran teil. Er ist ein guter Läufer, auch wenn er vielleicht nicht unter den ersten Hundert durchs Ziel kommt. Ich hechte zur U-Bahn und gehe auf der Fahrt noch einmal den Plan meiner Wasserroute durch. Ich selbst laufe nämlich nicht mit, sondern bin Alexanders Wasserkuli. Das bedeutet: Ich habe drei markante Orte auf der Strecke, an denen ich ihn in der Masse finden und mit Flüssigkeit versorgen muss. Und ich muss ihn schnell finden! Denn er wird nicht stehen bleiben und ein Päuschen machen oder auf mich warten. Erster Kontaktpunkt ist also am Kottbusser Tor.

Der Berlin-Marathon gehört neben New York, Chicago und London zu den größten Marathonläufen der Welt. Auf den Berliner Straßen hat Haile Gebrselassie 2008 über die Distanz 42,195 Kilometer mit 2:03:59 Stunden den aktuellen Weltrekord im Marathon aufgestellt. Wenn Alex diese Zeit laufen würde, wäre ich sicher nicht sein Wasserträger.

Als ich am Kottbusser Tor ankomme, ist das Gedränge schon groß. Mit Mühe erreiche ich den vereinbarten Treffpunkt und warte auf das zentrale Läuferfeld, in dem sich Alex ganz bestimmt aufhalten wird. Die Leute am Wegesrand klatschen für jeden Läufer, der sie passiert. Das Feld ist am Ende der Straße sichtbar. Es kommt näher. Ich kann Alex nicht sehen. Ein Teil der Läufer ist schon an mir vorbei. Ich halte die Flasche griffbereit und werde nervös. Da! Alex taucht auf, schnell und konzentriert. Ich halte das Getränk hoch und er schnappt es sich, ohne mich direkt anzuschauen, und verschwindet so schnell, wie er aufgetaucht ist, wieder in der Menge. Ab zum zweiten Treffpunkt! Die U-Bahn ist jetzt rappelvoll, Marathonläufer, die aufgegeben haben, sind schon wieder auf dem Weg nach Hause. Einige lachen, frei nach dem Motto: Dabei sein ist alles. Andere stützen ihre Köpfe mit den Armen. Alex läuft, er läuft und läuft und läuft.

Der Berlin-Marathon ist jährlich am letzten Wochenende im September, in seinem Rahmenprogramm finden mittlerweile auch ein Marathonlauf für Rollstuhlfahrer, ein Mini-Marathon über 4,2 Kilometer für Kinder und Jugendliche sowie ein Rennen für Inlineskater statt. Der Berliner lässt es sich nicht nehmen, aus jeder dieser Veranstaltungen ein Volksfest zu veranstalten.

Menschenmassen kommen mir entgegen, als ich den dritten und letzten Wegpunkt auf meiner Wasserroute am Kurfürstendamm zu erreichen versuche. Weil der Lauf quer durch die Stadt geht, hat so gut wie jeder etwas davon: Es gibt Verkaufsstände an der Wegstrecke, Musikkapellen, die den Läufern Kraft geben und die Besucher unterhalten sollen, Alt, Jung, Klein und Groß, alle sind eingeladen, beim Marathon mitzumachen, als Läufer, zum Anfeuern und, wie ich, als Wasserkuli.

Am Ku'damm rechne ich nicht damit, Alex zu finden, aber wie aus dem Nichts taucht er wieder auf. Er sieht erschöpft aus, blickt starr zu Boden, die Strecke fordert ihren Tribut. Ich reiche ihm die letzte Flasche. Er kriegt sie knapp zu fassen und trabt an mir vorbei. Wenn ich nicht wüsste, dass er mein Freund ist, könnte man denken, er kennt mich nicht. Langsam mache ich mich zum Hauptbahnhof auf, um Alex abzuholen, wenn er und die anderen Läufer im Tiergarten ihre selbst auferlegten Qualen beenden. Der Andrang ist gewaltig, so gewaltig, dass ich gar nicht erst versuche, zum Ziel zu kommen. Ich setze mich an dieses verrostete Etwas, das zwischen Regierungsviertel und Hauptbahnhof liegt und wahrscheinlich eine Art Kunst darstellt, und warte auf Alex. Als er auftaucht, sagt er nicht viel, setzt sich zu mir und lächelt müde. »Und, hat es sich gelohnt?«, frage ich neugierig.

Er schließt seine Augen, lehnt seinen Kopf an die Wand und antwortet: »Drei Sekunden schneller als im letzten Jahr.« Persönliche Bestnote! *(Thomas Stechert)*

GRUND NR. 99

Weil man sich auf der Grünen Woche den Wanst vollschlagen kann

Die erste Grüne Woche fand 1926 statt und war von Anfang an ein voller Erfolg. Die Ausstellung hatte das Ziel, den unkoordinierten Straßenverkauf von landwirtschaftlichen Artikeln und die Veranstaltungen der Deutschen Landwirtschafts-Gesellschaft (DLG) zu verbinden. Der Name Grüne Woche wurde übrigens von ihren anfänglich oft in grüne Lodenmäntel gekleideten Besuchern der Forst- und Landwirtschaft abgeleitet. In den fünfziger Jahren wuchs die Beteiligung von Ausstellern aus dem Ausland und in den Sechzigern umfasste ihre Zahl schon zwei Drittel aller Stände. Als Marleen und ich 2010 die Schlemmer-Hallen betraten, waren wir nur zwei von 400.000 Besuchern. »Ich platze gleich«, sagte Marleen, während sie prustend die nächste Bank ansteuerte (was nebenbei gesagt der häufigste Satz ist, den man auf der Grünen Woche zu hören bekommt). Da mein Magen ebenfalls an seine physische Belastungsgrenze geführt wurde, wusste ich genau, wovon sie sprach. Die Grüne Woche hat uns mit ihren nicht enden wollenden Angeboten an Kostproben in eine Situation gebracht, die ich eigentlich seit meinem Besuch im Vorjahr vermeiden wollte. Aber wer kann bei diesen Düften und Köstlichkeiten, die einen von einem Stand zum anderen und von einer gigantischen Messehalle zur nächsten locken, schon widerstehen? Wir brauchten eine Pause.

Die Grüne Woche ist in den Bereichen Ernährungswirtschaft, Landwirtschaft und Gartenbau europaweit eine der bekanntesten Messen. Und wie viele andere Messen in Berlin ist sie am Funkturm in den Messehallen angesiedelt und ebenfalls wie viele andere Messen in dieser Stadt ist sie auf ihrem Fachgebiet international eine der wichtigsten. Marleen und mir war das in diesem Moment ziemlich egal. Ich gab mir natürlich selbst die Schuld, denn ich hätte die letzten 150 Häppchen der verschiedensten Käsesorten des gesamten Planeten nicht unbedingt alle hintereinander probieren müssen. Die Hallen gaben ihren Besuchern genügend Platz, ihre Gürtel zu öffnen. Obwohl mein Magen rebellierte, wanderte mein Blick schon wieder einen Stand weiter. Marleen sah aus, als hätte sie neue Kraft getankt, auch ihre Augen schweiften schon wieder gierig umher. Unsere Beherrschung, gerade noch groß geschrieben, fiel den Würstchen von Stand Nummer drei zum Opfer. Irgendwas mit »Herzhaftes aus der Uckermark« stand auf dem Schild. Ich erinnere mich nicht mehr genau, da waren noch so viele andere Stände!

(Thomas Stechert)

GRUND NR. 100

Weil in Berlin die größte Party Deutschlands stattfindet

Die Flasche steckt fest im Schnee, die Zündschnur glüht bis zum Ende. Und schon zischt die Rakete in die Nacht und lässt den Himmel für ein paar Sekunden zu einem roten Feuermeer werden. Jeder macht heute kleinere Schritte, denn Berlin versinkt unter einer dicken weißen Decke. Auf unseren Lidern kann man den Glanz der letzten Nacht des Jahres erkennen. Wir feiern Silvester und das nicht zu knapp. Die größte Party Deutschlands findet, wie schon in den Jahren zuvor, in Berlin statt. Das Feuerwerk wird hell, grandios und zu schnell verpuffen. Das neue Jahr beginnt – wie immer – unschuldig in einem Sternenhagel von tausend Farben und zehntausend Knallern, einem Pfeifkonzert und Applaudieren, feuchten Küssen und festen Handschlägen. Die guten Vorsätze haben wir diesmal extra auf einen Zettel notiert, damit wir morgen noch einmal nachlesen können, was wir nicht halten werden.

Wieder werden zum Jahreswechsel mehr als eine Million Partywillige aus Berlin und aller Welt erwartet. Wir beginnen unsere Feier in beschaulicher Runde mit direktem Blick aufs Brandenburger Tor und werden dann später in die Masse eintauchen. An die Bühne werden wir nicht herankommen, aber das macht rein gar nichts, denn die Party am Brandenburger Tor wird live im Fernsehen übertragen. So fühlt man sich auch von zu Hause aus fast ein bisschen wie eine Königin, die gemütlich im Warmen das Volk beim Feiern beobachten kann. Und natürlich beim Bibbern! Doch die Leute haben sich auf die Kälte vorbereitet und auch Berlin ist gewappnet und hat für den Ansturm vorgesorgt. Sogar an Toilettenhäuschen ist gedacht worden, der Sekt muss ja später schließlich irgendwohin – nur nicht wieder, wie schon bei etlichen Partys zuvor, in den Tiergarten.

Zwischen Brandenburger Tor und Siegessäule wird es auf der zwei Kilometer langen Partymeile wieder drei Bühnen, etliche Partyzelte und viele Leinwände geben. Es wird so voll werden, dass keine Terrorwarnung mehr dazwischenpasst! Hunderttausende Feuerwerkskörper warten nur darauf, in den Himmel geschossen zu werden. Das Brandenburger Tor, das von allen Seiten beleuchtet wird, sieht aus, als sei dieser Tage schon wieder Festival of Lights, nur diesmal der Superlative.

Kurz vor halb acht ist Startschuss der Live-Show 2011. Bis Mitternacht werden viele nationale und internationale Künstler auf den einzelnen Bühnen einen Abgesang auf 2010 trällern und Paul Potts wird Punkt zwölf mit »Wonderful World« für Tränchen in den Augen sorgen. Während Berlin unter freiem Himmel Boogie tanzt und vor Kälte bibbert, wird es in den Clubs der Stadt, und natürlich auch bei uns, heiß hergehen. Der Bär steppt in unserer bescheidenen Hütte mit zehn Personen inklusive TV-Panoramablick.

Bei uns ist es Brauch, einander die Vorsätze für das neue Jahr vorzulesen: Birne will »kürzer treten«, was immer das bedeuten soll, denn er ist eigentlich ganz schön lethargisch. Mike möchte nun das achte Jahr in Folge »aufhören zu rauchen« und ist der Überzeugung, dass er es 2011 schaffen wird. Ich bin sicher, dass ihm, wenn er die Flasche Rotkäppchen-Sekt öffnet, der Blick sehnsüchtig Richtung Kippenschachtel entgleisen wird. Bernd möchte bestimmt – wie voriges Jahr auch schon – einen Computerkurs belegen und Silvia wird den Eltern sagen, dass sie auf Frauen steht. Schon immer!

Überschwänglich werden wir wieder in die Runde rufen, dass wir fremde Menschen in der U-Bahn anlächeln und einfach küssen wollen, uns vornehmen, öfter dem anderen die Hand zu reichen, mehr auf uns zu achten und zu prüfen, ob die Nieren warm eingepackt sind. Wir nehmen uns vor, regelmäßig zum Arzt zu gehen, uns impfen zu lassen und wieder Briefe zu schreiben, weil das romantisch ist. Einstimmig werden wir beschließen, öfter unsere Mütter anzurufen und d'accord damit zu sein, dass wir in dieser Stadt einfach nie ganz sicher sein können, was uns morgen hier erwartet.

Wenn die guten Vorsätze halb isoliert in die hinteren Gehirnhälften sickern, werden die vorderen mit Sekt und Champagner durchgespült und halb geflutet. Veuve Cliquot – man gönnt sich ja sonst nichts! Gegen drei Uhr, wenn am Brandenburger Tor noch immer Rambazamba angesagt ist, werden wir uns müde dem Sternenhagel ergeben und gelöst die Augen schließen, und wenn wir ein paar Stunden später aufwachen, wird uns noch nicht das Chaos in der Küche stören, die Rotweinflecken auf dem Teppich und die Essensreste an der guten Designer-Tapete, die da ungefragt rangekommen sein werden, weil der Kartoffelsalat auch in diesem Jahr garantiert wieder vom Tisch plumpst. Watsch, wird es machen und laut scheppern. Uns werden nicht die zerbrochenen Kristallgläser stören, die Oma uns geschenkt hat. Irgendwann, sind wir uns einig, muss man eben mit den Traditionen brechen und neu beginnen. Guten Morgen, Gelegenheit. Guten Morgen, neues Jahr. Guten Morgen, Berlin.

(Verena Maria Dittrich)

KAPITEL 11

»Ohne Berlin mag ich nicht mehr sein«*

Hier nennen elf Berliner ihre ganz persönlichen Gründe, Berlin zu lieben, aufgeschrieben von Verena Maria Dittrich und Thomas Stechert

* Nico Hofmann, Regisseur

GRUND NR. 101

»Weil Berlin eine der größten Tango-Metropolen Europas ist«

Ich liebe Tango, genauer den Tango Argentino, jenen Tanz, bei dem Mann und Frau eng umschlungen zu einer Einheit verschmelzen und beide, obwohl festen Regeln folgend, ihren Bewegungen freien Lauf lassen. Und ich liebe Berlin, weil diese Stadt mir alle nur erdenklichen Möglichkeiten bietet, mich dieser tanzenden Leidenschaft hinzugeben. Berlin und Tango? Da werden einige jetzt sicher sagen: »Wie geht das denn zusammen?« Und genau das dachte ich auch, als ich mir wegen des ganzen Uni-Stresses ein Ventil suchte, irgendetwas, das mich wieder ins Lot bringt. Freunde schlugen mir Yoga vor, Tai Chi, Kickboxen. Ich selbst überlegte gerade, ob ich Gitarre spielen lernen sollte, als ich in einem Berliner Magazin eine Anzeige für eine Tango-Veranstaltung las. Sie klang vielversprechend, ich also hin! Als ich an diesem Abend zum ersten Mal ein Tango-Paar sah, das sich gleitend über den Boden bewegte, war mir sofort klar: Das muss ich lernen! Dieses Paar, das war einfach Tanz in Perfektion. Und weil Berlin – wer hätte das gedacht? – zu den größten Tango-Metropolen Europas zählt, war es ein Leichtes, die ersten Schritte auf dem Parkett zu wagen. Diese Stadt verfügt über ein so großes Netz an Tango-Schulen und Tango-Lehrern, dass den Leuten in Rio de Janeiro die Ohren schlackern. Angeboten werden Kurse, Workshops, Einzelunterricht und Praktika, in denen man die einzelnen Lektionen vor Milongas lernen kann. Eine Milonga ist eine Tanzveranstaltung, auf der ausschließlich Tango Argentino getanzt wird. Berlin bietet jedem Tango-Fan, ob Anfänger oder Fortgeschrittener, einen geeigneten Einstieg. Ich persönlich gehe gern ins Tangoloft in der Gerichtstraße, in der Nähe des S-Bahnhofs Wedding, aber auch

Clärchens Ballhaus, der Rote Salon in der Volksbühne, oder das Mala Junta in der Kolonnenstraße in Schöneberg stehen auf meinem Programm. Aber Berlin hat in puncto Tango mehr zu bieten, als ich jetzt hier präsentieren könnte, und deswegen lege ich jedem ans Herz, diese Stadt selbst in seinen Tanzschuhen zu erforschen. Vielleicht treffen wir uns dann mal auf einer Milonga und können mit südamerikanischen Klängen und dem Rhythmus im Blut die Spree zum Rio de la Plata machen, der legendären Flussmündung, an der sich Buenos Aires und Montevideo gegenüberliegen und die als Geburtsort des Tangos gilt. *(aufgeschrieben von Thomas Stechert)*

GRUND NR. 102

»Weil die Stralauer Halbinsel eine kleine Stadt inmitten einer großen ist«

Ich lebe seit einigen Jahren auf der Stralauer Halbinsel, die zu Friedrichshain-Kreuzberg gehört. Als ich noch mitten im Zentrum gewohnt habe, war mir der Gedanke, nach Stralau zu ziehen, irgendwie suspekt. Ich weiß eigentlich gar nicht warum. Vielleicht dachte ich, nach dem Umzug nicht mehr richtig zu Berlin zu gehören. Aus heutiger Sicht ist das natürlich Blödsinn. Der Umzug auf die Insel war eine der besten Entscheidungen überhaupt! Stralau ist im Grunde eine kleine Landzunge zwischen der Spree und dem Rummelsburger See, die man über nur eine einzige Straße erreichen kann. Wer im wahrsten Sinne des Wortes reif für die Insel ist, der muss sich keinen Flug in die Ferne buchen, der braucht nicht ins nächste Reisebüro zu gehen und sich die Prospekte von Mallorca und den Seychellen vorlegen zu lassen, der schwingt sich am besten einfach nur auf seinen Drahtesel und fährt rüber nach Stralau.

Und das Gute an Stralau ist, dass man in einer kleinen Stadt inmitten einer großen lebt, Stralau ist wirklich wie ein ganz eigener Mikrokosmos. Einer der schönsten Orte der Halbinsel, das klingt jetzt vielleicht ein bisschen komisch, ist der Dorffriedhof, einer der schönsten Friedhöfe überhaupt in Berlin. Er ist einer von nur acht erhaltenen Dorfkirchhöfen, der in Berlins Annalen bereits 1412 Erwähnung fand. Sobald man von der Stralauer Allee aus in Richtung East Side Gallery nach Alt-Stralau kommt, verringert sich der Geräuschpegel. Es scheint, als betrete man eine andere Zeitebene. In Stralau gibt es keine besonderen Sehenswürdigkeiten, Stralau selbst ist eine. *(aufgeschrieben von Thomas Stechert)*

GRUND NR. 103

»Weil die Füchse das beste Handball-Team der Welt sind«

Das darf doch wohl nicht wahr, sein. Ist der blind!«, brüllt Ingolf fassungslos in die Halle. Löffler hat zum zweiten Mal den Ball versemmelt. Ich würde ja mitschreien, aber ich habe meine Stimmbänder schon in der ersten Halbzeit so belastet, dass es sich anfühlt, als seien sie gerissen. Ingolf setzt sich wieder und schaut mich an. »Kannst du das glauben, Bernd«, fragt er rhetorisch und wendet den Kopf wieder Richtung Spielfeld. Die Kieler greifen an und setzen unsere Jungs ganz schön unter Druck. Unsere Jungs, das sind die Füchse Berlin, die Profi-Handball-Abteilung der Reinickendorfer Füchse. Klasse Verein! Seit der Saison 2007/08 mischen die Füchse wieder die 1. Bundesliga auf. Ingolf und ich sind von Anfang an dabei gewesen! Das Spiel läuft nicht zu unseren Gunsten, die Kieler führen mit vier Toren. Dass es nicht noch mehr sind, haben wir heute nur Heinevetter zu verdanken, der blockt die Bälle im Tor wie ein junger Gott. »Los, los, los jetzt«, schreit Ingolf. Thorsten Laen springt und – zack: Treffer! Nur noch drei Tore.

Die Max-Schmeling-Halle am Mauerpark steht kopf. Im Fuchsbau, wie die Fans die Halle nennen, brennt die Luft. Ingolf und ich sind Fans mit Leib und Seele, wir diskutieren und fachsimpeln über jedes Spiel bis ins kleinste Detail. Unsere Frauen können ein Lied davon singen. Jeder, der in unserer Nähe das Wort »Handball« auch nur erwähnt, kann sich auf eine sehr gedehnte und vielschichtige Lektion gefasst machen. Ich habe früher selbst Handball gespielt, damals, als die Knochen das noch mitgemacht haben, denn der Sport verlangt einem einiges ab.

Ein Aufschrei fegt durch die Halle, die Kieler patzen, Richwien nimmt ihnen den Ball ab. Er macht es allein. Ich springe auf. Er fliegt aufs Tor zu, fast rein. Knall! Treffer! Nur noch einen Punkt Rückstand. Die Fans sind aus dem Häuschen. Mensch, nur noch ein Tor! Am Anfang hätte niemand gedacht, dass die Füchse in der Oberliga zurechtkommen, aber die haben das wirklich gemeistert und sind mittlerweile auf dem Weg zur Spitze. Ich schaue zu Ingolf rüber, die sportliche Ekstase beherrscht sein Gesicht. Manchmal, wenn ich den Nachmittag noch einmal Revue passieren lasse und mich in Gedanken mit Ingolf in der Halle meckern sehe, erinnert mich das im Guten wie im Schlechten an Statler und Waldorf, die beiden Alten aus der Muppet Show, die von ihrer Loge aus über alle Beteiligten herziehen. Löffler hat zum Ende hin das Kieler Tor mit Bällen zugepflastert, aber für den Sieg hat es nicht mehr gereicht. Halb so schlimm! Nächstes Mal. Die Krone kann warten. Wir Fans feiern unsere Helden auch in der Niederlage. »Steht auf, steht auf, wenn ihr Füchse seid«, schallt es im Chor durch den Fuchsbau. Super Nachmittag! Jetzt noch schnell mit Ingolf 'ne Bratwurst und 'n Bierchen und dann ab nach Hause, zu unseren Frauen.

(aufgeschrieben von Thomas Stechert)

GRUND NR. 104

»Weil Berlin ein anderes Wort für Veränderung ist«

In Berlin ticken die Uhren anders. An manchen Straßenecken scheint die Zeit stehen geblieben zu sein, so unverändert fügen sie sich seit Jahrzehnten in das Bild der Stadt und erwecken den Anschein, als befände man sich mitten in den siebziger oder achtziger Jahren. Dann wieder hat man das Gefühl, dass sich die Minutenzeiger im Sekundentakt bewegen. Als würde jemand an der Uhr drehen, verschwinden ganze Häuserblöcke, neue entstehen in Windeseile. Clubs gehen, Clubs kommen, Berlins Nachtleben bleibt. Man muss sich also gar nicht an den traurigen Zustand gewöhnen, dass die legendäre Bar 25 in der Holzmarktstraße ihre Pforten geschlossen hat, weil man weiß, dass es eine neue Bar geben wird, die bestimmt anders, aber niemals schlechter sein wird.

Ich stelle mir manchmal vor, wie stressig es für die Redakteure sein muss, die für den Online-Auftritt der Berliner Tourismus-Börse verantwortlich sind. Die müssen doch mindestens alle paar Wochen durchdrehen, denn der Puls dieser Stadt schlägt so schnell, dass man es schon als normaler Bürger schwer hat, auf dem Laufenden zu bleiben. Andererseits schlägt er wiederum so leise, dass diejenigen, die die Lauscher nicht aufsperren, die besten Aktionen verpassen. Ich stelle es mir so vor: Herr Schnarchi schreibt an einem schönen Sommertag in der Redaktion einen Artikel darüber, wie superlecker Tim Raue im Hotel Adlon kocht, und nur ein paar Minuten später kommt der Chef vom Dienst und sagt: »Aber der Raue arbeitet doch gar nicht mehr im Adlon! Der hat jetzt sein eigenes Restaurant in der Rudi-Dutschke-Straße!«

»Was?«, fragt daraufhin Herr Schnarchi. »Seit wann das denn?« Daraufhin erntet er nur einen bösen Blick vom CvD, der so interpretiert werden darf, dass es sich bei dieser Frage ja wohl hoffentlich um eine rhetorische handelt. Dann wird schweigend, aber mit Hochdruck weitergearbeitet, denn diese Stadt pennt bekanntlich nicht. Neulich war ich auf einer dieser Partys, die nirgends angekündigt werden und bei denen es auch keine Seltenheit ist, dass sich der Ort zehn Minuten vor Beginn der Party ändert. Treffpunkt war diesmal eine provisorisch eingerichtete Bar in einer Wohnung in einem heruntergekommenen Treppenhaus, irgendwo in der Lychener Straße im Helmholtzkiez. Die Bude war brechend voll. Wir, mein Kumpel und ich, kämpften uns an die Theke, bestellten zwei Bier, setzten uns auf ein altes, zerschlissenes Ledersofa im Wohnzimmer und lauschten den Drums des DJ, der sein Pult, so wie es sich für eine Bar in einer Altbauwohnung gehört, vor dem alten gelben Kachelofen aufgebaut hatte. Ich hatte in dem Moment ein bisschen Angst, dass ich zum Pinkeln aufs Außenklo muss.

Neben mir stand eine junge Frau, die, wie sie ihrem Gegenüber berichtete, kürzlich von der Mosel nach Berlin gezogen war. Sie schwärmte erst vom Cookies und erzählte dann, dass sie neulich auch im Cookies Cream essen war und dass am Nachbartisch Til Schweiger gesessen habe. Beide waren ein bisschen aus dem Häuschen und kicherten lautstark, und während sich die Freundin der jungen Frau fast nicht mehr einkriegte, verklickerte diese dann aber mit einer routinierten Handbewegung, dass das in Berlin völlig normal sei. Daraufhin winkte mein Kumpel leicht genervt ab und meinte, dass Club-Betreiber Cookie schon längst ein zweites Restaurant aufgemacht habe, dass Chipps in Mitte, gleich hinter dem Auswärtigen Amt, das wisse inzwischen doch jeder! Jeder?, fragte ich mich selbst, denn ich war sicher, dass das Chipps zu diesem Zeitpunkt seine Pforten nicht mal zehn Stunden geöffnet hatte. Berlins Buschfunk krabbelte in die Sofaritzen. Die Bar 25 hat dichtgemacht, jetzt spricht man über die King Size Bar. Berlin ist ein anderes Wort für Veränderung, denke ich. Eine Club-Legende wird durch eine andere ersetzt. Das eine Restaurant kommt, das andere geht. Altes wird neu verpackt, Neues so angestrichen, dass es alt aussieht. Diese Stadt scheint mir manchmal wie ein Axolotl. Wenn sie einen Teil verliert, wächst ein neuer nach.

(aufgeschrieben von Verena Maria Dittrich)

GRUND NR. 105

»Weil man sich hier in nur einem Laden glücklich essen, schreiben und kaufen kann«

Das ganze Jahr über habe ich mir vorgenommen, im Grill Royal in der Friedrichstraße vorbeizuschauen, neben dem Borchardt das Promilokal Berlins schlechthin. Ich hab mir vorgestellt, wie ich dort bei Steak und Schampus sitze, auf die Spree gucke und die vorbeischippernden Schiffe mit den Touris an Bord beobachte. Ich war sogar schon drauf und dran, einen Tisch zu reservieren, als ich hörte, dass der Schriftsteller Moritz von Uslar genau dort seinen Kumpels offerierte, dass er sich für eine Weile in die Zone absetzen werde, um dort ein bisschen zu verweilen, rumzulungern, zu recherchieren und aufzuschreiben, was die Leute im Osten so bewegt. Und weil ich gebürtig aus einem kleinen Dörfchen nahe Oder-Neiße-Friedensgrenze stamme und deshalb schon weiß, wie die Leutchen da so leben, dachte ich mir: Ach, in den Grill Royal, da musste nicht mehr hin! Die Ideen, die dort vielleicht nicht geboren, aber zumindest ausgesprochen und dingfest gemacht werden, sind zwar toll, aber ich hätte – offen gestanden – so meine Zweifel, ob mir zwischen all den bekannten Gesichtern von berühmten Musikern, Schauspielern und Politikern überhaupt was Sinnvolles einfallen würde. Gut, dass ich keine Leute interviewen und aus Berlin rausfahren muss, wie Moritz von Uslar für »Deutschboden«, und nichts weiter brauche als einen leeren Magen, einen gut funktionierenden Riecher und zwei flinke Beine, die mich schnurstracks dorthin führen, wo es am leckersten duftet: in die Oderberger Straße im Prenzlauer Berg.

In der Oderberger Straße steht ein Café neben dem nächsten, ein Restaurant neben dem anderen. Aber nur eins von ihnen kann man schon von Weitem schnuppern: das Kauf dich glücklich.

Der Duft der heißen und krossen Waffeln mit den süßen Kirschen weht einem schon aus zweihundert Metern Entfernung entgegen und sorgt dafür, dass die Füße plötzlich von ganz allein ein bisschen schneller laufen. Im Kauf dich glücklich gibt es zwar nur Kleinigkeiten, wie frische Crêpes und Waffeln mit selbst gemachter Schlagsahne, aber dafür schmecken diese Kleinigkeiten großartig. Nicht minder großartig sind die vielen kleinen und großen Dinge, die hauptsächlich Berliner Designer in dem Lädchen ausgestellt haben und die man, während man sich die Waffelkrümel vom Revers wischt, einfach anfassen, probieren und kaufen kann: Klamotten, Taschen, Schuhe, Schmuck, Accessoires.

Das Kauf dich glücklich ist sozusagen Café und Klamottengeschäft in einem, und das Konzept ist so erfolgreich, dass es inzwischen noch etliche weitere dieser Läden gibt, wie zum Beispiel das Glücklich am Park in der Kastanienallee. Natürlich gibt es auch immer wieder Leute, die über den Laden meckern: Zu voll sei es dort, die Wartezeiten seien viel zu lang, der Laden sei nur was für Touris, Latte-Macchiato- oder Reformhaus-Muttis und Hipsters, das Interieur sei dreckig, gammlig und abgerockt ... Aber auch das ist typisch für die Stadt, denn die Leute, die sich so lautstark echauffieren, stehen gerade vor mir in der Schlange! Ich bestelle also eine heiße Waffel mit Karamellsauce und einen Kaffee, fläze mich gemütlich auf einen der bunten Retro-Sessel und lasse meine Augen im Laden umherschweifen. Plötzlich fällt mein Blick auf eines der dort käuflich zu erwerbenden Designer-T-Shirts, darauf ein Comic-Mädchen mit Knochen-Zopfhaltern in den Haaren und einer Krone auf dem Kopf, das gerade in ein Stück Fleisch beißt. Ich muss plötzlich wieder an Moritz von Uslar und seine Idee für ein Buch denken. Wild rattert es in meinem Kopf! Fräulein, bitte, bringen Sie mir zum Waffel-Nachschlag auch Stift und Zettel. Schnell!

(aufgeschrieben von Verena Maria Dittrich)

GRUND NR. 106

»Weil die Straße des 17. Juni nicht nur Geschichte, sondern auch Schnäppchen bedeutet«

Matze wühlt in der Kiste. Er sieht aus wie ein Süchtiger, der die letzten, kläglich aussehenden Zigarettenstummel aufreißt, um noch an ein bisschen Tabak zu kommen. Klick, klick, klick, eine DVD nach der nächsten wird umgeblättert. Ist er mit einer Kiste fertig, geht's ab zur nächsten. Gelegentlich hebt er eine Hülle, dreht sie und inspiziert das Cover, um sie dann wieder in die Plastikkiste zu stopfen. Jetzt bloß nicht stören, er ist im Such- und Schnäppchen-Modus, um ein neues Stück für seine heiß geliebte Filmsammlung zu ergattern.

Obwohl wir an diesem Samstag schon gegen zehn Uhr hier waren, ist der Berliner Trödelmarkt, gegründet 1973 und der erste seiner Art in der Stadt, an der Straße des 17. Juni schnell mit Besuchern gefüllt. Da sind Eltern mit gleich einer ganzen Schar von Kindern, da sind verliebte Pärchen und die Paare, die es mal waren, da sind ganze Gruppen, die aussehen, als wüssten sie nicht so recht, wo sie zuerst hinschauen sollen, und da sind die Sammler, die in der Regel allein über den Markt streifen. Jeder sucht hier etwas: die eine irgendein Schnäppchen, Hauptsache billig, der andere etwas ganz Spezielles, Hauptsache selten, jeder findet etwas.

Im angrenzenden Kunstmarkt bieten Berliner Künstler und Kunsthandwerker ihre Kreationen an, die von Bildern über lustig bemalte Tassen bis hin zu nützlichen Gebrauchsgegenständen alles abdecken, was das Trödel- und Kunstherz höher schlagen lässt.

Während Matze in den DVDs verschwindet, schlängle ich mich zwischen den Menschen durch und peile eine Würstchenbude an, denn zwischen all den Ständen, gefüllt mit Porzellan, Büchern, neuen und alten Gemälden, Teppichen, Keramik, Spielzeug,

Möbeln, Hüten, Puppen und Dingen, die man braucht oder auch nicht, stehen vereinzelnd Imbissstände. Ich esse eine Bratwurst und beobachte die Trödler und Schnäppchen-Jäger. Eine Oma freut sich über ihr frisch ergattertes gehäkeltes Katzendeckchen. Ein Mann mittleren Alters läuft stolz wie Bolle mit einer extrem seltsam aussehenden Kuckucksuhr an mir vorbei. Die Händler reden laut oder gar nicht. Ich tunke meine Wurst in den Ketchup und finde, dass sie heute ganz besonders gut schmeckt, indes feilscht Matze mit seinem Händler, acht Filme in seiner Hand.

Ich kann den Rand des Trödelmarktes nicht mehr sehen, eine Mauer aus Berlinern, Besuchern und Ständen versperrt mir die Sicht. Der Novembermorgen ist kühl, aber hier, zwischen all den Menschen, wird mir warm. Mit dem Gemurmel und Getöse um mich herum gehe ich selbst auf die Jagd. Denn ich bin auch ein Sammler, auch wenn ich vielleicht nicht so kauzig aussehe wie Matze. Ich bin auf der Suche nach (und jetzt bitte nicht lachen) Playmobil-Spielzeug aus den achtziger Jahren, Piratenschiffe und so. Als ich einen entsprechenden Stand finde, ziehe ich plötzlich das gleiche Gesicht, das ich vorhin noch bei Matze belächelt habe, und als ich dann auch noch etwas kaufe, schwillt mir auch vor Stolz die Brust, wie dem Mann mit der Kuckucksuhr. Als Matze und ich heimgehen, hat jeder seinen neuen Schatz im Sack und die Vorfreude auf den nächsten Sonntag wächst schon wieder, denn der älteste unter den Berliner Trödelmärkten hat immer wieder etwas Neues zu bieten. *(aufgeschrieben von Thomas Stechert)*

GRUND NR. 107

»Weil die Shisha in Berlin salonfähig geworden ist«

Ich bin in Berlin geboren und aufgewachsen. Ich bin Berliner, echter Berliner. Obwohl das vermutlich nicht Ihr erster Gedanke wäre, wenn Sie mich auf der Straße sehen würden! Meine Wurzeln liegen in der Türkei. Meine Eltern kamen aber schon vor Jahren her, noch bevor ich überhaupt geboren war. Berliner zu sein heißt, andere Kulturen tolerieren – fällt nicht immer leicht, ich weiß. In den vergangenen Jahren hat sich eine kulturelle Instanz in den Straßen von Berlin bemerkbar gemacht, die ich eigentlich nur von meinem Vater und meinen Onkels kenne: Shisha-Rauchen.

Zuerst tauchte dieses Phänomen nur vereinzelt im Freundeskreis auf, aber nach und nach wurde es in der ganzen Stadt publik. Es entstanden hier und dort kleine Lokale, in deren Hinterräumen das Shisha-Rauchen angeboten wurde. Und weil das Ganze immer beliebter wurde, entstanden, ausgehend von Kreuzberg, Neukölln, Wedding und Tempelhof, immer mehr kleine Shisha-Bars, in denen man in gemütlichem Ambiente eine durchblasen konnte. Mittlerweile hat sich in Berlin eine regelrechte Shisha-Szene entwickelt. Alle Kulturzentren haben eine Shisha-Bar in ihren Reihen und es gibt überall Läden, in denen man geeignetes Zubehör oder den favorisierten Geschmack kaufen kann.

Die Wasserpfeife hat ihren Ursprung im arabischen Raum. Die Etymologie der Shisha durchstreift den halben Globus und geht letztlich auf die Inder zurück, die ihre ersten Pfeifen aus einer Kokosnuss herstellten, was im alten Persien Nargile genannt wurde, und so nennt man die Wasserpfeife auch noch in der heutigen Türkei. Der Tabak wird mit Fruchtaromen angereichert und durch ein mit Wasser gefülltes Gefäß gezogen. Dieses Prinzip filtert den Rauch und kühlt seine Temperatur ab. Ob die Risiken zu Ungunsten der eigenen Gesundheit gehen, darüber gehen die Meinungen auseinander. Das Shisha-Rauchen dient in erster Linie der Kommunikation und der Geselligkeit, man trifft sich mit Freunden, privat oder an öffentlichen Plätzen, sitzt im Kreis und erzählt sich Neuigkeiten. In Zeiten, in denen in Bars und Restaurants Rauchverbot herrscht, ist die Shisha absolut salonfähig geworden. *(aufgeschrieben von Thomas Stechert)*

GRUND NR. 108

»Weil Berlin mein Skatepark ist«

Dirk D. haut es jetzt schon zum vierten Mal auf die Schnauze. »Ich bin 'ne verdammte Lusche«, steht auf seiner Stirn. Dirk S. und ich halten uns die Mägen vor Lachen. Dirk D. mault irgendetwas in unsere Richtung. Ich kann mir dieses Elend nicht mehr mit ansehen und gebe ihm eine weitere Unterrichtseinheit, richte meine Brille, springe auf das Brett, hole Schwung und mach den Sprung. Zack. Ich heb die Beine. Passt. Das Board geht hoch. Perfekt. Meine Füße kommen wieder aufs Brett und ich stehe auf der Mauer. In Siegerpose gröle ich quer über den Alexanderplatz. Dirk D. zischt: »Scheiße, bei dir sieht das so einfach aus.«

Dirk S. sagt: »Er ist ja auch nicht so eine Pfeife wie du.«

Ich zwinkere Dirk D. zu, als ich mich mit einem Handstand und einer Rolle von der kleinen Mauer bewege. Ich bin ein Rollbrettfahrer, heißt, ich besitze ein Skateboard, das fast schon an meinem Fuß gewachsen ist, und die Straßen, Plätze, Mauern, Rampen und Treppen dieser Stadt sind mein Skatepark.

Ein Skatepark ist ein extra für Skateboarder angelegtes Gelände mit künstlichen Hindernissen, aber Berlin ist für mich persönlich das Hindernis, das ich zu meistern habe. Keine Treppe zu hoch, keine Mauer zu klein, keine Rampe zu schmal. Von den über die ganze Stadt verstreuten, mehr oder weniger intakten künstlichen Anlagen, über eine der geräumigsten Fußgängerunterführungen ganz Berlins am ICC in Charlottenburg-Wilmersdorf bis hin zum Alexanderplatz ist diese Stadt die Fläche unter meinen Rädern.

Dirk D. will lernen, was Dirk S. und ich schon können, also schleppen wir ihn mit, auch wenn ich manchmal denke, er sollte lieber Dreirad fahren. Ich hab schon als Kleinkind das Skateboard für mich entdeckt. Ich habe Berlin auf meinem bunten, circa achtzig Zentimeter langen Brett kennengelernt und teile die Stadt nur ein in gute Skat-Bedingungen und weniger gute. Ich liebe Berlin vor allem im Sommer, aber auch kühle Tage haben ihren Reiz, nur allzu nass darf es nicht sein, damit ich nicht die Haftung verliere.

Dirk D. versucht es noch mal. Bums, liegt er wieder am Boden, da bleibt kein Auge trocken. »Ich hab Hunger«, jammert Dirk S. »Ich auch«, sage ich und steuere auf meinem Brett die nächste Burger-Kette an. Der eine Dirk holt schnell zu mir auf, der andere hängt im Schlepptau. Ich auf meinem Board, mein Board auf den Straßen Berlins, das ist alles, was ich brauche, das ist alles, was ich will. *(aufgeschrieben von Thomas Stechert)*

GRUND NR. 109

»Weil Berlin eine Stadt ist, in der man auch nur mit Liebe über die Runden kommt«

Viele, die nach Berlin kommen, bleiben. Weil die Stadt hip und hier immer was los ist. Weil die Bürgersteige niemals hochgeklappt werden, weil es rockt, die Mieten noch billig sind und man hier gut leben kann, ohne dafür unbedingt Arbeit zu brauchen. Diese Stadt übt auf jeden Einzelnen eine andere Faszination aus. »Sie hat so was Ursprüngliches«, meinte mein Kumpel neulich.

Wenn wir Samstagabend durch die Clubs in Mitte ziehen und sonntags lange brunchen, gemütlich mit vielen anderen Sonntagsspaziergängern die Kastanienallee hoch und runter flanieren und uns einen heißen Ingwertee in unserem Lieblingscafé in Mitte gönnen, ist das Wochenende in Berlin perfekt. Wir sitzen gerade im St. Oberholz am Rosenthaler Platz. Während mein Kumpel Monologe über Zugezogene und seine eigene prekäre Arbeitssituation hält, lasse ich meinen Blick durch unser Stammcafé schweifen.

Alle Tische sind besetzt. Jeder Zweite hat ein Laptop und surft durchs World Wide Web. Der eine checkt E-Mails, der andere ist auf einer Seite, wo man neue Leute, neue Freunde oder eine neue Liebe kennenlernen kann, ein Dritter sucht nach Wohnungen. Ich habe das Gefühl, dass die meisten, die mit ihren Laptops allein in den Sofakissen lümmeln, auf der Suche nach einer neuen Liebe sind, so, als bräuchte man in dieser Stadt nichts anderes und nur das, um über die Runden zu kommen.

Es ist nicht zwingend nötig, immer an einem Projekt beteiligt zu sein oder an einem neuen Auftrag zu arbeiten, es ist okay, wenn der Geldbeutel manchmal schmaler ist, denn über die Runden kommt man auch so. Als ich noch einen Tee bestelle, sehe ich, dass in der unteren Etage des Cafés viele Leute darauf warten, dass oben ein Tisch frei wird. Sie trinken ihren Kaffee derweil im Stehen, schlagen mit dem Löffel an die Tasse und beißen kleine Stücke von ihrem Blaubeerkuchen ab. Zwischendurch küssen sie sich.

Es hat wirklich den Anschein, als würden sie sich das Warten mit Knutschen vertreiben. Wenn später immer noch kein Platz frei geworden ist, verdrücken sie auch den Rest des Kuchens, teilen ihn liebevoll mit ihrem Gegenüber, leeren die Gläser mit einem Schluck und verlassen händchenhaltend das Lokal. Indes sitzen in der oberen Etage zweiundzwanzigeinhalb Gäste mit ihren Notebooks und lassen es kostenfrei krachen. Auf den Tischen lümmeln sich Menagen, Notizblöcke und iPhones, aber kein einziges Getränk. Es sieht so aus, als ob sie höchstens ein Glas Wasser bestellen, vielleicht einen Espresso. Das muss reichen, und zwar so lange, bis sie mit ihren Recherchen fertig sind. »Guck mal, die Frau da drüben! Die hat ihre eigene Teekanne mitgebracht und kippt unauffällig nach«, bemerkt mein Kumpel.

Vielleicht hat sie gerade nicht so viele Piepen, vielleicht ist ihre Heizung kaputt oder sie ist einfach nur gern in Gesellschaft, mutmaßen wir und stellen fest, dass es kein Wunder ist, wenn hier jeder zweite Abgebrannte gern sein Leben verbringt. Wir fragen uns, ob es den Geschäftsführer nicht stört, wenn oben zwanzig Leute wie in einer Bahnhofshalle sitzen, während unten die Gäste warten und wieder gehen, weil sie keinen Platz finden. Später erfahren wir, dass das Lokal eine Zeit lang ohne Geschäftsführer betrieben wurde und auch so über die Runden kam. Über die Runden kommen. Das ist in dieser Stadt nicht nur die Beschreibung einer Phase, sondern ein gemeinsamer Konsens, der viele, die hier leben, eint und so normal geworden ist wie der Bezug von Hartz IV oder ein klammer Geldbeutel.

Aufs Ausgehen wird deshalb noch lange nicht verzichtet. Im Gegenteil. Man schließt die Augen, lehnt sich zurück und nimmt noch ein Stück Blaubeerkuchen. Während das Leben draußen unruhig in die nächste Runde geht, steigt man drinnen auf die Stühle, reißt die Hände in die Luft und feiert und weiß dabei auch ganz genau warum: weil Berlin eine Stadt ist, in der man auch nur mit Liebe über die Runden kommt.

(aufgeschrieben von Verena Maria Dittrich)

GRUND NR. 110

»Weil ich nur in Berlin Behördengänge ertragen kann«

Letzte Woche war ich beim Amt. Oder muss es ordnungsgemäß auf dem Amt heißen? Ist ja auch egal, ich habe jedenfalls einen Behördengang eingelegt. Das kommt eher selten vor, denn für gewöhnlich sind mir diese Behördengänge so verhasst wie Grützwurst mit Sauerkraut. Da ich aber sicher bin, dass es hundert Millionen Deutschen ähnlich geht, bin ich über meinen Schatten gesprungen und zum Bürgeramt Prenzlauer Berg in die Fröbelstraße gelatscht.

Als ich ankam, war dort eine riesige Schlange und die Dame vom Amt meinte, als ich endlich dran war, dass sie für meine Belange nicht zuständig sei und ich auf ein anderes Amt gehen müsse, dieses Amt hier befasse sich mit Parkvignetten, jedenfalls bis morgen, aber morgen dürfe ich wiederkommen, da beschäftige man sich wieder mit dem üblichen Kram. Und wenn mir das nicht passt oder ich nicht so lange mit meiner Angelegenheit, nämlich dem Beantragen eines neuen Ausweises, warten wolle, müsse ich eben auf das Bürgeramt in Kreuzberg.

Ich musste an Kafka denken. Dann stand sie auf, ohne eine Antwort oder auch nur ein »ähm« abzuwarten, und goss ihre hässlichen Blumen. Ich war ein bisschen verzweifelt und merkte, wie meine Unterlippe nervös zu zucken begann, als sie die Gießkanne abstellte und »Der Nächste bitte« rief. Also nahm ich meinen Turnbeutel, ging aus der Schlange und setzte mich auf die Bank vor dem Amt. Es war ein schönes Amt, ein alter Backsteinbau aus dem vorigen Jahrhundert mit Boteneingängen und Dienstmädchenanbauten und Efeu, überall Efeu. Welche Geschichten die roten Ziegel wohl schon erlebt haben, fragte ich mich.

In einem Informationskasten hatte ich zuvor gelesen, dass die Anlage einst als Siechenhaus, Hospital und dem russischen Geheimdienst als Knast diente. In den fünfziger Jahren ging hier die Stasi ein und aus und nutzte die großen Räume als Verhörzentrum und Untersuchungshaftanstalt. Ich saß mit meinem Beutel auf der Bank, beobachtete einen traurigen Luftballon, steckte ein paar Kastanien in meine Hosentaschen und fühlte mich plötzlich wie einer dieser Großgrundbesitzer oder einer dieser Herren, die im Fin de Siècle in solchen riesigen Anwesen lebten und gern zu gesellschaftlichen Abenden luden, auf denen stets über Politik, die neueste Technik und das florierende Geschäft geredet wurde.

Im Hintergrund hörte ich die Kinder, die ich nicht habe, um den Springbrunnen laufen und Fangen spielen und wollte plötzlich gar nicht mehr weg von dem Amt! Als ich gerade auf dem Heimweg war und überlegte, ob es wohl Strafe kostet, wenn man mit einem abgelaufenen Personalausweis durch die Welt läuft, fiel mir an der Ampelkreuzung der Prenzlauer Promenade ein Mann auf, der – mit geschlossenen Augen – die Arme weit nach oben zum Himmel ausstreckte.

Er sah aus wie ein Bediensteter aus dem 19. Jahrhundert, trug eine Schirmmütze und einen verschlissenen, tannengrünen Lodenmantel in klassischer Hubertusform mit großen Hirschhornknöpfen. Ich ging auf ihn zu und wartete, bis er mit seinem Gebet fertig war. »Wem haben Sie gerade gedankt?«, fragte ich leise. Und er antwortete, während er sich bückte und die Flasche, die zu seinen Füßen stand, hochhob und an seine eingerissenen Lippen führte: »Gott. Für dieses Bier.« Auf dem Weg nach Hause dachte ich über die Vormittagsstunden auf dem Amt nach, die ich mit Warten verbracht habe, und über den Mann, der aussah wie aus einer anderen Zeit und vielleicht gar keinen Ausweis besaß, und ich hatte das Gefühl, nicht eine einzige Minute verschwendet zu haben.

Nächste Woche muss ich noch einmal aufs Bürgeramt in die Fröbelstraße, aber die Behördengänge in Berlin haben für mich plötzlich nichts mehr mit Grützwurst und Sauerkraut gemeinsam, sondern eher mit einer großen Zeitreise, kombiniert mit neuen Begegnungen und einer Prise Gelassenheit.

(aufgeschrieben von Verena Maria Dittrich)

GRUND NR. 111

»Weil Berlin die Stadt ist,
für die ich mich klonen lassen würde«

Manchmal wünschte ich, dass ich mich klonen lassen könnte. Dabei habe ich noch nie darüber nachgedacht, wie viele Klone ich gern von mir hätte, aber jetzt, wo ich mir das so überlege, würde ich bei dem Klon-Hersteller auf dem Papier schon ganz gern bei der Zahl Drei ein Häkchen machen, vorsichtig, mit Bleistift. Ich wünsche mir einen Klon, der all die Dinge übernimmt, die unangenehm sind: zum Amt gehen, Überstunden schieben, sich vom Zahnarzt mit dem Bohrer im Mund rumfummeln lassen, wohingegen ich selbst jede Menge Freizeit hätte und kaum hinterherkäme, weil ich vor lauter Ideen nicht wüsste, welche ich zuerst umsetzen sollte.

Ich bräuchte einen Klon, der die geheimen Partys im Mauersegler für mich abcheckt und mir dann berichtet, ob es sich lohnt, dort demnächst aufzuschlagen. In derselben Zeit würde ich gemütlich über den Flohmarkt auf der Straße des 17. Juni schlendern und könnte endlich nach den Platten Ausschau halten, die ich schon so lange suche.

Ich bräuchte einen Klon mit Pferdemagen, der sämtliche Restaurants für mich testet, während meine Wenigkeit satt und zufrieden mit einem Burgunder in der Kugel des Fernsehturms sitzen und die Stadt von oben genießen würde. Ein Boten-Klon wäre auch nicht schlecht, einer, der mich unverzüglich über die neuesten Dinge in Kenntnis setzt und mich mit Informationen versorgt, die schneller als jeder Zeitungsticker sind, ein Klon, der an der Uhr dreht, einer, der meine Grippe übernimmt, wenn ich unbedingt in dem neuen, kurzärmeligen Kleid zur einer Shop-Eröffnung in die Alte Schönhauser gehen will, auf die ich mich schon die ganze

Woche gefreut habe und die wegen eines blöden Schnupfens und Fieber ins Wasser zu fallen droht.

Ich bräuchte einen Klon, der dem sibirischen Winter in dieser Stadt in kurzen Hosen die Stirn bietet, und einen, der es bei den frechen Taxifahrern tut, wenn man sie beim Schummeln ertappt hat und sie sich rauszureden versuchen.

Ich wünsche mir einen Klon, der auf vier Berliner Hochzeiten gleichzeitig tanzt, keinen einzigen Pulsschlag der Stadt verpasst, sodass man am Montagmorgen im Büro sagen könnte: »Ich war um zwanzig Uhr bei einem spitzenmäßigen Konzert in der Waldbühne, während ich um 20:01 Uhr in der Gipsstraße bei einer Auktion eine kleine Bronzebüste preiswert erstanden und um 20:02 Uhr in der King Size Bar darauf angestoßen habe, während ich um 20:03 Uhr eine leckere Suppe im Intersoup am Helmholtzplatz bestellte und um 20:04 Uhr zufällig Martin Semmelrogge im Admiralspalast in Mitte und August Diehl am Potsdamer Platz begegnet bin.« ... Und wenn dann die Leute ungläubig mit dem Kopf schütteln würden, würde ich sagen, dass es sich in dieser Stadt geradezu anbietet, einen Klon zu haben oder auch zwei, am besten aber drei.

(Verena Maria Dittrich)

SCHWARZKOPF & SCHWARZKOPF

111 GRÜNDE, HAMBURG ZU LIEBEN

EINE LIEBESERKLÄRUNG AN DIE EDLE HAFENSTADT, IN DER SICH
MARITIME TRADITIONEN MIT DEM GROSSSTÄDTISCH-MODERNEN VERBINDEN

111 GRÜNDE, HAMBURG ZU LIEBEN
EINE LIEBESERKLÄRUNG AN DIE
GROSSARTIGSTE STADT DER WELT
Von Ann-Christin Zilling und Torsten Lindner
288 Seiten, Taschenbuch
ISBN 978-3-89602-968-3 | Preis 9,95 €

»Hamburg ist einfach zum Knutschen: Ann-Christin Zilling und Torsten Lindner – zwei besonders glühende Verehrer Hamburgs – haben nun ein Buch geschrieben. ›111 Gründe, Hamburg zu lieben‹ heißt das Werk – eine Mischung aus Lesebuch und Reiseführer für Fortgeschrittene.«
Hamburger Morgenpost

»Ann-Christin Zilling und Torsten Lindner locken ihre Leser dorthin, wohin der normale Reiseführer sie nicht bringt und gehen dabei mit scharfem Blick und viel Humor auch der hanseatischen Gesinnung und den Hamburger Befindlichkeiten auf den Grund.«
frisch gekocht

»111 Gründe, Hamburg zu lieben« ist eine schwärmerische Hommage an die schönste Stadt der Welt!

WWW.SCHWARZKOPF-SCHWARZKOPF.DE

SCHWARZKOPF & SCHWARZKOPF

111 GRÜNDE, MÜNCHEN ZU LIEBEN

EINE LIEBESERKLÄRUNG AN DIE NÖRDLICHSTE STADT ITALIENS, IN DER SICH TRADITION UND MODERNE AUFS SCHÖNSTE VEREINEN

111 GRÜNDE, MÜNCHEN ZU LIEBEN
EINE LIEBESERKLÄRUNG AN DIE
GROSSARTIGSTE STADT DER WELT
Von Evelyn Boos und Andreas Körner
280 Seiten, Taschenbuch
ISBN 978-3-89602-966-9 | Preis 9,95 €

München ist bayerische Gemütlichkeit und Fortschritt in einem, Laptop und Lederhosen können hier ganz selbstverständlich nebeneinander und miteinander existieren.

Auf Lebensart wird in der »nördlichsten Stadt Italiens« großer Wert gelegt – bei der Schickeria in den teuren Cafés und Nobelclubs ebenso wie im Biergarten, wo sich die Welt trifft.

Die Autoren Evelyn Boos und Andreas Körner, die seit vielen Jahren in München leben, führen in ihrer Liebeserklärung an ihre Stadt 111 Gründe an, warum man München einfach großartig finden muss.

In humorvollen und kurzweiligen Geschichten stellen sie die Stadt und ihre Bewohner mit all ihren liebenswerten Eigenheiten vor und verführen zum Kommen und Bleiben.

WWW.SCHWARZKOPF-SCHWARZKOPF.DE

DIE AUTOREN

Die Germanistin Verena Maria Dittrich ist Wahlberlinerin mit Spreewaldwurzeln und arbeitet als Journalistin. »111 Gründe, Berlin zu lieben« ist ihr zweites Buch. Der Berliner Thomas Stechert wuchs im Wedding auf und zog bis dato zwölfmal in seiner Stadt um. Er liebt Berlin, Filme und die Fotografie. Beide leben momentan in Pankow, liebäugeln aber mit Weißensee.

Verena Maria Dittrich | Thomas Stechert
111 GRÜNDE, BERLIN ZU LIEBEN
Eine Liebeserklärung an die großartigste Stadt der Welt

ISBN 978-3-89602-967-6
© Schwarzkopf & Schwarzkopf Verlag GmbH, Berlin 2011
Alle Rechte vorbehalten. Dieses Werk ist urheberrechtlich geschützt.
Jede Verwendung, die über den Rahmen des Zitatrechtes bei korrekter
und vollständiger Quellenangabe hinausgeht, ist honorarpflichtig und
bedarf der schriftlichen Genehmigung des Verlages.
Coverfotos: 1. Reihe v.l.n.r.: © derProjektor/photocase.com | © theduke17/shutterstock.com | © Joerg Beuge/shutterstock.com | 2. Reihe v.l.n.r.: © areaux mit o./photocase.com | © Nils Bornemann/shutterstock.com | © jan kranendonk/shutterstock.com

KATALOG
Wir senden Ihnen gern kostenlos unseren Katalog.
Schwarzkopf & Schwarzkopf Verlag GmbH
Kastanienallee 32, 10435 Berlin
Telefon: 030 – 44 33 63 00
Fax: 030 – 44 33 63 044

INTERNET | E-MAIL
www.schwarzkopf-schwarzkopf.de
info@schwarzkopf-schwarzkopf.de